Robert Caper

Seelische Wirklichkeit

Von Freud zu Melanie Klein

Aus dem Englischen
von Brigitte Flickinger

Klett-Cotta

Für R. L. C.

Klett-Cotta
Die Orginalausgabe erschien unter dem Titel »Immaterial Facts. Freud's Discovery
of Psychic Reality and Klein's Development of His Work« 1988
im Verlag Jason Aronson, Northvale (New Jersey), London,
unveränderte Neuauflage im Verlag Routledge, London, 2000
© 1988, 2000 Robert Caper
Für die deutsche Ausgabe
© J. G. Cotta'sche Buchhandlung Nachfolger GmbH, gegr. 1659,
Stuttgart 2000
Alle Rechte vorbehalten
Fotomechanische Wiedergabe nur mit Genehmigung
des Verlags
Printed in Germany
Schutzumschlag: heffedesign, Rodgau
Gesetzt in der 11 Punkt Palatino,
auf säure- und holzfreiem Werkdruckpapier gedruckt
und gebunden von Freiburger Graphische Betriebe, Freiburg i. Br.
ISBN 3-608-94260-2

Die Deutsche Bibliothek – CIP-Einheitsaufnahme
Ein Titeldatensatz für diese Publikation ist bei der
Deutschen Bibliothek erhältlich.

Inhalt

Teil I
Freuds Entdeckung der psychischen Realität

Teil II
Melanie Kleins Weiterentwicklung der Freudschen Theorien

Vorwort

In diesem Buch geht es um das Verhältnis zwischen dem Werk Sigmund Freuds, des Begründers der Psychoanalyse, und dem Werk der britischen Psychoanalytikerin Melanie Klein, die von vielen als die bedeutendste Repräsentantin der Psychoanalyse nach Freud angesehen wird. Melanie Klein führt insofern Freuds Theorien weiter, als ihre Ansichten und Methoden auf den seinen aufbauen. Doch ist ihr Werk eine Weiterentwicklung noch in einem anderen Sinn: Es kristallisieren sich in ihm Themen heraus, die zwar im Grunde in Freuds Denken bereits angelegt sind, dort aber unbestimmt und unausgeführt blieben. Melanie Kleins Beitrag zur Psychoanalyse besteht vor allem darin, daß sie Gedanken, die bei Freud nur implizit vorkamen, eingehend und subtil entfaltet. Ihre Freud-Interpretation bildet den Ausgangspunkt für ihre vielen eigenständigen Beiträge zur psychoanalytischen Theorie.

Die Psychoanalyse ist keine philosophische Schule mit einem Korpus kanonischer Grundsätze, sie ist vielmehr ein empirischer Zugang zur Seele mit einer eigenen spezifischen klinischen Methode. Die Übereinstimmungen wie die Diskrepanzen zwischen dem Werk Freuds und dem Werk Kleins sind daher nicht eigentlich philosophische – es geht nicht um »freudianische Analyse« contra »kleinianische Analyse« –, vielmehr repräsentieren sie verschiedene Stadien oder Aspekte innerhalb einer kontinuierlichen empirischen Erforschung der Seele. In einem bestimmten methodologischen Rahmen entstanden, stellt der Fortgang dieser Werke, wie der jeder wissenschaftlichen Untersuchung, eine zunehmende Annäherung an die Wahrheit dar.

Dieses Buch hat zwei Teile. Der erste Teil zeigt, wie das Freudsche Werk sich aus den präpsychoanalytischen Anfängen zu seiner endgültigen Form entfaltet hat; der zweite Teil beschreibt die Entwicklung von Melanie Kleins Werk von seinen Anfängen um 1920 bis zu ihrem Tod 1960. Die Gegenüberstellung der Werke dieser

9

beiden überaus originären psychoanalytischen Denker gestattet uns eine Sicht auf die Psychoanalyse, wie sie allein aus der Betrachtung des einen oder anderen von ihnen nicht gewonnen werden könnte.

An dieser Stelle möchte ich Dr. Albert Mason für seine Unterstützung und seine wertvollen Hinweise danken, die er mir beim Schreiben dieses Buches wie in den Jahren davor gab. Ebenso danke ich Dr. Donald Rinsley für seine großzügigen und umsichtigen verlegerischen Ratschläge; ich danke meinen Freunden und Kollegen, die mich ermutigt haben; meinen Patienten, die mir gestatteten, Material aus ihren Analysen für dieses Buch zu verwenden; meiner Familie, ohne deren Geduld, Unterstützung und Nachsicht ich dieses Buch nicht hätte schreiben können; vor allem danke ich meiner Frau, die unzählige Stunden der Lektüre des Manuskripts gewidmet und sich immens dafür eingesetzt hat, mich zu einer möglichst klaren und präzisen Formulierung meiner Gedanken zu veranlassen.

Einführung von Hanna Segal

Es herrscht viel Unklarheit darüber – und das gilt vielleicht besonders für die Vereinigten Staaten –, welchen Platz Melanie Klein in der Entwicklung der Psychoanalyse einnimmt und welche Beziehung zwischen ihrem und dem Werk Sigmund Freuds besteht. Gelegentlich wird Melanie Klein in einem Atemzug mit C. G. Jung oder Alfred Adler als eine Gegnerin der Freudschen Analyse genannt. So ist Robert Capers Buch aktuell und wichtig, weil es dazu beiträgt, ihre wichtige Position neben Freud zu bekräftigen. Melanie Kleins Werk ist tief im Freudschen Denken verwurzelt. Sie verstand sich selbst als eine Forscherin, die die Freudsche Arbeit fortentwickelt hat, denn sie baute mit ihrer eigenen Forschung auf seiner Methode auf und ergänzte und erweiterte seine Ideen, wobei sie zugleich dem Geist dieser Ideen immer treu blieb.

Robert Caper geht dem Verlauf von Freuds Denken nach, das uns von seinem frühesten, der Biologie, Chemie und Physik nachgebildeten Modell bis hin zu verstärkt psychologischen Überlegungen und der großen Bedeutung der Innenwelt mit ihren psychischen Realitäten führt. Freud dachte ursprünglich, Angst sei durch Verdrängung verursacht: Die Libido werde durch Verdrängung blockiert und in Angst umgewandelt »wie Wein in Essig« (Klein 1905d). Seine Entdeckung, daß es tatsächlich die Angst ist, die Verdrängungen verursacht, veranlaßte ihn dann, nach den Quellen der Angst zu forschen. So vertiefte er sich auf der Suche nach einer Erklärung für seelische Probleme noch mehr ins Reich der Psyche. Damit trat an die Stelle seiner frühen Theorien über mechanische Blockaden immer häufiger die Vorstellung von zentralen psychischen Konflikten. Im Jahr 1920 führten ihn zum Beispiel seine Überlegungen über den Lebens- und den Todestrieb, worin er ursprünglich einen Konflikt zwischen Sexualität, Selbsterhaltung und Wirklichkeit gesehen hatte, viel tiefer in die inneren Ursachen seelischer Probleme. In *Das Ich und das Es* präsentierte Freud 1923 seine Entdeckung des Über-Ichs, das nach seiner Darstellung eine innere Struktur und ein inneres Objekt besitzt. In *Das Unbehagen in der Kultur*[1] schreibt er:

> Die Erfahrung aber lehrt, daß die Strenge des Über-Ichs, das ein Kind entwickelt, keineswegs die Strenge der Behandlung, die es selbst erfahren hat, wiedergibt (wie von Melanie Klein und anderen englischen Autoren richtig hervorgehoben wurde). Sie erscheint unabhängig von ihr [...]. (Freud 1930a, S. 489)

Je mehr Freud das Vorhandensein innerer Konflikte anerkannte, desto mehr Beachtung schenkte er allmählich auch der Rolle, die die Aggression sowohl bei der Angst als auch bei den Schuldgefühlen spielt.

Melanie Klein, die in den zwanziger Jahren zu arbeiten begann, knüpft vor allem an die späteren Arbeiten Freuds an. In *New Developments in Psychoanalysis*, einem Sammelband von Vorträgen, die Melanie Klein und ihre Mitarbeiter 1943 in den »Streitgesprächen« der Britischen Psychoanalytischen Gesellschaft gehalten haben, beschreibt die Herausgeberin, Joan Riviere, in ihrer Einleitung folgende Beobachtung:

> Gerade da, wo Freud selbst in seinen Auffassungen inkonsistent war, wo er sie geändert oder später weiterentwickelt hat – wie auch immer man das nun bezeichnen will – zeigt sich einer der auffälligsten Unterschiede zwischen Melanie Klein und ihren Opponenten. Es wird deutlich, daß diejenigen Analytiker, die Melanie Kleins Entdeckungen am vehementesten bestreiten, selbst im großen und ganzen noch an den ursprünglichen Formulierungen Freuds festhalten, die dieser nie ganz revidiert oder zurückgenommen hat, und daß sie da, wo Freud

---

1 *Gesammelte Werke*, Bd. 14.

später Neuland erschloß und zuweilen eher intuitiv zu neuen Erkenntnissen gelangte, ihm niemals gefolgt sind. (S. 8)

Klein begann ihre analytische Arbeit mit der Entwicklung einer Technik zur psychoanalytischen Behandlung von Kindern, und das zeigt, wie sehr sie sich von anderen Pionieren ihrer Zeit wie Hug-Hellmuth und Anna Freud unterschied. Anders als diese bestand sie bei der psychoanalytischen Arbeit mit Kindern darauf, Freuds psychoanalytische Einstellung und Technik beizubehalten. Aus der Erkenntnis, daß der natürliche Selbstausdruck des Kindes das Spiel ist, gab sie den Kindern kleine Spielsachen und deutete nicht nur ihre verbalen Äußerungen, sondern auch, was sie im Spiel taten. Sie behauptete, daß auch Kinder eine Übertragung entwickeln, vorausgesetzt, man stelle eine psychoanalytische Situation her, in der diese sich ausdrücken kann. Das stand im Widerspruch zu Anna Freud, die überzeugt war, Kinder entwickelten keine Übertragung, weil »der Erstdruck noch nicht vergriffen« sei. Auch war Klein der Meinung, daß Kinder, die zur Analyse kommen, bereits eine Geschichte mitbringen, die sich in der Übertragung wiederholt, und vor allem daß sie internalisierte Gestalten ihrer Innenwelt auf den Analytiker projizieren, die dann die Grundlage für die Übertragung bilden. Rückblickend sieht man, wie vergleichsweise kühn diese Vorstellung war.

Melanie Kleins gesamte Überzeugung, daß die psychoanalytische Methode auf Kinder wie auf Erwachsene anwendbar sei, entspringt ihren visionären und mutigen Ideen. Die unmittelbar praktische analytische Arbeit mit Kindern, besonders mit kleinen Kindern, bestätigte ihr, was Freud zuvor aufgrund von Rekonstruktionen aus seinen Analysen Erwachsener über die Entwicklung des Kindes herausgefunden hatte. Es ist nicht überraschend, daß Klein durch ihre konkrete Arbeit mit Kindern ebenfalls zu neuen Entdeckungen gelangte. Sie registrierte, wie die geistigen Fähigkeiten des Gehirns von früher Kindheit an wachsen, und trug zum Verständnis des Ödipuskomplexes und des Über-Ichs bei, indem sie deren frühe Geschichte und Wurzeln beleuchtete. Diese Einsichten beeinflußten ihre Arbeit mit Erwachsenen und verhalfen ihr zu einem Zugang und Verständnis ursprünglicherer Schichten der Seele, als bis dahin möglich gewesen war.

Hanna Segal

Als ich mich gefaßt hatte, zog ich aus meiner Erfahrung die richtigen Schlüsse, daß die neurotischen Symptome nicht direkt an wirkliche Erlebnisse anknüpften, sondern an Wunschphantasien, und daß für die Neurose die psychische Realität mehr bedeute als die materielle.

Sigmund Freud, *Selbstdarstellung*

Von Beginn an hat die Psychoanalyse die Bedeutung der frühkindlichen Erfahrungen betont; weshalb aber der äußere Faktor eine so wichtige Rolle spielt, können wir meines Erachtens erst wirklich verstehen, seit wir mehr über den Charakter und die Inhalte der frühen Ängste sowie über das fortwährende Zusammenwirken von realen Erfahrungen und Phantasieleben wissen.

Melanie Klein, »Ein Beitrag zur Psychogenese manisch-depressiver Zustände«

Teil I

FREUDS ENTDECKUNG DER PSYCHISCHEN REALITÄT

1. Kapitel

Immaterielle Fakten

Gibt es ein Gefühl der Vertrautheit, und haben wir es also, wenn immer wir vertraute bekannte Gegenstände wahrnehmen? Ja hast Du für gewöhnlich, wenn Du die wohlbekannten Dinge Deiner Umgebung ansiehst, ein Gefühl der Vertrautheit? – Wann haben wir so ein Gefühl? – Es wäre leicht gewesen, zu sagen, bei welchen Gelegenheiten wir die entgegengesetzten Gefühle haben: Überraschung, Erstaunen, Befremdung, etc.

Ludwig Wittgenstein, *Das Braune Buch II, 1*

Im Jahr 1833 erlitt ein Fallensteller names Alexis St. Martin versehentlich eine Gewehrschußverletzung, die niemals heilte und die auf der linken Seite seines Unterleibs dauerhaft ein Loch hinterließ, das in seinen Magen führte. Dr. William Beaumont, der amerikanische Militärarzt, der ihn behandelte, richtete es so ein, daß er St. Martin mehrere Jahre in seinen Diensten behielt, um diese ausgezeichnete Gelegenheit zu nutzen, die Physiologie des Magens in vivo zu studieren. Seine Beobachtungen sind auch heute noch überaus wertvoll. In der unverblümten Sprache der Medizin sind solche Fälle als »Naturexperimente« bekannt.

Im Laufe der Jahre haben derartige Versuche Ärzten und Physiologen wichtige und anders kaum zu erhaltende Einblicke in die menschliche Physiologie verschafft. Bei anderen Lebewesen läßt sich dieses Wissen im Labor gewinnen. Beispielsweise ist es relativ einfach festzustellen, inwiefern die Bauchspeicheldrüse zum Wohlbefinden des Hundes beiträgt: Man entfernt sie einfach, stellt fest, daß das Tier zuckerkrank wird, und schließt daraus, daß die Bauchspeicheldrüse bei der Verhinderung dieser Krankheit eine Rolle spielt. Dagegen ist es mindestens schwierig, wenn nicht gar unmöglich, sicher zu sagen, ob dasselbe auch für den Menschen gilt. Dazu

19

muß man warten, bis jemand durch eine Entzündung, durch Krebs oder eventuell durch einen Gewehrschuß seine Bauchspeicheldrüse verliert. Unsere Kenntnisse über Funktionen beim Menschen, für die es bei anderen Lebewesen keine Entsprechungen gibt, beruhen ausschließlich auf derartigen »Experimenten«. In seinem Buch *Lernen durch Erfahrung* (1962) beschreibt der Psychoanalytiker Wilfred Bion etwas Analoges zu St. Martins Schußwunde aus dem Gebiet der Psychologie. Hier handelt es sich um einen Patienten, dessen Denkvorgänge ohne Tiefe und emotionale Resonanz sind und nichts evozieren, denen also all das fehlt, was man sonst mit dem menschlichen Geist verbindet; sie scheinen nicht von einem Gehirn, sondern von einer Maschine erzeugt zu werden. Nach den in der Analyse gewonnenen Daten über diesen Patienten zeichnet Bion ein Bild seines Geistesorgans, das durch eine Schädigung in diesen Zustand gekommen ist, und rekonstruiert die Umstände, die dazu geführt haben mögen. Es lohnt sich, diese Rekonstruktion genauer wiederzugeben.

Bion beginnt damit, daß er die verbreitete Überzeugung ernst nimmt, Säuglinge bedürften der Liebe ebensosehr wie der körperlichen Pflege und des Trostes.[1] Daraus folgt, daß ein Säugling auch *imstande* sein muß, Liebe *wahrzunehmen* – daß er ein Sinnesorgan für Liebe besitzen muß – gerade so wie er Sinnesorgane besitzt, um Nahrung und Wärme wahrzunehmen.

Bion überlegt, was geschehen könnte, wenn das kindliche Vermögen durch irgend etwas gehindert wäre, diejenigen Gemütszustände seiner Mutter in sich aufzunehmen, die seine emotionale Nahrung bilden. Das könnte zum Beispiel vorkommen, wenn der Säugling die emotionale Belastung nicht ertragen kann, die entsteht, wenn er merkt, daß sein Wohlbefinden – ja sogar sein Überle-

---

1 Dieser Gedanke ist durch Arthur Schlossmanns grundlegende Beobachtungen über Hospitalismus (1920) und die weiterführenden Untersuchungen von Erna Eckstein-Schlossmann überzeugend dargelegt worden: Es gibt eine dramatische und unerklärlich hohe Mortalitätsrate bei unerwünschten Säuglingen, die in großen Heimen untergebracht sind; zwar sorgt das Personal dort sehr gut für die körperlichen Bedürfnisse dieser Kinder, es hat jedoch zuviel zu tun, um sich ihnen auch emotional zuzuwenden.

ben – von etwas abhängt, über das er, wie im Falle der Liebe seiner Mutter, nicht verfügen kann. In seinem Schrecken, etwas zu brauchen, was nicht verfügbar und daher auch nicht zu besitzen ist, werde der Säugling blind für sein Bedürfnis nach Liebe, Trost und Verständnis. In Ermangelung der Dinge, die für sein geistiges und emotionales Heranwachsen erforderlich sind, und zugleich unfähig, sich dieser Dinge zu versichern, verdoppelt er seine verzweifelten Anstrengungen, um zu bekommen, was er gerade noch wahrnehmen kann: materielle Zufriedenheit losgelöst von emotionaler Befriedigung.

Infolgedessen wächst das Kind zu einem Erwachsenen heran, der wie Bions maschinenhafter Patient gierig nach allen materiellen Annehmlichkeiten strebt, in dem vergeblichen Bemühen, den immateriellen Trost zu erlangen, der ihm fehlt, den er aber nicht erkennen kann. Schließlich lebt er in einer Wahrnehmungswelt, die nur noch aus materiellen Objekten besteht; und da man sich nur mit etwas identifizieren kann, das man auch wahrnimmt, wird er unvermeidlich selbst zu einer Art materiellem Objekt, ein Zustand, der sich dann in seinen mechanistischen Denkvorgängen widerspiegelt. Bion sieht darin einen »Zusammenbruch der Ausrüstung, die dem Patienten zum Denken [über emotionale Sachverhalte] zur Verfügung steht« (Bion 1962, S. 60), so daß er in einer Welt lebt, die von gefühllosen, oder wie er (1962, S. 58) sagt, »unbelebten Objekten« bevölkert ist.

In seinen weiteren Überlegungen geht Bion über das unmittelbar klinische Problem hinaus, um eine allgemeinere Frage zu erörtern:

> Der Wissenschaftler, dessen Untersuchungen den Stoff des Lebens selbst einbeziehen, sieht sich in einer Situation, die eine Parallele zu der des Patienten aufweist, den ich beschreibe […]. Es zeigt sich, daß unsere rudimentäre Ausstattung für das »Denken« von Gedanken angemessen ist, wenn die Probleme mit dem Unbelebten zusammenhängen, nicht aber, wenn der Gegenstand der Untersuchung das Phänomen des Lebens selbst ist. […] [Das] bedeutet, daß das Feld für Untersuchun-

[handwritten marginalia, left margin] Denken über unbelebte Dinge ist möglich; schwer ist es der emotionalen Fragen, deshalb Ave vor wissen- schaftlichen Theorien dann zu kommen dem DENKEN.

gen – wobei letztlich jede Untersuchung wissenschaftlich ist – durch menschliche Unzulänglichkeit auf jene Phänomene begrenzt ist, die die Merkmale des Unbelebten haben. Wir nehmen an, daß die psychotische Einschränkung auf eine Krankheit zurückzuführen ist, die des Wissenschaftlers aber nicht. Untersuchungen dieser Annahme erhellen beides, die Krankheit auf der einen und die wissenschaftliche Methode auf der anderen Seite.

[...] Konfrontiert mit der Komplexität des menschlichen Geistes muß der Analytiker vorsichtig damit sein, selbst anerkannten wissenschaftlichen Methoden zu folgen; ihre Schwäche mag der Schwäche des psychotischen Denkens näherstehen, als man bei einer oberflächlichen Überprüfung zugeben würde. (Bion 1962, S. 59 f.)

Das von Bion skizzierte Problem ist folgendes: Die wissenschaftlichen Methoden und Denkweisen, die für das Verständnis der unbelebten Welt geeignet sind (wie die Methoden für Physik oder Chemie), oder auch jene, die für das Verständnis mechanistischer Aspekte biologischer oder sozialer Systeme passen (wie die Methoden für Physiologie und Verhaltenspsychologie), führen zu Denkmodellen, die mechanistisch und daher für das Verständnis seelischer Zustände ungeeignet sind. Wie also können wir zu einer Beschreibung der Seele gelangen, ohne der wissenschaftlichen Entsprechung dessen zum Opfer zu fallen, was Bions Patienten verkrüppelt hat: unserer Unfähigkeit nämlich, über emotionale Gegebenheiten nachzudenken, eine Unfähigkeit, die unser Denken und unsere Vorstellungskraft (möglicherweise kastastrophal) auf das Unbelebte beschränkt?

Freuds frühes Modell der Seele

Vor der Falle, die in dieser Frage steckt, steht jeder, der versucht, ein wissenschaftliches Modell der Seele zu entwerfen. In sie stolperte sogar Freud, dessen ursprüngliches, präpsychoanalytisches

Seelenmodell eben diesem mechanistischen Typus entsprach, vor dem Bion uns warnt. Man kann Freuds psychoanalytische Entwicklung als einen fortschreitenden und im großen und ganzen erfolgreichen Versuch ansehen, sich aus dieser Falle zu befreien.

In seinem frühen Modell stellt Freud die Seele einfach als ein Netz von Neuronen dar, in dem elektrische Ladung gespeichert und weitergeleitet wird. Die Ladung geschieht durch den physischen Einfluß stimulierender Faktoren aus der Umgebung: über Licht, Klangwellen, den Druck körperlicher Berührung auf der Haut und so weiter. Der psychische Apparat wird vorrangig von den physikalischen Gesetzen der Thermodynamik beherrscht, die bestimmen, daß die innere Energie immer auf einem möglichst niedrigen Stand gehalten werden soll. Das bedeutet, daß die Seele ständig Energie, die sie von den Stimulantien ihrer Umgebung erhält, abführen muß. Hysterie, zu deren Erklärung dieses Modell dienen sollte, war demnach die Folge mangelnder Fähigkeit des Systems, Energie auf normale, thermodynamische Weise zu entladen. Allerdings ließ sich die Ansammlung überschüssiger Energie reduzieren, wenn der Stimulus, der sie zunächst verursacht hatte (und der dann in Vergessenheit geraten war), wieder erinnert und belebt werden konnte.

Freud glaubte, der vergessene, kränkende Stimulus müsse ein sexuelles Trauma gewesen sein, dem der Patient in seiner Kindheit ausgesetzt war. Die Aufgabe des Therapeuten bestand also darin, diese Erinnerung dadurch wieder wachzurufen, daß er sie über eine Kette assoziativer Gedanken zurückverfolgte. Ausgehend vom Bericht des Patienten über seine Symptome sollte sich der Therapeut zeitlich rückwärts gehend bis an die verschüttete Erinnerung heranarbeiten. Freud war überzeugt, daß die Vorstellungen, denen er auf diese Weise nachging, nur insofern miteinander zusammenhingen, als sie Eindrücke von zeitlich oder räumlich nah beieinander liegenden Ereignissen waren. Ein Symptom der Hysterie auf seinen Ursprung zurückzuführen hieß demnach, Assoziationen zu folgen, die nur zufällig zeitlich und räumlich miteinander verknüpft waren, ohne daß das an sich eine Bedeutung hatte.

Hysterie = Energiestau der Seele hervorgerufen durch sexuelles Trauma in d. Kindheit

Therapie durch Rückführung an die Erinnerung

Freuds Modell zeigt, wie sehr wir dazu neigen, uns unsere Seele als eine Art vertrauten technischen Apparat vorzustellen. Der berühmte britische Neurologe Sherrington beispielsweise verglich die Seele mit einem Telegraphennetz; Leibniz nannte sie eine Mühle; und die Griechen sollen sie als Katapult verstanden haben. Nach Freuds Modell arbeitet die Seele wie eine Reihe von Elektrokondensatoren.

Sofern Bions Patient weder imstande war, seine eigene emotionale Lage noch die seiner Welt wahrzunehmen oder sich ihrer bewußt zu sein, entsprach seine Seele durchaus einem solchen mechanischen System. An der Schwere seiner Störung läßt sich ablesen, wie beschränkt ein solches mechanistisches Modell, auf den Menschen angewandt, ist.

Als Freud nun versuchte, sein neurologisches Hysteriemodell zu verifizieren, und er dafür bei seinen Patienten die Erinnerung an äußere Ereignisse wachrief, die, wie er meinte, das Durcheinander in den elektrischen Strömen des Apparates ausgelöst hatten, verblüffte ihn, daß sich noch etwas anderes in ihre Assoziationen mischte als nur die Erinnerungen, die er suchte. Manches von dem, was seine Patienten ihm erzählten, stammte zweifellos aus halbvergessenen Erlebnissen, aber ihre Berichte über die Vergangenheit enthielten auch eingebildete Elemente. Obgleich solche Phantasien selbst unbewußt waren, erzeugten sie im Bewußtsein des Patienten unechte »Erinnerungen«, die, zumindest für den Patienten selbst, nicht von schwachen Erinnerungen an tatsächliche Geschehnisse in seiner Kindheit zu unterscheiden waren. Freud wurde klar, daß er selbst nicht zuverlässig unterscheiden konnte, was in den Geschichten seiner Patienten auf tatsächlichen Ereignissen beruhte, was von der Phantasie gefärbt und was reine Phantasie war. Daß hier unbewußte Phantasie mit im Spiel war, warf auf sein gesamtes Projekt einen Schatten.

Da Freud nicht verhindern konnte, daß dies seine Suche nach den Ursachen der Hysterie beeinflußte, begann er es zu erforschen. Er sah, daß seine Patienten nicht deshalb außerstande waren, ihre Phantasien von der Erinnerung an tatsächliche Ereignisse zu tren-

24

nen, weil sie psychotisch waren – das waren sie nicht –, sondern weil diese Phantasien selbst eine Besonderheit aufwiesen: Sie waren ganz unbewußt, gefühlsgeladen und enthielten gewöhnlich einen wahren Kern, wie winzig und verzerrt er auch sein mochte. In ihnen stellten sich die Ereignisse so dar, wie der Patient sie sich aus diesem oder jenem Grund wünschte. Mit anderen Worten, das Unbewußte enthält, neben verläßlichen Erinnerungen an konkrete Ereignisse, auch Phantasien, die ein Gemisch aus Erinnerungen und Wunschvorstellungen sind, und beides übt genau die gleiche Wirkung auf die Seele aus. Damit stand Freuds neurologisches Modell, das auf der exakten Wiedergewinnung der unbewußten Erinnerungen an aktuelle Ereignisse beruhte, vor einem unüberwindlichen methodischen Hindernis.

Psychische Realität

Doch dann, Monate später, wurde Freud klar, daß diese schreckliche Wendung der Dinge tatsächlich am Ende nichts ausmachte, weil sich seine Vorstellung, konkrete materielle Ereignisse übten unmittelbaren Einfluß auf die Seele aus, für die Erforschung der Neurose als ziemlich irrelevant erwies. Für das Unbewußte kam es, zumindest bezüglich der neurotischen Symptome, nicht auf die Erinnerung an äußere Ereignisse an, sondern wie der Patient diese erlebt hatte. Anders gesagt, was zählte, war die subjektive Bedeutung der Ereignisse, nicht ihre physiologische Wirkung auf den psychischen Apparat.

Diese unbewußte, subjektive Bedeutung der Ereignisse schlug sich aber gerade in den unbewußten Phantasien nieder, die Freuds Patienten über ihre Geschichte entwickelten. So lieferte das, was Freud an einer neurologischen Lösung hinderte, ihm den Schlüssel zu einer neuartigen Lösung auf der Basis der subjektiven Bedeutung von Erfahrung. Er mußte sein Augenmerk also nicht auf die verschütteten Erinnerungen als solche richten, sondern auf die Mischung aus Wahrnehmung und gefühlsgeladener Phantasie: die unbewußte Seite der Erinnerung. Diese Mischung bezeichnete er als *psychische Realität*. In der Neurose, sagt Freud, ist die psychische Realität wichtiger als die materielle Realität.

Diese Erkenntnis öffnete den Weg zu einem neuartigen Erklärungsmodell für die Seele, das fortan auf der Erforschung der psychischen Realität aufbaute und damit die Fallen der alten mechanistischen Modelle vermeiden konnte. In der psychischen Realität beziehen Erlebnisse und Vorstellungen ihren Sinn aus den Ängsten und Wünschen des Subjekts. Die psychische Realität enthält emotionale Bedeutung; wie unverzichtbar sie ist, wurde an Bions Patient, dem sie fehlte, eklatant deutlich. Sie macht das neue Modell derart revolutionär. Freud wurde zum Psychoanalytiker, als er seine Aufmerksamkeit von den unmittelbaren historischen Ereignissen weg und auf eine Mischung von äußerer Realität und triebgeleiteten Wünschen und Ängsten hin lenkte.

Um herausfinden und nachvollziehen zu können, welche unbewußte, emotionale Bedeutung einzelne Ereignisse für seine Patienten hatten, mußte Freud bei sich selbst die Fähigkeit entwickeln, dem Gefühlsgehalt, der in ihren Worten verborgen lag, nachzuspüren. Diese Fähigkeit besteht darin, sich auf psychologische Phänomene zu konzentrieren, die zunächst sinnlos oder obskur erscheinen, sich bei sorgfältiger Beobachtung aber unvermeidlich als bedeutsam erweisen. Das heißt, er mußte ein Phänomenologe unbewußter Sinngebungen werden. Freud berichtet, wie beeindruckt er war, als ihm in der Person seines Lehrers, des großen französischen Neurologen Charcot, zum ersten Mal ein sorgsamer Phänomenologe begegnete.

> Er pflegte sich die Dinge, die er nicht kannte, immer von neuem anzusehen, Tag für Tag den Eindruck zu verstärken, bis ihm dann plötzlich das Verständnis derselben aufging. Vor seinem geistigen Auge ordnete sich dann das Chaos, welches durch die Wiederkehr immer derselben Symptome vorgetäuscht wurde [...] und in immer wiederholten Bemerkungen kam er auf die Schwierigkeit und Verdienstlichkeit dieses »Sehens« zurück. Woher es denn komme, daß die Menschen in

der Medizin immer nur sehen, was sie zu sehen bereits gelernt haben [...] (Freud 1893 f, S. 22 f.)

Was Charcot zuvor so lange entgangen war, vermochte er nun zu sehen, weil er mit all dem Zweifelhaften und Rätselvollen – den ungeklärten Einzelheiten klinischer Phänomene – in Verbindung blieb und nicht sogleich, wie Keats es ausdrückt, mit der voreiligen »verwirrenden Suche nach Fakten und Gründen« begann. Als Freud beim Versuch, seine neurologische Theorie der Hysterie zu verifizieren, den unbewußten Phantasien seiner Patienten aufsaß, entsann er sich seiner Erfahrung mit Charcot und begann, die psychischen Zustände seiner Patienten ebenso sorgsam zu beobachten, wie sein Lehrer ihre krankhaften Körperbewegungen beobachtet hatte. Sein Respekt gegenüber den phänomenologischen Details in der emotionalen Realität seiner Patienten, ohne Rücksicht darauf, wie wenig sinnvoll sie zunächst schienen, ließ ihn schließlich ihre Strukturen und auf diese Weise ihre entscheidende Bedeutung für das Seelenleben erkennen.

Im Unterschied zu den Naturwissenschaften, die auf der Wahrnehmung materieller Fakten gründen, beruht die Psychoanalyse auf der Wahrnehmung immaterieller Fakten: auf den psychischen Zuständen in einem selbst und in anderen. Freud nennt das Vermögen, das uns befähigt, sie wahrzunehmen, das »Sinnesorgan zur Wahrnehmung psychischer Qualitäten« (Freud 1900a, S. 620). Der systematische Einsatz dieses Organs – das Bions Patient durch ein »Naturexperiment« verloren hat – macht die psychoanalytische Methode aus und stellt die Grundlage für die gesamte Evidenz der psychoanalytischen Theorien dar.

Mit dieser klinischen Methode bewaffnet, erforschte und vermaß Freud weite Bereiche des Unbewußten, ein Prozeß, den er später mit den Abenteuern der Konquistadoren verglich. Seine phänomenologische Erforschung der psychischen Realität, jenes Ortes unbewußter emotionaler Bedeutung, schuf ein neues Erklärungsmodell für die Seele, die aus Sinn und Gefühl besteht. Mit diesem Modell, seiner fundamentalsten Neuerung, gelangte Freud zu einem Verständnis erst von Träumen, dann der Neurose und schließlich zu einer rationalen Methode der Behandlung von Neurosen.

Seinen neurologischen Standpunkt gab Freud allerdings nicht gänzlich auf, als er den psychoanalytischen annahm. Seine darauffolgende Arbeit ist eine Mischung aus dem neuen psychoanalytischen und dem älteren neurologischen Modell, aus dem er manche Elemente wie liebgewordene Relikte beibehält. In den Arbeiten vieler seiner Nachfolger findet sich eine ähnliche Mischung aus psychoanalytischen und mechanistischen Sichtweisen bezüglich der Seele.

Psychoanalyse von Kindern

Die britische Psychoanalytikerin Melanie Klein ist eine bemerkenswerte Ausnahme. Auffallendstes Kennzeichen ihrer Forschung ist die Reinheit ihrer psychoanalytischen Sicht, unbeirrbar widmete sie sich der Phänomenologie emotionaler Bedeutung. Sie entwickelte als erste ein Verfahren zur systematischen Untersuchung der unbewußten psychischen Realität von Kindern und machte mit dieser Technik den Weg zur Kinderpsychoanalyse frei. Ihre Arbeit mit Kindern zeigte, daß Freuds Begriff der psychischen Realität – und damit die Psychoanalyse – deskriptive und erklärende Kraft besaß, mehr noch als Freud selbst angenommen hatte.

Das läßt sich zum Beispiel an der Frage ablesen, was das Wesen der kindlichen Seele sei – oder besser, ob Kinder eine Seele haben. Bis an sein Lebensende glaubte Freud, die Seele des Kindes werde sich als ein solcher elektrophysiologischer Apparat bar jener komplizierten emotionalen Bedeutungen erweisen, den er urspünglich beim erwachsenen Neurotiker zu finden gehofft hatte. An dieser Auffassung konnte er nur festhalten, weil ihm die psychoanalytischen Daten zu diesem Thema fast gänzlich fehlten.

Als Melanie Kleins Kinder-Analysen die fehlenden Daten zu liefern begannen, gelangte sie unvermeidlich zu dem Schluß, daß sogar die Seele von Säuglingen und Kleinkindern viel zu komplex ist und viel zu sehr von psychologisch bedeutsamen Phantasien abhängt, als daß man sie in einen Rahmen stellen könnte, der ohne emotionale Bedeutung auskommt. Das heißt, Klein entdeckte, daß die komplexe Logik psychischer Realität zum Verständnis selbst der vergleichsweise »einfachen« Seele des Säuglings und Kleinkindes nicht nur angewandt werden konnte, sondern auch angewandt werden mußte. Auch wenn ihr diese Komplexität unwahrscheinlich vorkam, war sie vielleicht nicht unwahrscheinlicher als Freuds Entdeckung, daß gewisse unbewußte Phantasien ähnlich funktionieren wie Erinnerungen. Jedenfalls legte ihr Kontakt mit dem Unbewußten des Kindes das nahe, und sie bemaß ihre Theorien nach den Implikationen ihrer phänomenologischen Erkenntnisse.

Unter den unbewußten Phantasien, die die Erfahrungen des Kindes mit seiner Welt prägen, entdeckte Klein vor allem einen Typus, der für ihre Auffassung über die Entwicklungen der kindlichen Seele ausschlaggebend war. Säuglinge und Kleinkinder haben die Phantasie, in sich eine Welt zu schaffen, indem sie Teile der äußeren Welt »verschlingen«. Ihre innere Welt ist nicht ein genaues Bild der äußeren Welt, sondern erhält ihre Färbung dadurch, daß das Kind (ebenfalls in der Phantasie) die äußere Welt, während es sie sich einverleibt, mit seinen eigenen Emotionen erfüllt. Klein nennt diesen Prozeß die ausgewogene »Wechselwirkung zwischen Projektion und Introjektion« (Klein 1932, S. 187). Auf diese Weise entsteht, was Freud als psychische Realität erkannt hatte: eine phantastische Welt, die das Kind als konkret, tatsächlich in sich vorhanden erlebt und mit Nachbildungen derer bevölkert, die es liebt und haßt. Diese Innenwelt ist für das Kind, das sie als sein reales psychisches Inneres erlebt, keine Metapher und auch nicht, was wir aus der Perspektive des Erwachsenen die Seele nennen würden. Diese Innenwelt mit ihren Bewohnern wandelt sich je nach der seelischen Verfassung des Kindes oder, besser gesagt, sie macht diese aus. Klein nennt die Bestandteile, aus denen die innere Welt zusammengesetzt ist, »internalisierte Objekte« (Klein 1940, S. 189).

Das Verhältnis des Kindes zu diesen inneren Objekten kann im wesentlichen in zwei Modalitäten oder »Positionen« eingeteilt werden, die sich nach der jeweiligen Konstellation der unbewußten

Phantasien, Ängste und Abwehrhaltungen unterscheiden. Die frühere, die paranoid-schizoide Position (so genannt, weil derjenige, dem es nicht gelingt, sie im Laufe der Entwicklung erfolgreich zu überwinden, später zu paranoiden und schizophrenen Zuständen neigt) wird allmählich von der späteren, der depressiven Position abgelöst (so genannt, weil derjenige, dem es nicht gelingt, im Laufe seiner Entwicklung die mit ihr verbundenen Probleme und Ängste zu überwinden, später für depressive Erkrankungen anfällig ist).

Obwohl es kaum überrascht, daß Freuds Werk zur Einführung in das Werk Melanie Kleins dient – schließlich ist es die Grundlage für die Werke auch aller anderen Psychoanalytiker –, so ist doch überraschend, in welchem Maße das Werk von Melanie Klein eine Art Einführung zu dem Freuds darstellt. Da Klein die Entfaltung der psychischen Realität des Kindes in einem früheren Entwicklungsstadium beobachtete, als Freud das getan hatte, sind die Hauptergebnisse seiner Erwachsenenanalysen selbst Folgen einer Entwicklung, der Klein in ihren Kinderanalysen nachspürte. Wären ihre Studien über die Säuglingsphase und das Unbewußte bei Kindern zuerst dagewesen, hätte vieles von Freuds Arbeit über das Unbewußte bei Erwachsenen die Voraussagen erfüllt, die man aufgrund ihrer Arbeit hätte machen können.

Ein Beispiel hierfür ist Freuds Theorie des Ödipuskomplexes, des zentralen Elementes in seinem Bild der emotionalen Entwicklung. Er entdeckte, daß das Kind eine Krise durchmacht, wenn der Ödipuskomplex im Alter von vier oder fünf Jahren seinen Höhepunkt erreicht, und daß die psychische Gesundheit des späteren Erwachsenen entscheidend davon abhängt, wie das Kind diese Krise löst. Kleins Studien zeigen, daß der Freudianische Ödipuskomplex psychisch wichtig ist, weil er einen Scheidepunkt darstellt im Ringen des Kindes um die Lösung noch früherer Entwicklungsprobleme, die ihre Wurzeln im Säuglingsalter haben: der paranoid-schizoiden und der depressiven Position. Der Ödipuskomplex ist für das Kind ein Hauptmittel, um das zu erreichen, und seine verschiedenen Themen ergeben sich aus dem Bemühen des Kindes, die Teile der inneren und äußeren Welt so in Einklang zu bringen, daß die psychische Entwicklung voranschreiten kann.

Noch verblüffender als die Feststellung, daß Kleins Ergebnisse entwicklungsmäßig ein Prolog zu Freuds Ergebnissen sind, ist der Umstand, daß gewisse Bereiche von Freuds Arbeit, die bei Klein keine Vorläufer zu haben scheinen – zum Beispiel seine Theorie der weiblichen Sexualität, die Libido-Theorie und seine Datierung für die Bildung des Über-Ichs –, sich im Laufe der Zeit als nicht haltbar erwiesen haben. Selbst nach Meinung von Psychoanalytikern, die Melanie Kleins Ansichten nicht teilen, gelten sie nicht mehr als brauchbare analytische Theorie.

Natürlich konnte die Arbeit von Klein der Forschung Freuds historisch nicht vorausgehen. Seine Entwicklung und sein Testen der psychoanalytischen Methoden auf dem (relativ!) sicheren Boden der psychoanalytischen Erwachsenenpraxis hat im Gegenteil ihr eine wissenschaftliche Voraussetzung geboten, auf der sie das Unbewußte des Kindes ausloten konnte, das vom gewöhnlichen bewußten Erleben des Erwachsenen so weit entfernt liegt. Nur mit der gesammelten klinischen Erfahrung und der konsequenten Weiterentwicklung analytischer Theorien und Methoden, die so stabil waren, daß sie auch die Untersuchung der primitiveren Schichten der Seele zuließen, konnte das psychoanalytische Bild vom mentalen Wachstum (und die innere Logik der psychoanalytischen Theorie) über Freuds Arbeit hinausgehen. Die folgenden Kapitel werden sowohl die freudianischen wie die kleinianischen Phasen dieser weiteren psychologischen Entwicklung sowie die wechselseitig erhellende Beziehung zwischen den Arbeiten ihrer beiden wichtigsten Architekten skizzieren.

2. Kapitel

Psychologie ohne Psyche

Freud begann seine medizinische Karriere als Neurologe. Sein erster Ansatz zur Erforschung psychischer Störungen führte zu einer nicht veröffentlichten, spekulativen hirnphysiologischen Abhandlung, die erst (1950a) posthum unter dem Titel »Entwurf einer Psychologie« erschien. Der Titel, den die Herausgeber dem Aufsatz gaben, lautete treffender »Psychologie für Neurologen«. Die Abhandlung ist in einer physikalischen Terminologie verfaßt, bei der es um die Verteilung und den Fluß von Ladungen und Energie geht, eine Denkweise, die dem Programm der Wissenschaftsentwicklung entsprach, das der einflußreiche Physiker und Physiologe Hermann Helmholtz vertreten hatte. Motto der Abhandlung hätte sein können, was Helmholtz 25 Jahre vor Freud proklamiert hatte: »Endziel der Naturwissenschaften ist, die allen anderen Veränderungen zugrundeliegenden Bewegungen und deren Triebkräfte zu finden, also sie in Mechanik aufzulösen.« (Mayr 1982, S. 114 f.)

Die Lektüre des »Entwurfs« vermittelt den Eindruck, es gehe nicht eigentlich um Psychologie, sondern vielmehr um einen neuen Zweig der Physiologie, dessen Vertreter es etwas peinlich findet, seinem Leser nicht die Präzision bieten zu können, die von einer physikalischen Abhandlung über die Bewegung von Flüssigkeiten zu erwarten wäre. Da dies ein Versuch ist, die dem Seelenleben zugrundeliegenden Phänomene wie elektrische Kräfte zu beschreiben, erscheinen die psychischen Zustände im »Entwurf« nur als Symptome physikalischer Prozesse, wie die Pfeife einer Dampfmaschine.

Freud schrieb zur selben Zeit zwei weitere Werke, zum einen, in Zusammenarbeit mit seinem Freund und älteren Kollegen Josef Breuer, ein Buch mit dem Titel *Studien über Hysterie* (1895d), zum anderen einen Vortrag »Die Abwehr-Neuropsychosen« (1894a). Beide zeigen zusammen mit dem »Entwurf«, wie sehr Freuds Denken Mitte der 1890er Jahre von dem Bestreben beherrscht war, eine Psychologie ohne Psyche zu konstruieren.

So hebt der englische Herausgeber und Übersetzer von Freuds Gesamtwerk, James Strachey, hervor, das Modell der Seele, das Freud in seinem »Entwurf« vorstellt, beruhe auf der damaligen Entdeckung, die mikroskopische Struktur des Nervensystems bestehe aus sogenannten Neuronen; diese getrennten, fadenartig sich verzweigenden Zellen stünden physikalisch miteinander in Verbindung und bildeten ein Netz. Freud nahm an, die Neuronen würden dadurch gereizt, daß sie mit einer Art physikalischer Energie geladen werden, die sich im gesamten Netz von einem Neuron zum anderen übertragen läßt.

Dieses Modell lieferte auf konservativ physiologischem Weg eine Erklärung für ein klinisches Phänomen, das Freud in den frühen neunziger Jahren zu interessieren begonnen hatte. Seine Zusammenarbeit mit Breuer in der Behandlung von Patienten, die an Hysterie litten, hatte ergeben, daß, wenn der Arzt nur genügend insistiere, der Patient jedes Symptom[1] über eine Kette intermediärer Vorstellungen und Erinnerungen bis zu jenem Ereignis zurückverfolgen könne, das dem ersten Auftreten der Hysterie vorausging. Wenn der Patient dazu gebracht werden konnte, sich deutlich genug und gefühlsmäßig beteiligt an dieses Ereignis zu erinnern, dann verschwanden, zumindest vorübergehend, die Symptome – an denen alle früheren Therapien gescheitert waren. Breuer und Freud nannten diese Behandlungsmethode *Katharsis*.

In der »Assoziationskette«, über die Freud seine Patienten auf das entscheidende Ereignis zurückführte, sah er die Verbindungswege und Verzweigungen des Neuronennetzes. Von hier war es nur noch ein kleiner Schritt, sich vorzustellen, daß die Ideen, Erinnerungen und selbst die Gefühle die eigentlichen Energiemengen sind, die, wie er annahm, in seinem Modell die zerebralen Neuronen besetzen.

---

1 Die Symptome der Hysterie bestanden in Lähmungen, Ticks, Ohnmachten, Krampfanfällen, Stummheit und Gedächtnisschwund, ohne daß eine körperliche Ursache auszumachen war.

Mit der emotionalen Katharsis bei der Erinnerung des Traumas sollte, nach Freud, überdies eine Entladung der angesammelten neuronalen Energie einhergehen, mit der, wie er annahm, die dem Symptom entsprechenden Neuronen geladen waren. Mit ihrer physikalischen Deaktivierung würden dann auch die Symptome verschwinden. Aus dieser Sicht waren die mit den Symptomen verbundenen Gefühle und Vorstellungen so bedeutsam wie der Ausschlag der Nadel am Meßinstrument des Physikers, der das Vorhandensein eines elektrischen Feldes anzeigt. Als medizinischer Forscher interessierte sich Freud eigentlich für die Energien, die den seelischen Zuständen zugrunde liegen, nicht für diese Zusände selbst.

Im Schlußabschnitt von »Die Abwehr-Neuropsychosen« faßt Freud seine Vorstellung folgendermaßen zusammen:

> Ich will endlich mit wenigen Worten der Hilfsvorstellung gedenken, deren ich mich in dieser Darstellung der Abwehrneurosen bedient habe. Es ist dies die Vorstellung, daß an den psychischen Funktionen etwas zu unterscheiden ist (Affektbetrag, Erregungssumme), das alle Eigenschaften einer Quantität hat – wenngleich wir kein Mittel besitzen, dieselbe zu messen – etwas, das der Vergrößerung, Verminderung, der Verschiebung und der Abfuhr fähig ist und sich über die Gedächtnisspuren der Vorstellungen verbreitet, etwa wie eine elektrische Ladung über die Oberfläche der Körper.
>
> Man kann diese Hypothese, die übrigens bereits unserer Theorie des »Abreagierens« (Vorläufige Mitteilung, 1893) zugrunde liegt, in demselben Sinne verwenden, wie es die Physiker mit der Annahme des strömenden elektrischen Fluidums tun. Gerechtfertigt ist sie vorläufig durch ihre Brauchbarkeit zur Zusammenfassung und Erklärung mannigfaltiger psychischer Zustände. (Freud 1894a, S. 74)

»Während dieser gesamten Phase«, schreibt Strachey, »hat Freud offenbar diese [...] Prozesse als *materielle* Ereignisse betrachtet.«

(Strachey 1962, S. 64) Als er eine physikalische Erklärung gefunden hatte, worin die Symptome der Hysterie bestehen und wie sie zu beseitigen sind, brauchte Freud nur noch eine passende Erklärung, warum sie erstmals auftreten, um seine Theorie der Hysterie als eine neurophysiologische Störung zu vervollständigen.

Die Verführungstheorie

Wenn man, wie Freud, meint, die Symptome der Hysterie entstünden aus einer Menge nicht entladener Energie im neuronalen Netz, dann wird aus der Frage nach den Ursachen der Hysterie die Frage, weshalb diese Energie monate- oder jahrelang in dem System erhalten bleibt, statt sich gleich zu entladen.[2] Freud geht an dieses Problem in der Annahme heran, daß der seelische Apparat des Hysterikers die gewöhnlichen thermodynamischen Abläufe störe, weil er auf irgendeine Weise körperlich geschädigt worden sei.

Zur Untermauerung dieser Ansicht zieht er eine Parallele zwischen Hysterie und einer anderen neurotischen Störung, der Angstneurose. In dieser Zeit war Freud stark von den Theorien seines Freundes und Kollegen Wilhelm Fließ beeinflußt, der glaubte, daß viele Krankheiten, deren Erscheinungsbild das zunächst nicht vermuten lassen, durch Störungen in der Sexualphysiologie verursacht seien. Von seinen Angstneurotikern erhielt Freud immer wieder Berichte über sexuelle Frustration, so zeichnet er ein Krankheitsbild nach folgenden Überlegungen:

Also physisch sexuale Spannung erweckt von gewissem Wert an psychische Libido, die dann den Koitus u. dgl. einleitet. Kann die spezifische Reaktion nicht erfolgen, so wächst die

---

2 Die Annahme, der neuronale Apparat neige gewöhnlich dazu, die in ihm enthaltene Energie zu entladen, beruht auf der Vorstellung, das System gehorche den Prinzipien der Thermodynamik, einem Zweig der Physik, der entwickelt wurde, um die Funktionsweise von Dampfmaschinen und ähnlichen Systemen zu beschreiben. Daß Freud sich mit dieser Frage so ernsthaft auseinandersetzte, zeigt, wie fraglos er in dieser Zeit von einem physikalischen Begriff der Seele ausging.

physisch-psychische Spannung (der Sexualaffekt) ins Unge-
messene, er wird störend, es ist aber noch immer kein Grund
zu seiner Verwandlung [in Angst]. Bei der Angstneurose tritt
solche Verwandlung aber ein, somit taucht jetzt der Gedanke
auf, es handle sich dabei um folgende Entgleisung: die physische Spannung wächst, erreicht ihren Schwellenwert, mit dem
sie psychischen Affekt wecken kann, aber aus irgendwelchen
Gründen bleibt die psychische Anknüpfung, die ihr geboten
ist, ungenügend, es kann nicht zur Bildung eines *Sexualaffektes*
kommen, weil es an den psychischen Bedingungen fehlt: somit
verwandelt sich die nicht psychisch gebundene, physische
Spannung in – *Angst*. (Freud 1985c, S. 74)

Mit anderen Worten, wenn die sexuelle Spannung nicht bis ins Bewußtsein dringt, wo sie angemessen verarbeitet (entladen) werden
kann, dann staut sich die Erregung wie in einem Sammelbecken im
Gehirn, wo sie sich als Angst manifestiert.

Nun ist der Umstand, daß die sexuelle Spannung es nicht schafft,
bis ins Bewußtsein zu dringen (oder wie Freud sich ausdrückt, aus
irgendwelchen Gründen psychisch ungenügend angeknüpft bleibt),
seinerseits das Ergebnis einer traumatischen Störung im Apparat.
Das Trauma besteht darin, daß sich wiederholt sexuelle Erregung
aufbaut, die zwar auf normalem Weg ins Bewußtsein gelangt, dann
aber *aus äußeren Gründen* nicht entladen werden kann. Die Angstneurose ist demnach das Ergebnis auferlegter sexueller Abstinenz.
Infolgedessen muß es zu einer Stauung nicht-abgeführter sexueller
Erregung kommen, die wiederum – wahrscheinlich durch Überla-
dung – jenen Teil des Gehirns schädigt, der für die Verarbeitung sexueller Impulse zuständig ist. Spätere Impulse können dann den
beschädigten Teil des Weges nicht passieren und werden deshalb
in die tieferen Schichten des Gehirns abgelenkt, wo sie nicht als sexuelle Erregung, sondern als Angst erlebt werden.

Physikalisch gesehen, ist das Gemeinsame bei Hysterie und
Angstneurose, daß beide eine geballte Menge neuronaler Erregung
produzieren, die nicht entladen werden kann. Freud war über-

zeugt, daß die Erregung in der Hysterie wie die in der Angstneurose ihrem Wesen nach sexuell sei.[3]

Wenn seine Annahmen über die sexuellen Ursprünge der Angst in der Angstneurose stimmen und seine Extrapolation auf die Hysterie Gültigkeit haben sollten, dann mußte auch bei der Hysterie in dem Teil des Apparates, der mit sexuellen Stimuli zu tun hat, eine Schädigung vorliegen. Diese Erklärung warf jedoch ein weiteres Problem auf: Bei der Angstneurose kann sich das System nicht entladen, weil es durch die traumatische Wirkung einer Unmenge an sexueller Erregung, die sich aufgrund äußerer, sozialer Faktoren angesammelt hat, geschädigt ist. Bei der Hysterie gibt es aber kein Trauma einer früheren sexuellen Erregung. Freud begegnete dieser Schwierigkeit mit der Behauptung, der Grund für die Prädisposition zur Hysterie – das heißt, der Grund für die Schädigung des mentalen Apparates – sei trotzdem ein seinerzeit nicht bewältigbares sexuelles Erlebnis, wenn auch in diesem Fall eines, an das der Patient sich nicht erinnern könne und das deshalb nicht in seinen Berichten vorkomme. Das gab Freud die spezifische Ätiologie, nach der er gesucht hatte: Ein Hysteriker war also jemand, der durch eine traumatische sexuelle Erregung prädisponiert war, auf eine normale sexuelle Erregung anormal, nämlich mit der Entwicklung von Hysteriesymptomen, zu reagieren. Die prädisponierende Erregung war deshalb überwältigend, weil sie zum Zeitpunkt ihres Auftretens nicht entladen werden konnte. Dann aber blieb das Problem, warum der Patient, wenn er ein solches Trauma erlebt hatte, nichts davon wußte.

Freud antwortet darauf, im Fall der Hysterie habe die sexuelle Erregung vor der Pubertät stattgefunden, als der sexuelle Apparat noch nicht reif und deshalb nicht in der Lage gewesen sei, die Erregung durch Orgasmus abzuführen. Die Unfähigkeit des Apparates,

---

3 Als Freud etliche Jahre nach dieser Formulierung gefragt wurde, weshalb er als Grund für die Schwierigkeiten nur sexuelle Impulse vermutet habe, antwortete er, im Prinzip sehe er keinen Grund, weshalb nicht auch andere Impulse mitbeteiligt sein sollten, aber seine Analysen mit Patienten hätten nur sexuelle Impulse ergeben. Wie wir sehen werden, traten später bei seinen Analysen auch andere elementare unbewußte Impulse auf.

die Spannung zu entladen, mache eine solche Situation traumatisch. Ein in der Kindheit erlittenes Trauma, ist Freud überzeugt, rufe eine umfangreichere Störung des ganzen Apparates hervor als ein im Erwachsenenalter erlebtes Trauma wie bei der Angstneurose. Das erklärt den Gedächtnisverlust für dieses Ereignis. Die eigentliche Ursache des Traumas ist demnach ein sexueller Angriff, »eine Irritation der Genitalien«, die, wie er meinte, irgendwann zwischen dem zweiten oder dritten und dem siebten Lebensjahr geschehen ist. Das ist die Traumatheorie (oder Verführungstheorie, Verführungsszene) der Hysterie.

Freud schien seine Verführungstheorie als Erklärung für die Ausbildung hysterischer Symptome überzeugend, nicht weil er glaubte, es sei zu irgend etwas gut, seine Patienten als Opfer zu sehen, sondern weil diese Theorie ganz mit seinem Bild von der Seele als einem physikalischen Apparat übereinstimmte. Dieses Bild zog ihn an, weil in ihm auf der psychischen Ereignisebene ebenso hocheinzuschätzende Kräfte am Werk sind wie die chemisch-physikalischen Kräfte auf materieller Ebene.

Sein vollständiges Modell der Hysterie sah nun folgendermaßen aus: Durch eine »Irritation der Genitalien« wird physikalische Energie in den Nervenapparat eines verletzlichen, passiven Kindes eingelagert. Da das Kind zum Orgasmus noch nicht fähig ist, kann sie nicht abgeführt werden. Die nicht abgeführte Energie übt eine traumatische (schädigende) Wirkung auf den Nervenapparat aus und hat zur Folge, daß spätere sexuelle Erregungen sich nicht normal entladen können, statt dessen bleiben sie im Apparat, sammeln sich an und bilden einen Energiespeicher, der die Ticks, Anfälle und andere Manifestationen der Hysterie buchstäblich mit Energie versorgt.

Dieses Modell weist auch einen Weg zur Heilung der Hysterie: Wenn die Erinnerung an das traumatische Ereignis eine in sich abgeschlossene Menge an Erregungen ist, die sich wie ein elektrischer Abszeß verhält, also auf den psychischen Apparat Druck ausübt, um die normale Abfuhr der eingehenden Stimuli zu verhindern, und auf diese Weise den Patienten für hysterische Symptome anfäl lig macht, dann läßt sich die Krankheit heilen, indem man den Abszeß aufschneidet. Bis dahin hatte Freud nur die *manifesten* Symptome der Hysterie erfolgreich *lindern* können, indem er Breuers kathartische Methode anwandte, nicht aber die Anfälligkeit selbst. Wenn es ihm gelänge, in die eigentliche Ansammlung der traumatischen Erregungen, die für die Störung der nervlichen Abfuhrwege verantwortlich war, einzudringen, dann hätte er die Hysterie dauerhaft geheilt. Also begann er mit beträchtlichem therapeutischem Enthusiasmus, dem ursprünglichen Trauma nachzugehen. Er setzte auf seine Autorität als Arzt und brachte auf diese Weise seine Patienten dazu, nach Maßgabe seiner für sie entwickelten Theorie zu assoziieren. Befriedigt berichtet er 1895, seine Suche nach den verdrängten Erinnerungen an das ursprüngliche Trauma sei in allen 18 Fällen, die er bis dahin behandelt habe, erfolgreich verlaufen.

Ein wissenschaftliches Märchen

Freud glaubte, auf dem besten Wege zu einem wissenschaftlichen Verständnis der Neurose zu sein, ein Weg, der nicht nur günstigerweise unter der Ägide der Naturwissenschaft lag, sondern auch eine rationale, wirksame Behandlung versprach. Er formulierte seine Thesen über Ursachen und Heilung der Hysterie und stellte sie seinen Kollegen in der Wiener Medizinischen Gesellschaft vor. Doch seine Hoffnungen zerrannen, als Richard von Krafft-Ebing, der Präsidenten der Gesellschaft, die vorherrschende Reaktion auf Freuds Präsentation in die Worte faßte, dies sei ein »wissenschaftliches Märchen«. Daß die Gesellschaft Freuds Arbeit verurteilte, bedeutete nicht, daß sie glaubte, er habe mit der Suche nach den physikalischen Grundlagen der Hysterie den falschen Weg eingeschlagen, sondern lediglich, daß seine Theorien, obgleich plausibel, von seinem Beweismaterial, mit dem er sie zu stützen suchte, nicht ausreichend abgedeckt würden. Dieses Urteil traf Freud aber zutiefst, und er hat es den Kollegen nie ganz verziehen.

Daß Freud sein physikalisches Modell der Hysterie schließlich doch fallenließ, hat seinen Grund nicht in der Ablehnung durch die

Wiener Schulmedizin, sondern in einer neuen Einsicht: Als er begann, seine Patienten weniger mit dem emsigen Blick des wissenschaftlichen Programmatikers zu betrachten, sondern mehr mit dem kühlen Blick Charcots, bemerkte er Einzelheiten in ihrem Seelenleben, die seiner Aufmerksamkeit zuvor entgangen waren. Die Muster, zu denen sich diese Einzelheiten formierten, brachten einen Wechsel der Perspektive mit sich, der so tiefgreifend war, daß die Frage nach der physikalischen Grundlage der Hysterie weitgehend bedeutungslos wurde.

3. Kapitel

Die Entdeckung der unbewußten Phantasie

Nachdem Freud Jahre darauf verwandt hatte, ein physikalisches Erklärungsmodell für die Hysterie zu schaffen, das ihm so vielversprechend erschienen war, gestand er auf einmal im September 1897 in einem privaten Brief an seinen Freund Wilhelm Fließ (1985c, S. 283 ff.), daß er nicht mehr an ein solches Modell glaube. Für seinen Sinneswandel nennt er vier Gründe .

Erstens habe er erkannt, daß seine Methode, die Assoziationen seiner Patienten zu lenken und zu ihrer verdrängten Erinnerung an eine sexuelle Belästigung hinzuführen, therapeutisch auf der ganzen Linie erfolglos geblieben sei. Er hatte dieses Verfahren seinerzeit gewählt, weil er glaubte, verdrängte Erinnerungen seien eine Art psychischer Abszeß, und er hoffte, auf diese Weise eine emotional befreiende Katharsis zu bewirken, die zur dauerhaften Heilung der Hysterie führen würde. Nun aber hatten sich die Erfolge, von denen er wenige Jahre zuvor berichtet und die er für seine 18 Fälle in Anspruch genommen hatte, in Wirklichkeit als nur partiell erwiesen. Und diese »partiellen Erfolge«, wie er sie jetzt vorsichtig nennt, ließen sich einfacher, konventioneller erklären, dazu bedurfte es nicht der Verführungshypothese.

Zweitens hätte Freud, um sein Hysterie-Modell zu verifizieren, zeigen müssen, daß es tatsächlich eine Erinnerung an den sexuellen Übergriff gab, die den Patienten für die Krankheit anfällig machte. In keinem Fall erreichte Freud dieses wissenschaftliche Ziel. Offenbar hatte er sich in einigen wenigen Fällen auf bewußte (nicht einmal, wie seine Theorie forderte, verdrängte) Erinnerungen gestützt und in den übrigen lediglich auf Andeutungen, die auf eine verdrängte Erinnerung hinzuweisen schienen. Doch daß eine solche verdrängte Erinnerung wirklich existierte, wurde in keinem Fall durch ein lebendiges Erinnern bestätigt. Obwohl Freud noch überzeugt war, daß es im Prinzip Verführungen wirklich gab, fragte er sich angesichts seiner Erfolglosigkeit, ob die Bestätigung, nach der er gesucht hatte, nicht in der Praxis unerreichbar war. Zudem wurde seine Hoffnung, eine solche Erinnerung zu entdecken, durch die Beobachtung gedämpft, daß sogar »in der tiefgehendsten Psychose die unbewußte Erinnerung nicht durchdringt, so daß das Geheimnis der Jugenderlebnisse auch im verworrensten Delirium sich nicht verrät«. (Freud 1985c, S. 284)

Drittens erforderte seine Theorie, daß sexuelle Belästigungen in der Kindheit noch viel häufiger vorkamen als die Hysterie, die schon ziemlich weit verbreitet war. Die meisten Daten, die er bei seinen Patienten gesammelt hatte, gaben dem Vater die Schuld. Das hieß, wenn die Assoziationen seiner Patienten auf ein wirkliches Ereignis in der Kindheit zurückgingen, dann mußte unter bürgerlichen jüdischen Wiener Vätern die sexuelle Belästigung von Kindern fast allgegenwärtig sein. Das hielt Freud für unwahrscheinlich.

Viertens war ihm klar geworden, daß es »im Unbewußten ein Realitätszeichen nicht« gibt. (Freud 1985c, S. 284) Das heißt, daß gewisse unbewußte Phantasien sich nicht von Erinnerungen an wirkliche Ereignisse unterscheiden lassen. Das macht es außerordentlich schwierig zu sagen, wann eine echte Erinnerung vorliegt. Seine kathartische Methode, mit der er seine Patienten zum pathogenen Ereignis hinführte, bot keine Möglichkeit festzustellen, ob er einer unbewußten Erinnerung oder einer unbewußten Phantasie auf der Spur war.

Dieses letzte Problem war am heikelsten, und schließlich scheiterte seine Suche nach der spezifisch physiologischen Ätiologie der Hysterie – der verdrängten Erinnerung an ein traumatisches sexuelles Ereignis – an den Unmassen unbewußter Phantasie. Doch das war ein überaus ersprießliches Mißgeschick, denn es zwang ihn, zurückzugehen und seinen Patienten zuzuhören, diesmal nicht mit dem Ohr des Theoretikers, sondern mit dem des Phänomenologen. Je mehr er seine Aufmerksamkeit auf die unbewußte Phantasie richtete, desto stärker änderte sich allmählich seine Perspektive auf das gesamte Problem der Hysterie, bis er schließlich ein neues Modell – nicht auf der Grundlage physikalischer Vorgänge, sondern auf der Basis seelischer Zustände – entwickelte, vor allem solcher, die von jenen unbewußten Phantasien beherrscht werden, die zuvor für ihn ein so großes Hindernis gewesen waren. Während sein physikalisches Modell Umwelteinflüsse direkt mit neuronalen Prozessen verknüpft und die Psychologie ausgeschlossen hatte, kreiste das neue Modell gerade um das, was im alten fehlte; es war echte Psychologie. In der kontinuierlichen Korrespondenz, die Freud mit Fließ unterhielt, besitzen wir ein Dokument, in dem sich diese Entwicklung verfolgen läßt.

Ein erster Schimmer, welche Rolle die unbewußte Phantasie in der Hysterie spielen könnte, taucht in einem Brief Freuds vom April 1897 auf, in dem er schreibt, er habe in seinen Bemühungen, die Erinnerung an eine Verführung wiederaufleben zu lassen, eine weitere Quelle entdeckt, »aus der ein neues Element der unbewußten Produktion herrührt. Ich meine die hysterischen Phantasien [...].« (Freud 1985c, S. 248)

Anfang Mai 1897 hatte er das Gefühl, die Rolle der Phantasie in Neurosen klarer definiert zu haben:

Ich habe zuerst eine sichere Ahnung von der Struktur einer Hysterie gewonnen. Alles geht auf die Reproduktion von Szenen [der sexuellen Belästigung]. Die einen sind direkt zu bekommen, die anderen nur über vorgelegte Phantasien. Die Phantasien [...] sind Schutzbauten, Sublimierungen der Fakten, Verschönerungen derselben, dienen gleichzeitig der Selbstentlastung. Ihre akzidentelle Herkunft vielleicht von den Onanierphantasien. Eine zweite wichtige Erkenntnis sagt mir, daß das psychische Gebilde, welches bei Hysterie von der Verdrängung betroffen wird, nicht eigentlich die Erinnerungen sind, denn kein Mensch ergibt sich ohne Grund einer Erinnerungstätigkeit, sondern *Impulse*, die sich von den Urszenen [der Belästigung] ableiten. [...] Darin erblicke ich einen großen Fortschritt der Einsicht [...]. (Freud 1985c, S. 253)

Freud hatte entdeckt, daß zu den Inhalten des Unbewußten, die durch einen Prozeß, den er Verdrängung nennt, in ihm festgehalten werden, sowohl Phantasien als auch Erinnerungen gehören. Dieser Brief zeigt, daß er Phantasien zunächst nur als Abwehrstrukturen verstand, die ihn bei seinen Versuchen störten, die wahre Ursache der Hysterie, die verdrängte Erinnerung an eine wirkliche traumatische sexuelle Belästigung, zu entdecken. Doch gleichzeitig kam er zu dem Schluß, daß der Krankheitserreger der Hysterie nicht einfach eine unzugängliche Erinnerung an eine sexuelle Belästigung sein konnte, sondern etwas sein mußte, das mit den Impulsen des Kindes zu tun hatte. Diese Überlegung wies ihn nun in eine ganz andere Richtung.

Ende Mai konnte er schreiben: »Von den Erinnerungen aus scheint es sich zu gabeln, ein Teil derselben wird durch Phantasien verlegt und ersetzt, ein anderer, zugänglicher Teil scheint direkt zu Impulsen zu führen. Ob dann später Impulse auch aus Phantasien hervorgehen können?« (Freud 1985c, S. 267) Nun beschäftigte er sich mit dem Geflecht aus Impulsen, Phantasien und Erinnerungen, das an die Stelle seiner ursprünglichen Suche nach einer verdrängten Erinnerung an ein äußeres Ereignis getreten war. Auch begann er sich zu fragen, ob sexuelle Impulse bei Kindern unmittelbar aus ihrer Phantasie entstehen können, ohne durch körperliche Stimulation von der Hand eines sexuellen Belästigers hervorgerufen zu sein.

Im Juli kam er zu dem Schluß, daß verdrängte Phantasien und Impulse (und insbesondere perverse sexuelle Impulse) für die Entstehung hysterischer Symptome noch wichtiger sein können als wirkliche Erinnerungen. »Es sind dies Erinnerungsfälschungen und Phantasien, letztere auf die Vergangenheit oder Zukunft bezüglich. Ich kenne ungefähr die Regeln, nach denen diese Gebilde sich zusammensetzen, und die Gründe, welche sie stärker machen als die echten Erinnerungen, und habe so Neues zur Charakteristik der Vorgänge im Unbewußten gelernt.« Und er fügt in einem Nebensatz hinzu: »genau wie im Traum, der überhaupt die Psychologie der Neurosen in nuce enthält«. (Freud 1985c, S. 273)

44

Schließlich wurde ihm im September 1897 klar, daß er seine Traumatheorie der Hysterie aufgeben mußte (vgl. den zu Beginn dieses Kapitels erwähnten Brief). Wie wir aus dem Verlauf des Briefwechsels bis zu diesem Zeitpunkt ersehen können, wurde seine Aufmerksamkeit allmählich von der Frage nach der traumatischen Ätiologie abgelenkt und immer mehr von den Verbindungen zwischen Erinnerung, Impuls, Phantasie und Motiv absorbiert, auf die er bei seinen Versuchen, die traumatische Ätiologie zu verifizieren, mehr oder weniger zufällig gestoßen war. Das machte ihm jetzt zumindest teilweise bewußt, daß der Versuch, Psychologie auf Physik zu gründen, zu einer nahezu fatal groben Vereinfachung geführt hatte. Seine Briefe zeigen auch, daß er, vor lauter Eifer, an seiner Theorie festzuhalten, Beweise für Verführung akzeptiert hatte, die, milde ausgedrückt, wenig stichhaltig waren.

Das mag die abwegige Bemerkung erklären, mit der er seinen Septemberbrief an Fließ schließt, in dem er zugibt, daß sich sein Traum vom physikalischen Modell der Hysterie zerschlagen hat:

> Wäre ich verstimmt, unklar, ermattet, so wären solche Zweifel wohl als Schwächeerscheinungen zu deuten. Da ich im gegensätzlichen Zustande bin, muß ich sie als Ergebnis ehrlicher und kräftiger intellektueller Arbeit anerkennen und stolz darauf sein, daß ich nach solcher Vertiefung solcher Kritik noch fähig bin. Ob dieser Zweifel nur eine Episode auf dem Fortschreiten zur weiteren Erkenntnis darstellt?
>
> Merkwürdig ist auch, daß jedes Gefühl von Beschämung ausgeblieben ist, zu dem doch ein Anlaß sein könnte. Gewiß ich werde es nicht in Dan erzählen, nicht davon reden in Askalon, im Lande der Philister, aber vor dir und bei mir habe ich eigentlich mehr das Gefühl eines Sieges als einer Niederlage (was doch nicht recht ist). (1985c, S. 284 f.)

Die Traumatheorie hatte Freud gezwungen, nach etwas zu suchen, das das Kind physisch erregt. Jetzt konnte er auch die Wirkungen von Phantasien in Betracht ziehen, die beim Kind spontan entstehen und die das Kind selbst in ein harmloses oder unbedeutendes Ereignis hineinzulesen vermag, um dann eine Erfahrungen daraus zu ziehen, die zwar historisch gesehen nicht echt, psychologisch aber real ist. Anders gesagt, konnte er nun mit seinem Modell auch die idiosynkratische *Bedeutung* äußerer Ereignisse einbegreifen. Seine Entdeckung, daß die unbewußte Phantasie durchaus imstande ist, sich mit der äußeren Realität zu vermischen und daraus eine Legierung, die psychische Realität, zu bilden, ja daß sie selbst imstande ist, Hysterie zu erzeugen – das ist sein erster Schlüssel zur Erkenntnis, wie wichtig die psychische Realität in der Neurose ist. Aus seiner Entdeckung, daß es »im Unbewußten ein Realitätszeichen nicht gibt«, folgt, daß die mit unbewußten Phantasien verbundene psychische Realität neben die externe Realität zu stellen ist.

Sexuelle Belästigung in der Kindheit war für die ätiologische Formel nun nicht mehr unumgänglich notwendig. Die Andeutungen seiner Patienten, die ihn hatten vermuten lassen, sie seien Opfer sexueller Übergriffe gewesen und hätten ihre Erinnerung daran verdrängt, erwiesen sich zu einem guten Teil als – ebenfalls verdrängte – Wunschphantasien. Diese Phantasien waren bei ihnen mit äußeren, an sich vielleicht belanglosen Ereignissen verknüpft, die sie aber als sexuelle Übergriffe erlebt hatten. Wenngleich höchst subjektiv, besaß ein solcher »Übergriff« unbewußt die Wirkung und Erscheinungsweise eines wirklichen Ereignisses.

Zwar hatte Freud seine physikalische Ätiologie und die Hoffnungen, die sich daran knüpften, verloren, dafür aber ein Verständnis für die Kraft spontaner unbewußter Impulse und Phantasien gewonnen. Mit diesem ausgerüstet, nahm er das Problem der Neurose in Angriff. Im Februar 1899 konnte er Fließ bis ins einzelne erklären, inwiefern neurotische Symptome unbewußten Wünschen entsprechen. Unbewußte Phantasien sind mit Wünschen verbunden,[1] und diese Phantasie-Wünsche sind ihrerseits Ausdruck der Impulse, die im Kind wachwerden.

---

1 Im 17. Jahrhundert bedeutete »Phantasie« so etwas wie Wunsch oder Verlangen. Das mit Phantasie verwandte Wort »fancy« hat im Englischen bis heute diesen Sinn.

Dadurch, daß Freud die unbewußte Phantasie in seine Kalkulation mit einbezog, erweiterte sich der wissenschaftliche Horizont seines Denkens, das nun für zwei Gruppen von Patienten eine Erklärung bot, die in das physikalische Modell der Hysterie nicht gepaßt hatten. Zur ersten Gruppe gehörten Menschen, die als Kind einer sexuellen Belästigung ausgesetzt waren, es aber geschafft hatten, *keine* Hysterie (und keine anderen Neurosen) zu entwickeln. Offenbar bedurfte es selbst bei Kindern, die sexuell belästigt worden waren, eines zusätzlichen Faktors, um Hysterie entstehen zu lassen. Dafür kam nur so etwas wie ein angeborer Hirnschaden in Frage, den man damals »neuropathische Degeneration« nannte. Freud konnte nicht glauben, daß seine aufgeweckten und intelligenten Patienten so geschädigt sein sollten, und verteidigte sie vehement gegen das, was er für stigmatisierende Mutmaßungen hielt. Die Kraft der unbewußten Phantasie, die äußere Ereignisse vermittelt und ihnen eine idiosynkratische psychische Bedeutung beimißt, lieferte ihm den Zusatzfaktor, der für den Ausbruch der Hysterie nach einer sexuellen Belästigung nötig ist.

Die zweite Fallgruppe, für die das physikalische Modell keine Erklärung bot, waren Patienten, die eine Hysterie entwickelten, ohne je sexuell belästigt worden zu sein. Freuds Verständnis der unbewußten Phantasie zeigte ihm, daß relativ harmlose äußere Ereignisse subjektiv die Bedeutung einer sexuellen Belästigung annehmen können.

Viele Jahre später gab Freud in seiner kurzen »Selbstdarstellung« (1925d) folgende Erklärung für diese Gedankengänge.

[Ich muß] eines Irrtums gedenken, dem ich eine Weile verfallen war und der bald für meine ganze Arbeit verhängnisvoll geworden wäre. Unter dem Drängen meines damaligen technischen Verfahrens [mit dem ich die Assoziationen des Patienten an den Ort der angenommenen frühen Erinnerung zurückführte] reproduzierten die meisten meiner Patienten Szenen aus ihrer Kindheit, deren Inhalt die sexuelle Verführung durch einen Erwachsenen war. Bei den weiblichen Personen war die

Rolle des Verführers fast immer dem Vater zugeteilt. Ich schenkte diesen Mitteilungen Glauben und nahm also an, daß ich in diesen Erlebnissen sexueller Verführung in der Kindheit die Quellen der späteren Neurose aufgefunden hatte. Einige Fälle, in denen sich solche Beziehungen zum Vater, Oheim oder älteren Bruder bis in die Jahre sicherer Erinnerung fortgesetzt hatten, bestärkten mich in meinem Zutrauen. […] Als ich dann doch erkennen mußte, diese Verführungsszenen seien niemals vorgefallen, seien nur Phantasien, die meine Patienten erdichtet, die ich ihnen vielleicht selbst aufgedrängt hatte, war ich eine Zeitlang ratlos. Mein Vertrauen in meine Technik wie in ihre Ergebnisse erlitt einen harten Stoß; ich hatte doch diese Szenen auf einem technischen Wege, den ich für korrekt hielt, gewonnen, und ihr Inhalt stand in unverkennbarer Beziehung zu den Symptomen, von denen meine Untersuchung ausgegangen war. Als ich mich gefaßt hatte, zog ich aus meiner Erfahrung die richtigen Schlüsse, daß die neurotischen Symptome nicht direkt an wirkliche Erlebnisse anknüpften, sondern an Wunschphantasien, und daß für die Neurose die psychische Realität mehr bedeutete als die materielle. […]

Mein Irrtum war also der nämliche gewesen, wie wenn jemand die Sagengeschichte der römischen Königszeit nach der Erzählung des Livius für historische Wahrheit nehmen würde, anstatt für das, was sie ist, eine Reaktionsbildung gegen die Erinnerung armseliger, wahrscheinlich nicht immer rühmlicher Zeiten und Verhältnisse. (Freud 1925d, S. 59 f.)

Jones (1953) bringt diese Gedankengänge auf den Punkt, wenn er schreibt, »[Freud hatte bei seinem Versuch, Neurosen zu verstehen] sein Augenmerk nicht auf die Inzestwünsche und gelegentlichen inzestuösen Handlungen der Eltern zu richten, sondern auf das allgemeine Auftreten von Inzestwünschen der Kinder gegenüber ihren Eltern« (Jones 1953, S. 376). Freud leugnet nicht, daß Kinder von ihren Eltern sexuell traumatisiert werden können oder daß solche Traumata möglicherweise für viel Schmerz und Elend verantwortlich sind. Er macht nur darauf aufmerksam, daß, wenn Erwachsene ihre Kinder in ihr sexuelles Leben einbeziehen, das nicht *unmittelbar* eine Neurose verursachen muß, ja daß das nicht einmal eine notwendige Voraussetzung ist, um eine Neurose zu entwikkeln. Ein weiterer Umstand mußte noch in Betracht gezogen werden: die spontanen sexuellen Wünsche und Phantasien der Kinder selbst.

Kindliche Sexualität

Im März 1898, achtzehn Monate nachdem Freud die Verführungstheorie fallengelassen hatte, schrieb er an Fließ, er beginne zu vermuten, daß sowohl Träume als auch neurotische Symptome aus der »prähistorischen Periode« des Patienten stammten, der Zeit der Kindheit also, die nicht erinnert werden könne:

> Die Wiederholung des in dieser Zeit Erlebten sei an und für sich Wunscherfüllung, ein rezenter Wunsch führt nur dann zum Traum, wenn er sich mit Material aus dieser prähistorischen Periode in Verbindung setzen kann, wenn der rezente Wunsch ein Abkömmling eines prähistorischen ist oder sich von einem solchen kann adoptieren lassen. Wie weit ich diese aufs Letzte gehende Theorie festhalten und wie weit ich sie schon im Traumbuch preisgeben kann, steht noch dahin. (Freud 1985c, S. 330)

Mit »Traumbuch« ist *Die Traumdeutung* gemeint, die er zwei Jahre später veröffentlichte. Sie gründet unter anderem auf »dieser aufs Letzte gehenden Theorie«. Nachdem Freud erkannt hatte, daß für die Hysterie nicht ein frühes äußeres Ereignis, sondern eine bestimmte Interaktion zwischen Wunschphantasie und äußeren Ereignissen ausschlaggebend ist, fragte er sich, unter welchen Bedingungen diese Kombination in der Seele eine solche Kraft entwickeln könne. Er schloß, daß dafür nur Phantasien in Frage kämen, die starke Sexualimpulse ausdrücken und bereits in der frühen

Kindheit seiner Patienten in Kraft sein müssen, wenn sich das Trauma ereignet.[2] Diese Impulse verleihen der Phantasie die Fähigkeit, die Seele zutiefst zu beeinflussen. Freud betrachtete den Sexualtrieb als einen psychischen Trieb unter anderen; da er jedoch überzeugt war, daß neurotische Patienten nur über ihre sexuellen Impulse zu Schaden kommen, richtete er seine Aufmerksamkeit ganz auf sie.

Im Laufe seiner Karriere erfuhr Freuds Theorie der Sexualität viele Veränderungen: Das Buch, in dem er sie zum ersten Mal darlegte, *Drei Abhandlungen zur Sexualtheorie* (1905d), überarbeitete er sechsmal; die letzte Ausgabe erschien 1925. Die zahlreichen Fassungen machen es zu schwierig, das Buch summarisch zu behandeln, ich will mich deshalb darauf beschränken, es hier nur in seiner frühen Fassung zu beschreiben, wie es 1905 erschien.

Freud war der Meinung, Sexualtriebe gingen von besonderen Teilen des Körpers aus, die als erogene Zonen bekannt sind: dem Mund, dem Anus und den Genitalien. Jede dieser Zonen veranlaßt spontan einen speziellen Sexualtrieb, dessen Stärke jeweils durch Stimulation der entsprechenden erogenen Zone erhöht werden kann (so wie die »Irritation der Genitalien«, von der er ursprünglich annahm, sie sei für das Trauma, das das Kind für Hysterie prädisponiere, verantwortlich). Diese Triebe erzeugen Spannungen, die eine Abfuhr erforderlich machen.

Für jeden Sexualtrieb-Typus beschreibt Freud eine Quelle, ein Ziel und ein Objekt. Quelle ist die erogene Zone, aus der der Trieb hervorgeht. Ziel ist eine Handlung, die die mit den sexuellen Impulsen einhergehende Spannungsentladung herbeiführt. Und Triebobjekt ist eine Person (oder ein Teil einer Person), die benötigt wird, um die Spannungsabfuhr auszulösen. Im Fall des Oraltriebes zum Beispiel ist der Mund die Quelle, Saugen das Ziel und das Objekt ist etwas, an dem gesaugt werden kann: eine Brustwarze oder ein Daumen.

---

2 Es gab zu dieser Zeit bereits einen beträchtlichen Bestand an Beobachtungen, die schon 1879 von Kinderärzten wie Lindner (1879) gesammelt worden sind. Sie belegen die Vermutung, daß in der Kindheit spontane sexuelle Impulse und Aktivitäten vorkommen.

Der Ödipuskomplex

Das Sexualleben des Kindes wird erst von einer, dann von einer anderen erogenen Zone beherrscht. Als erstes dominiert der Mund, dann der Anus und schließlich die Genitalien. Wenn die genitale Zone dominant wird (etwa im Alter von drei bis fünf Jahren), gerät das Kind in ein Dreiecksverhältnis, das es zwingt, mit dem einen Elternteil um den sexuellen Besitz des anderen zu rivalisieren – der Ödipuskomplex. Nehmen wir das Beispiel des kleinen Jungen: Er wählt seine Mutter als Objekt seiner genitalen Impulse und wünscht sich, mit ihr etwas zu machen, bei dem seine Genitalien beteiligt sind. Er erkennt, daß sein Vater der Erfüllung dieses Verlangens im Weg steht und zugleich auf irgendeine Weise imstande ist, für sich die Befriedigung zu erreichen, die dem Jungen verwehrt bleibt. Aus diesem Grund haßt er den Vater, den er auch liebt – ein außerordentlich schmerzlicher Konflikt. Dann beginnt er den Vater zu fürchten, der ja nun sein Rivale ist; und besonders fürchtet er sich, von der Hand des Vaters kastriert zu werden. (Die genaue Genese dieser Angst sollte bis etwa 1925 im Dunkel bleiben, als Freud seine Triebtheorie von Grund auf revidierte. Vgl. hier 9. Kapitel.) Der Konflikt des Jungen, zugleich Liebe und Haß für seinen Vater als auch Angst vor ihm zu empfinden, setzt die Verdrängung seines genitalen Verlangens für die Mutter in Gang, um dem Schmerz und der Angst zu entfliehen.

Die genitalen Impulse des kleinen Mädchens richten sich gewöhnlich auf den Vater, wobei der Mutter die Rolle der Konkurrentin zukommt. Der »verdrängte sexuelle Angriff«, den Freud entdeckt zu haben glaubte, findet seine Erklärung in den unbewußten Wunschphantasien, die mit den ödipalen Impulsen des Mädchens einhergehen.

Von diesem Standpunkt aus gesehen, ist für die Entwicklung einer Neurose entscheidend, wie heftig die sexuellen Wünsche des Kindes mit seiner Kraft zu verdrängen kollidieren. Allzu starke Verdrängung verbunden mit allzu starken sexuellen Wünschen schafft eine tiefe Störung des Sexuallebens, die sich viele Jahre später dem Kliniker als Neurose darbietet. Eine Neurose ist daher nicht die unausweichliche Reaktion eines mechanischen Systems auf den Einfluß eines ungewöhnlichen äußeren Ereignisses, sondern eine mögliche Folge des Kampfes, den das Kind mit dem schmerzhaften und alles umfassenden Ödipuskomplex ausficht.

Das dynamische Unbewußte

Freuds Entdeckung, daß Wunschphantasien bei der Entstehung von Neurosen eine entscheidende Rolle spielen, daß »für die Neurose die psychische Realität mehr bedeute als die materielle«, war der erste Schritt zu seiner Erkenntnis der wahrhaft dynamischen Natur des Unbewußten. In seinem physikalischen Modell der Neurose hatte er die Seele als einen passiven Apparat dargestellt, der von äußeren Kräften bewegt wird und nur unwesentlich von Kräften, die von innen kommen. Seine Entdeckung unbewußter Wünsche, Phantasien und Impulse, die Freud in der Rubrik kindliche Sexualität verbuchte, zwang ihn zu dem Schluß, daß die Seele auch von Kräften geformt wird, die (beständig und immer wieder von neuem) von innen kommen.

Dadurch, daß Freud den Einfluß dieser unbewußten, triebgeladenen Phantasien mit all ihrer idiosynkratischen Vielfalt anerkannte, fand er auch ein Modell, mit dem er erklären konnte, weshalb einzelne Individuen so unterschiedlich auf äußere Ereignisse reagieren. Bei seiner Untersuchung, wie ein psychisches Phänomen zustande gekommen sein könnte, stellte er sich ein Kontinuum vor, das er »ätiologische Reihe« nannte. Gemeint war die Reihe der Möglichkeiten, die von einer (hypothetischen) völlig phantasierten Erfahrung ohne alle realistischen Komponenten bis hin zu der (ebenfalls hypothetischen) rein äußeren Erfahrung ohne jede Phantasie reicht. Der Auslöser eines psychischen Ereignisses kann an jedem Punkt der Linie liegen, nur nicht in den Extremen; wichtig ist nicht allein der Einfluß der äußeren Realität oder allein der innere Impuls, sondern die Summe beider.

Freud gewann seine Fähigkeit, wahrzunehmen, welche Rolle die unbewußte Phantasie bei der Entstehung neurotischer Symptome und in der Phänomenologie der analytischen Praxis spielte, nicht nur aus den Erfahrungen mit seinen Patienten, sondern auch aus seiner Selbstanalyse, die er ständig betrieb. Sie bestand hauptsächlich in der Erforschung seiner Träume, und speziell für diesen Zweck entwickelte er seinen typischen psychoanalytischen Zugang zu psychischen Phänomenen. Auf diese Weise begann er die unbemerkten Muster psychischer Realität zu entziffern, die den Traumstrukturen zugrunde liegen.

4. Kapitel

Die Struktur von Traum und Neurose

Drei Jahre, nachdem er Fließ privat gestanden hatte, er könne seine physikalische Theorie der Hysterie nicht mehr aufrechterhalten, trat Freud mit einer Studie über einen Fall von Hysterie, den er gerade nach einer neuen Methode behandelt hatte, an die Öffentlichkeit. Nach seiner Erkenntnis der unbewußten Phantasie, zu der er in der Zwischenzeit gelangt war, hatte diese Methode in seinem therapeutischen Arsenal nun seine kathartische Behandlung ersetzt. Die Studie trägt den Titel »Bruchstück einer Hysterie-Analyse« (1905e), obwohl sie häufig als der »Fall Dora« zitiert wird, nach dem Pseudonym, das Freud seiner Patientin gab. Es ist der erste Bericht über eine psychoanalytische Behandlung.

Im Vorwort zu seinem Bericht nimmt Freud das Befremden seiner medizinische Leserschaft vorweg, die in physikalischen Abläufen zu denken gewöhnt sei. Er erklärt, er habe sich bei seinem Versuch, für die Hysterie eine dauerhafte Heilung zu erzielen, genötigt gesehen, das emotionale Leben seiner Patienten im einzelnen zu untersuchen. Das habe ihn gezwungen, eine Reihe neuer Ansichten zu formulieren, um seine Entdeckungen zu erklären, denn diese unterschieden sich erheblich von den für seine Leser bislang vertrauten Ansichten. Obwohl seine neue Betrachtungsweise der Hysterie manche ihrer bisher rätselhaften Aspekte verständlich gemacht habe, sei er nur um den Preis auf sie gestoßen, daß er die Verankerung auf dem Grund physikalischer Abläufe, wie in der medizinischen Wissenschaft üblich, aufgegeben habe. Statt sich für die Irritation zu entschuldigen, die er damit wahrscheinlich bei seinen Lesern hervorrief, behauptet er kühn: »In Wirklichkeit haftet solches Befremden an den Erscheinungen der Neurose selbst; es wird dort nur durch unsere ärztliche Gewöhnung verdeckt und kommt beim Erklärungsversuch wieder zum Vorschein.« (Freud 1905e, S. 168) Und er fährt fort:

Gänzlich zu bannen wäre es ja nur, wenn es gelänge, die Neurose restlos von Momenten, die uns bereits bekannt geworden sind, abzuleiten. Aber alle Wahrscheinlichkeit spricht dafür, daß wir im Gegenteil aus dem Studium der Neurose den Antrieb empfangen werden, sehr vieles Neue anzunehmen, was dann [nur] allmählich Gegenstand sicherer Erkenntnis werden kann. (Freud 1905e, S. 168)

Theorien sind gut, aber sie verhindern nicht, daß Dinge existieren, und wenn ein Widerspruch zwischen Theorie und Phänomen besteht, dann muß die Theorie geändert werden, nicht die Erscheinung.

Die Kühnheit, mit der Freud sich bei seiner Definition der Hysterie von den vertrauten physiologischen Medizinmodellen freimacht, zeigt einen Freud, der mit dem Autor des »Entwurf einer Psychologie« (von 1895) nicht mehr identisch ist. Der medizinische Traditionalist war vom klinischen Phänomenologen abgelöst worden, und sein Interesse an physikalischen Abläufen war der Erforschung von Phantasie, Wunsch, Impuls und Emotion gewichen. Das erachtete Freud nun – vielleicht nicht gerade »den materiellen Vorgängen für gleichwertig« (wie Helmholtz gesagt haben würde) – zumindest aber für ebenso respektabel. Der Schlüssel zu diesem Wandel liegt in Freuds Traumforschung.

Die Bedeutung von Träumen

Freuds Interesse an Träumen reicht viele Jahre zurück, vor die Zeit also, die wir hier betrachtet haben, zumindest bis 1883, als er begann, seine eigenen Träume aufzuzeichnen. Zunächst hielt er sie, wie schon die Hysterie, für ein Epiphänomen von Nervenvorgängen: Traumbilder waren für ihn lediglich das Verfahren der Seele, mit Eindrücken umzugehen, die tagsüber vom Nervenapparat physikalisch registriert, aber noch nicht endgültig verarbeiten worden sind – Eindrücke also, deren Energie noch nicht gänzlich entladen ist. Im Schlaf, so kam ihm vor, stehe man unter dem »Zwang, die im selben Bewußtseinszustande vorhandenen Dinge miteinander zu verknüpfen. Auf das freie Walten des letzteren Momentes war das Sinnlose und Widerspruchsvolle der Träume zurückzuführen.« (Breuer und Freud 1895d, S. 122 f.)

Die nicht-sinnliche Qualität von Träumen, so nahm Freud an, hänge damit zusammen, daß jeder Traumgedanke eine physikalische Ladung besitzt, die von Idee zu Idee verschieden ist. Gedanken, deren Energieladung einen Grenzwert überschreiten, erscheinen demnach miteinander im Traum, während die anderen das nicht tun. So gesehen, konnten Träume nicht mehr Sinn ergeben als ein in Stücke geschnittenes und beliebig wieder zusammengeklebtes Tonband. Gedanken waren in Träumen nur deshalb miteinander verknüpft, weil sie zufällig gerade im selben unbestimmten »Bewußtseinszustand« da oder mit einer ausreichenden Menge an Energie geladen waren. Da Träume keinen Sinn hatten, bedurften sie auch keiner Deutung. Die Vorstellungen und Bilder, die in ihnen erscheinen, waren die Symptome einer elektrischen Entspannung im Gehirn, eine Art Schwachstrom-Gewitter, das sich zufällig aufgrund von Entladungen angesammelter statischer Energie ereignet.

Sein Kontakt mit neurotischen Patienten in der Klinik zwang Freud, diese Auffassung zu revidieren. Es fiel ihm auf, daß seine Patienten zuweilen einen Traum erzählten, als sei er Teil ihrer Mitteilung über die Tagesereignisse, so als bedeuteten Träume etwas, das der Bedeutung der Gedanken am Tag vergleichbar sei. Das brachte bei ihm offenbar eine Saite zum Schwingen, und er machte sich daran herauszufinden, ob nicht systematisch nachzuweisen war, daß Träume psychologisch bedeutsam sind.

Die Aufgabe, zu klären, welche Stellung Träume im sonstigen mentalen Leben einnehmen, beschäftigte Freud in den späten 90er Jahren über mehrere Jahre. Frucht seiner Arbeit ist sein 1900 veröffentlichtes Buch mit dem Titel *Die Traumdeutung*, das vielleicht zutreffender als »Die Bedeutung von Träumen« zu bezeichnen wäre. Gegen Ende seiner langen und außerordentlich schaffensreichen Karriere (seine psychologischen Schriften umfassen 18 Bände) erachtete Freud *Die Traumdeutung* als seine größte Leistung. Eine Einsicht, wie die, die das Traumbuch geschaffen habe, sagte er, werde dem Menschen nur einmal im Leben geschenkt.

Das Register zur *Traumdeutung* verzeichnet über 250 Träume, einschließlich etwa 50 eigene Träume Freuds. Die Methode, die er entwickelte, um Träume dem mentalen Leben zuordnen zu können, besteht darin, daß er locker seine Aufmerksamkeit nacheinander auf jedes Element des Traumes richtet und festhält, welche Gedanken sich dabei »von selbst ergeben« – das heißt ungeachtet, wie relevant, wichtig oder logisch sie in diesem Zusammenhang zu sein scheinen. Dieser Ansatz, den er die »Kritik ruhen lassen« nennt, erfordert einen Zustand »gleichschwebender Aufmerksamkeit«, bei dem man sowohl seine Kritik als auch bewußte Versuche zu deuten zurückhalten muß, bis eine Deutung »sich von selbst ergibt« – bis sie sich gewissermaßen aus der Masse der Assoziationen löst und selbst Gestalt annimmt.

Freud vergleicht diese Haltung mit derjenigen, die für das dichterische Schaffen nötig ist, und zitiert Schillers Antwort an einen Freund, der unter Schreibhemmungen leidet:

»Der Grund Deiner Klage liegt, wie mir scheint, in dem Zwange, den Dein Verstand Deiner Imagination auflegt. Ich muß hier einen Gedanken hinwerfen und ihn durch ein Gleichnis versinnlichen. Es scheint nicht gut und dem Schöpfungswerke der Seele nachteilig zu sein, wenn der Verstand die zuströmenden Ideen, gleichsam an den Toren schon, zu scharf mustert. Eine Idee kann, isoliert betrachtet, sehr unbeträchtlich und sehr abenteuerlich sein, aber vielleicht wird sie durch eine, die nach ihr kommt, wichtig, vielleicht kann sie in einer gewissen Verbindung mit anderen, die vielleicht ebenso abgeschmackt scheinen, ein sehr zweckmäßiges Glied abgeben: – Alles das kann der Verstand nicht beurteilen, wenn er sie nicht so lange festhält, bis er sie in Verbindung mit diesen anderen angeschaut hat. Bei einem schöpferischen Kopfe hingegen, deucht mir, hat der Verstand seine Wache von den Toren zurückgezogen, die Ideen stürzen pele-mele herein, und alsdann erst übersieht und mustert er den großen Haufen. – Ihr Herren Kritiker, und wie ihr Euch sonst nennt, schämt oder fürchtet Euch vor dem augenblicklichen, vorübergehenden Wahnwitze, der sich bei allen eigenen Schöpfern findet und dessen längere oder kürzere Dauer [allein] den denkenden Künstler von dem Träumer unterscheidet. Daher Eure Klagen der Unfruchtbarkeit, weil Ihr zu früh verwerft und zu strenge sondert.« (Freud 1900a, S. 107)

Charles Darwin drückt das weniger eloquent, aber kurz und bündig aus, indem er sagt: »Beim Beobachten die Vernunft walten zu lassen ist fatal, wenngleich sie davor so notwendig ist und so nützlich nachher«. Die Fähigkeit, etwas ohne vorgefaßte Meinungen zu betrachten, ohne unbedingt eilig Schlußfolgerungen aus dem zu ziehen, was man betrachtet, war etwas, das der Wissenschaftler Freud bei Charcot zu schätzen gelernt hatte. Wie Paul Valéry sagt: »zu betrachten heißt, die Bezeichnung für die Sache zu vergessen, die man betrachtet«. Diese Fähigkeit zu vergessen, um zu sehen, verbindet den schöpferischen Wissenschaftler mit dem schöpferischen Künstler .

Freud sah in den Traumerscheinungen, was Schiller in den »vorübergehenden Wahnwitzen« eines schöpferischen Geistes gesehen hatte. Aus einem solchen spielerischen Umgang mit den Traumelementen ergaben sich Assoziationen, und aus diesen formt sich eine Bedeutung. Diese Assoziationen scheinen immer auf einen Wunsch zu verweisen oder, besser gesagt, auf die Phantasie, daß ein Wunsch, den der Träumer in sich trägt, auf irgendeine magische Weise in Erfüllung gehen möge. Der Wunsch ist von der Art, daß es für den Träumer schmerzlich wäre, sich seiner bewußt zu sein, denn er würde mit anderen, bewußteren Wünschen, Werten und Gelüsten in Konflikt geraten. Um den Schmerz dieses Konflikts zu vermeiden, erscheint der Wunsch im Traum in verdeckter Form. Der Traum stellt einen Kompromiß dar zwischen dem unannehmbaren Wunsch und dem dazu in Widerspruch stehenden Verlangen, ihn zu unterdrücken, das heißt, der Inhalt des Traumes drückt beide widerstreitenden Tendenzen zum Teil und keine von beiden ganz aus. Träume sind nicht deshalb »irrational«, weil sie tatsächlich nicht in einem sinnvollen Prozeß wurzeln, sondern weil sie verstellt und zugleich Ausdruck unvereinbarer Vorstellungen sind.

Wie Freuds *Traumdeutung* zu entnehmen ist, postuliert seine Theorie des Träumens nicht nur einen unbewußten Wunsch, sondern auch eine Kraft, die sich dessen bewußtem Ausdruck widersetzt; Freud nennt sie »Zensor«. Die unbewußte Phantasie, die den Traum erzeugt, in dem ein unannehmbarer Wunsch auf wunderbare Weise in Erfüllung gegangen zu sein scheint, nennt Freud den »latenten Trauminhalt«; den Traum, wie er dem Träumer erscheint, nachdem er die Zensur passiert hat, nennt er den »manifesten Trauminhalt«. Nicht alle Wünsche können zum Traum führen; das tut nur einer, der ein »Abkömmling eines prähistorischen« Wunsches ist, wie Freud im März 1898 in seinem Brief an Fließ schreibt. Ein solcher Wunsch hängt mit Impulsen aus der Säuglings- und Kleinkindzeit zusammen, an die man keine Erinnerung hat. Jüngere Ereignisse, Erfahrungen und Wünsche (die Freud, wie wir uns erinnern, ursprünglich allein für das Träumen verantwortlich gemacht hatte, weil sie Eindrücke hinterlassen, die nicht entladen worden sind) spielen in der neuen Theorie eine weit geringere Rolle. Sie sind nur wichtig, sofern sie als Vehikel geeignet sind, prähistorische Wünsche darzustellen. Im Traum dienen sie als Verstärker für diese alten Impulse. Freud nennt sie »Tagesreste«.

Überraschenderweise hatte er zunächst keine Ahnung, wie zu erklären war, daß die in Träumen enthaltenen Wünsche zensiert und verzerrt werden. Obwohl er jetzt aufgrund seiner klinischen Arbeit wußte, daß in der Neurose emotionale Probleme zur Verdrängung unbewußter Phantasien führen und daß infolge der Verdrängung diese Phantasien zu einem neurotischen Symptom verkehrt werden, sah er zunächst nicht die Parallele zwischen Traum und Neurose. Vielleicht lag das daran, daß an diesem Punkt seiner Forschungen sein Denken noch von der Vorstellung geleitet war, Verdrängung sei ein pathologisches Ereignis, das nur in der Hysterie vorkomme, eine elektrische Segmentierung des psychischen Apparates, die von einem sexuellen Kindheitstrauma herrühre. Daher gebe es sie bei normalen Träumern nicht. Er muß wohl das Unbewußte des Neurotikers und das Unbewußte, wie es sich in Träumen offenbart, als zwei grundverschiedene Dinge angesehen haben.

Traum und Neurose

Als Freud seine Theorie, die Neurose sei die Folge eines physikalisch bedingten Traumas, aufgab, war er frei zu erkennen, daß Verdrängung nicht die Folge eines beschädigten mentalen Apparates ist, sondern bei allen Träumern vorkommt. Das Unbewußte eines neurotischen Patienten unterschied sich daher von dem des normalen Träumers nicht so sehr, wie er angenommen hatte. So konnte er sich die ganze Neurose traumartig vorstellen. Er kam zu dieser Analogie, nachdem er erkannt hatte, daß sich bei beiden Phänomen die Ereignisse auf der Ebene der psychischen Realität – einer Mischung aus äußeren Ereignissen und unbewußter Phantasie – abspielten.

Aus dieser Sicht besitzen Träume und Neurosen die gleiche Struktur. Dem Konflikt zwischen Wunsch und Zensur im Traum entspricht in der Neurose der Konflikt zwischen kindlichem Sexualimpuls und Verdrängung. Die unbewußte Phantasie steht im selben Verhältnis zu den neurotischen Symptomen in der Neurose wie der latente Trauminhalt zum manifesten Inhalt des Traums. Das äußere Ereignis schließlich , das den Ausbruch der Neurose beschleunigt – eine Erfahrung, die weitgehend einer starken, unbewußten Phantasie entspricht, wenn es darum geht, in Form von Symptomen zum Stimulus für ihren Ausdruck zu werden – korrespondiert mit dem Tagesrest.

Träume und neurotische Symptome haben dieselbe Struktur, denn sie sind einfach unterschiedliche Ausdrücke verdrängter Wünsche. Freud nannte die Vorstellung, Träume seien eine versteckte Wunscherfüllung, seine »psychologische Theorie«, um sie von der physiologischen oder Trauma-Theorie seiner früheren Arbeiten abzuheben. Als die Traumatheorie unhaltbar wurde, schrieb er, Nietzsche paraphrasierend, an Fließ, daß »in diesem Sturz aller Werte allein das Psychologische unberührt geblieben [sei]. Der Traum steht ganz sicher da [...].« (Freud 1985c, S. 286) Nun war Freud gezwungen, zu seiner psychologischen Theorie zurückzukehren. Dort fand er die Bindeglieder zwischen Traum und Neurose, so daß er mit einer neuen Theorie der Neurose hervortreten konnte, die auf seiner Traumtheorie aufbaute. Träume enthalten, so sagte er, die Psychologie der Neurose »in nuce«. In den Symptomen der Neurose und im manifesten Trauminhalt finden sich dieselben Wunschphantasien, auf dieselbe Weise, durch dieselbe Verdrängungskraft verzerrt.

Verdrängung

Wie der Begriff der unbewußten Phantasie ist auch Verdrängung kein apriorisches theoretisches Konstrukt, sondern eine Entdeckung, die sich aus der Beobachtung klinischer Phänomene ergibt. Als Freud zur Behandlung der Hysterie noch seine kathartische Methode verwendete, stellte er fest, daß, wenn er versuchte, seine Patienten zu einer Erinnerung an Ereignisse zu bewegen, die ins Umfeld des Auftretens ihrer ersten hysterischen Symptome gehörten, sie nicht in der Lage waren, gewisse solche Ereignisse zu erinnern. Da wurde ihm klar:

> All das Vergessene war irgendwie peinlich gewesen [...]. Es drängte sich von selbst der Gedanke auf: gerade darum sei es vergessen worden, d.h. nicht bewußt geblieben. Um es doch wieder bewußt zu machen, mußte man etwas in dem Kranken überwinden, was sich sträubte [...]. Die vom Arzt erforderte Anstrengung war verschieden groß für verschiedene Fälle, sie wuchs im geraden Verhältnis zur Schwere des zu Erinnernden. Der Kraftaufwand des Arztes war offenbar das Maß für einen *Widerstand* des Kranken. Man brauchte jetzt nur in Worte zu übersetzen, was man selbst verspürt hatte, und man war im Besitz der Theorie der *Verdrängung*. (Freud 1925d, S. 54)

Freud war nicht der erste, der auf den Gedanken kam, es gebe ein Unbewußtes – Teile der Seele, die dem Bewußtsein nicht zugänglich sind –, doch war er der erste, der ernsthaft daran dachte, daß die Unzugänglichkeit möglicherweise auf emotionale Kräfte zurückzuführen sei, die verhindern, daß diese Teile ins Bewußtsein gelangen. Der Gedanke, daß die Verdrängung auf emotionale Kräfte zurückzuführen ist, unterscheidet die psychoanalytische Konzeption des Unbewußten von anderen Vorstellungen.

Es ist wichtig, sich klar zu machen, daß Widerstand nicht dasselbe ist wie eine Meinungsverschiedenheit des Patienten mit dem, was der Analytiker sagt. Die Deutung des Analytikers mag tatsächlich falsch sein und der sogenannte Widerstand des Patienten daher gerechtfertigt. Ein Patient kann seine Bereitschaft, die Wahrheit zu finden, ebensogut dadurch beweisen, daß er die Meinung des Analytikers nicht teilt, wie, daß er sie teilt. Freud macht das an einer Anekdote klar: Er erinnerte sich einer Empfindung, die er hatte, als er zusah, wie der Hypnotiker Bernheim mit einem seiner Patienten arbeitete:

> Ich weiß mich aber auch damals an eine dumpfe Gegnerschaft gegen diese Tyrannei der Suggestion zu erinnern. Wenn ein Kranker, der sich nicht gefügig zeigte, angeschrieen wurde: »Was tun Sie denn? *Vous vous contre-suggestionnez!*» so sagte ich mir, das sei offenbares Unrecht und Gewalttat. Der Mann habe zu Gegensuggestionen gewiß ein Recht, wenn man ihn mit Suggestionen zu unterwerfen versuche. (Freud 1921c, S. 97)

Widerstand im eigentlichen Sinne ist Widerstand gegen den *Verlauf* der Analyse. Dabei geht es nicht darum, ob der Patient eine Deutung bestätigt, verneint oder weitere Assoziationen an sie knüpft, sondern daß er sich mehr oder minder dem Austausch mit dem Analytiker entzieht. Diese Ablehnung geschieht in der Regel unwillkürlich und resultiert häufig aus einer unbewußten Phantasie, die beim Patienten wirksam ist und ihn an einer weiteren Zusammenarbeit hindert. Wenn der Patient seine Phantasie begreift, kann die Analyse weitergehen.

Freud nennt diesen Begriff des Unbewußten »das dynamische Unbewußte«, ein Ausdruck, mit dem er hervorhebt, daß es hier um einen Bereich geht, der durch emotionale *Kräfte* aktiv und dauerhaft vom Bewußtsein abgeschnitten ist. Wie verdrängte unbewußte Wünsche von Gefühlen angetrieben werden (die letztlich von Primärtrieben herrühren), so wird auch die Verdrängung von der Macht des Gefühls angetrieben. Freud selbst hielt die Erkenntnis von der emotionalen Bedeutung der Verdrängung für die Geburtsstunde der Psychoanalyse.

> Die Lehre von der Verdrängung wurde zum Grundpfeiler des Verständnisses der Neurosen. Die therapeutische Aufgabe mußte nun anders gefaßt werden, ihr Ziel war nicht mehr das »Abreagieren« des auf falsche Bahnen geratenen Affekts, sondern die Aufdeckung der Verdrängungen und deren Ablösung durch Urteilsleistungen, die in Annahme oder Verwerfung des damals Abgewiesenen ausgehen konnten. Ich trug der neuen Sachlage Rechnung, indem ich das Verfahren zur Untersuchung und Heilung nicht mehr *Katharsis*, sondern *Psychoanalyse* benannte. (Freud 1925d, S. 55 f.)

5. Kapitel

Übertragung und die Herauskristallisierung der psychoanalytischen Methode

Die Rolle der Übertragung in der Psychoanalyse

Für Freud war die Behandlung von Dora das erste Beispiel einer Psychoanalyse, weil er hier zum erstenmal seinen für die Erforschung der Bedeutung von Träumen entwickelten Ansatz auf eine neurotische Symptomatik anwandte. Es erwies sich, daß dieser Ansatz zur Klärung der Neurose ebensogut geeignet war wie schon zur Klärung von Träumen. Das geschah nicht zufällig, sondern folgte aus der Tatsache, daß Traum und Neurose den gleichen Ursprung haben: Beide entstehen aus dem dynamischen Vorgang der Verdrängung. Wie der Traum so haben auch neurotische Symptome psychisch einen Sinn; sie werden wie diese durch die Kraft unbewußter Gefühle angetrieben und äußern sich in verstellten Ausdrücken verdrängter »prähistorischer« Wünsche, worunter Freud zu diesem Zeitpunkt seiner theoretischen Entwicklung kindliche Sexualimpulse verstand.

Im Laufe ihrer Analyse erzählte Dora Freud zwei Träume, die er beide auf dieselben verdrängten Wünsche zurückführen konnte, aus denen Doras neurotische Symptome stammten. Erfreut, an einem aktuellen Fall die von ihm vermutete Verbindung zwischen diesen beiden verschiedenen Phänomenen bewiesen zu haben, beschloß er, diesen Fall zu veröffentlichen. Er gab dem Entwurf seiner Fallstudie den Titel »Traum und Hysterie«.

Doch gerade als die Analyse zu einem befriedigenden Ergebnis zu kommen schien, brach Dora sie abrupt ab und erschien nicht wieder. Eingedenk dieses Ereignisses änderte Freud den Titel seines Berichts in »Bruchstück einer Hysterie-Analyse« (1905e). Über das hinaus, was er mit diesem Fall beweisen wollte, zeigte sich auf einmal, daß »Dora« noch etwas anderes enthielt, das er nicht vorhergesehen hatte: Verdrängte Impulse drücken sich nicht nur in Träumen und neurotischen Symptomen aus, sondern auch in einem bis dahin unbekannten Phänomen, der Übertragung – ein Faktum, dessen sich Freud erst zu spät bewußt wurde. Doras Abbruch der Analyse war ein Ausdruck ihrer Übertragung. Vielleicht dachte er an sie, als er später sagte, jeder Fortschritt in der Psychoanalyse werde nur um den Preis einer mißglückten Behandlung errungen.

Um zu verstehen, was Übertragung ist, müssen wir zurückverfolgen, auf welche Weise sie im Laufe von Doras Analyse entstand. Dora war achtzehn Jahre alt, als sie von ihrem Vater zu Freud zur Behandlung gebracht wurde. Seit einiger Zeit hatte sie an einer hysterischen Neurose gelitten, die sich in Atemnot, lang anhaltendem Husten und Ohnmachtsanfällen niederschlug. Der Teil ihrer Geschichte, der letztlich Freud von der Übertragung überzeugte, hat nichts mit ihren Symptomen zu tun, in gewisser Weise aber mit der Art von Beziehungen, die sie zu geliebten Menschen einging.

»Dora« ist ein gutes Beispiel für Freuds Beobachtung, daß seine Krankengeschichten »wie Novellen zu lesen sind, und daß sie sozusagen des ernsten Gepräges der Wissenschaftlichkeit entbehren«. (Freud 1895d, S. 227) Doras Vater hatte seine Tochter nicht nur aus Sorge über ihre Symptome zu Freud gebracht, sondern weil ihn ihr wohlbegründeter Verdacht beunruhigte, er habe eine Affäre mit einer Freundin der Familie, Frau K., gehabt. Dora fühlte sich ihrerseits von Frau K's jungem und attraktivem Gatten stark angezogen. Das war ihrem Vater durchaus nicht entgangen, und er billigte es insofern, als er das Gefühl hatte, es könnte ihm Dora bezüglich seiner Liaison mit Frau K. zur Verbündeten machen. Dora war sich zumindest halb bewußt, daß ihrem Vater ihre romantische Neigung zu Herrn K. gefiel. Als eines Tages beide Familien ihren Urlaub zusammen an einem See verbrachten, machte Herr K. Dora einen Antrag. Sie reagierte nicht wie ein verliebtes junges Mädchen, dessen Träume in Erfüllung gegangen waren (wie vielleicht zu erwarten gewesen wäre), sondern sie verabreichte Herrn K. eine Ohrfeige und entwickelte einen leidenschaftlichen und echten Haß gegen ihn.

In dieses viktorianische Familiendrama tritt Freud, erpicht, die Gelegenheit zu nutzen, seinen neuen Zugang zur Neurose zu erproben. Es gelingt ihm, die Umstände von Doras kompliziertem Gefühlsleben zum Teil aus ihren eigenen Berichten, zum Teil aus seiner Deutung ihrer Träume zusammenzusetzen. Dabei schwant ihm etwas, dessen sich Dora selbst nicht bewußt ist: In verschiedenerlei Weise hat Dora Herrn K. mit ihrem Vater identifiziert, und ihre erotische Neigung zu ihm führt in Doras Assoziationen auf eine frühere Neigung zu ihrem Vater zurück.

Was die Sache noch komplizierter macht: Der Romanze Doras mit Herrn K. war ein paar Jahre zuvor eine noch leidenschaftlichere Romanze zwischen ihrem Vater und Frau K. vorausgegangen, so daß Dora, als sie über das wahre Verhältnis von Frau K. zu ihrem Vater Verdacht schöpfte, sich von ihr mehr noch als von ihm betrogen fühlte. So wandte sie sich teilweise aus einem Rachegelüst gegen Frau K. Herrn K. zu, ein Wunsch, der nicht nur in der aktuellen und realen, sondern auch in einer alten Enttäuschung gründete: In ihrer Kindheit hatte Dora unbeirrbar an ihrer Mutter gehangen und, als sie merkte, daß diese ihre Gefühle nicht ganz erwiderte, sich aus Trotz ihrem Vater zugewandt. Ihre Beziehung zu den beiden K's war auch eine Wiederholung des kindlichen Dreiecks, in dem Dora sich mit ihren Eltern befunden hatte und das für die Zeit ihrer Beziehung zu ihnen irgendwie lebendig geblieben war.

Diese zeitlich zurückreichende Schichtung von Beziehungen und Zuneigungen – wobei jede spätere Schicht von den früheren vergessene Liebesbande, Gefühle wie Haß, Eifersucht und Bosheit erbt – spiegelt wider, wie das Unbewußte funktioniert, das Freud schon von seiner Traumforschung her gut kannte. Doras Beziehung zu den K's hat die Struktur eines Traumelements: Ein aktueller Wunsch transportiert einen noch lebendigen kindlichen Wunsch und gibt diesem früheren Wunsch die Möglichkeit, heute als modus vivendi des späteren zu dienen.

Nachdem Freud den zweiten der beiden Träume, die für Doras neurotische Symptome den Schlüssel geliefert hatten, gedeutet hat, erlaubt er sich seiner Befriedigung über das Erreichte Ausdruck zu geben. Dora antwortet ihm jedoch darauf, wie er schreibt,

> geringschätzig: Was ist denn da viel herausgekommen? und bereitete mich so auf das Herannahen weiterer Enthüllungen vor.
>
> Zur dritten Sitzung trat sie mit den Worten an: »Wissen Sie, Herr Doktor, daß ich heute das letzte Mal hier bin?« – Ich kann es nicht wissen, da Sie mir nichts davon gesagt haben. – »Ja, ich habe mir vorgenommen, bis Neujahr halte ich es noch aus [es war der 31. Dezember]; länger will ich aber auf die Heilung nicht warten.« – Sie wissen, daß Sie die Freiheit auszutreten immer haben. Heute wollen wir aber noch arbeiten. Wann haben Sie den Entschluß gefaßt? – »Vor 14 Tagen, glaube ich.« – Das klingt ja wie von einem Dienstmädchen, einer Gouvernante, 14tägige Kündigung. – »Eine Gouvernante, die gekündigt hat, war auch damals bei K., als ich sie in L. am See besuchte.« – So? von der haben Sie noch nie erzählt. Bitte, erzählen Sie. (Freud 1905e, S. 268)

Dora sagt, die Gouvernante der K's habe ihr wenige Tage vor der Szene am See erzählt, daß Herr K. ihr einen sexuellen Antrag gemacht und geklagt habe, er habe nichts an seiner Frau.

> Das sind ja dieselben Worte, die er dann in der Werbung um Sie gebraucht, bei denen Sie ihm den Schlag ins Gesicht gegeben. – »Ja. Sie gab ihm nach, aber nach kurzer Zeit kümmerte er sich nicht mehr um sie, und sie haßte ihn seitdem.« [...]
>
> Da war also – wie übrigens ganz regelrecht – inmitten der Analyse ein Stück tatsächlichen Materials zum Vorscheine gekommen, das früher aufgeworfene Probleme lösen half. Ich konnte Dora sagen: Jetzt kenne ich das Motiv jenes Schlages, mit dem Sie die Werbung beantwortet haben. Es war nicht Kränkung über die an Sie gestellte Zumutung, sondern eifersüchtige Rache. Als Ihnen das Fräulein seine Geschichte er-

zählte, machten Sie noch von Ihrer Kunst Gebrauch, alles beiseite zu schieben, was Ihren Gefühlen nicht paßte. In dem Moment, da Herr K. die Worte gebrauchte: Ich habe nichts an meiner Frau, die er auch zu dem Fräulein gesagt, wurden neue
Regungen in Ihnen wachgerufen, und die Waagschale kippte
um. Sie sagten sich: Er wagt es, mich zu behandeln wie eine
Gouvernante, eine dienende Person? Diese Hochmutskrän-
kung zur Eifersucht und zu den bewußten besonnenen Moti-
ven hinzu: das war endlich zu viel. (Freud 1905e, S. 268 f.)

An dieser Stelle wird zum ersten Mal deutlich, daß Dora ganz
ernsthaft daran gedacht hatte, Herr K. könne sich von seiner Frau
scheiden lassen und sie heiraten. Der Bericht fährt fort:

[Dora] hatte zugehört, ohne wie sonst zu widersprechen. Sie
schien ergriffen, nahm auf die liebenswürdigste Weise mit
warmen Wünschen zum Jahreswechsel Abschied und – kam
nicht wieder. Der Vater, der mich noch einige Male besuchte,
versicherte, sie werde wiederkommen; man merke ihr die
Sehnsucht nach der Fortsetzung der Behandlung an. Aber er
war wohl nie ganz aufrichtig. [...] Ich wußte, daß sie nicht wiederkommen würde. Es war ein unzweifelhafter Racheakt, daß
sie in so unvermuteter Weise, als meine Erwartungen auf
glückliche Beendigung der Kur den höchsten Stand einnah-
men, abbrach und diese Hoffnungen vernichtete. Auch ihre
Tendenz zur Selbstschädigung fand ihre Rechnung bei diesem
Vorgehen. Wer wie ich die bösesten Dämonen, die unvollkom-
men gebändigt in einer menschlichen Brust wohnen, aufweckt,
um sie zu bekämpfen, muß darauf gefaßt sein, daß er in diesem Ringen selbst nicht unbeschädigt bleibe. Ob ich das Mädchen bei der Behandlung erhalten hätte, wenn ich mich selbst
in eine Rolle gefunden, den Wert ihres Verbleibens für mich
übertrieben und ihr ein warmes Interesse bezeigt hätte, das bei
aller Milderung durch meine Stellung als Arzt doch wie ein Er-
satz für die von ihr ersehnte Zärtlichkeit ausgefallen wäre? Ich

weiß es nicht. Da ein Teil der Faktoren, die sich als Widerstand entgegenstellen, in jedem Falle unbekannt bleibt, habe ich es immer vermieden, Rollen zu spielen, und mich mit anspruchsloserer psychologischer Kunst begnügt. Bei allem theoretischen Interesse und allem ärztlichen Bestreben zu helfen, halte ich mir doch vor, daß der psychischen Beeinflussung notwendig Grenzen gesetzt sind, und respektiere als solche auch den Willen und die Einsicht des Patienten. (Freud 1905e, S. 272 f.)

Dora übt Rache, indem sie Freuds Hoffnungen just dann enttäuscht, als er sie hat wissen lassen, wie befriedigt er über den Fortgang der Analyse ist. Das entspricht genau dem Moment, in dem zuvor Herr K. ihre Hoffnungen zunichte gemacht und ihren Stolz verletzt hatte, er, der nur der letzte Geliebte in einer langen Reihe von Menschen bis zurück in Doras Kindheit war, von denen sie sich betrogen fühlte. Jetzt vertauscht sie die Rollen, setzt sich selbst in die Position von Herrn K. (und seiner Vorläufer in ihrem Leben) und weist Freud den Part zu, den sie selbst bisher immer innegehabt hat. Nun aber ist nicht mehr Herr K. der letzte in der Kette unglücklicher Liebhaber, sondern Freud selbst.

Durch die Übertragung hat Freud zur Reihe von Doras persönlichen Liebesgeschichten beigetragen, die in ihrer Kindheit mit der Mutter ihren Anfang nahm, gefolgt von ihrem Vater, Frau K. und schließlich Herrn K. Im Nachwort zum Fall Dora führt Freud seine neue Entdeckung näher aus:

Was sind die Übertragungen? [...] eine ganze Reihe früherer psychischer Erlebnisse wird nicht als vergangen, sondern als aktuelle Beziehung zur Person des Arztes wieder lebendig. Es gibt solche Übertragungen, die sich im Inhalt von ihrem Vorbilde in gar nichts bis auf die Ersetzung unterscheiden. [...] Andere sind kunstvoller gemacht, sie haben eine Milderung ihres Inhaltes [...] erfahren und vermögen selbst bewußt zu werden, indem sie sich an irgendeine geschickt verwertete reale Besonderheit an der Person oder in den Verhältnissen des Arztes anlehnen. (Freud 1905e, S. 279 f.)

Die Übertragung wird von unbewußten Phantasien angetrieben, in denen sich das Verhältnis zwischen Patient und Analytiker nicht als das darstellt, was es tatsächlich ist, nämlich ein Treffen zweier Menschen zum Zweck der Psychoanalyse. Der Aggregatzustand dieser unbewußten Phantasien ist so individuell, daß die voll ausgebildete Übertragung einen einzigartigen psychologischen Fingerabdruck darstellt. Freud denkt weiter über die Implikationen seiner Entdeckung für die Psychoanalyse nach:

Wenn man sich in die Theorie der analytischen Technik einläßt, kommt man zu der Einsicht, daß die Übertragung etwas notwendig Gefordertes ist. Praktisch überzeugt man sich wenigstens, daß man ihr durch keinerlei Mittel ausweichen kann und daß man diese letzte Schöpfung der Krankheit wie alle früheren zu bekämpfen hat. Nun ist dieses Stück der Arbeit das bei weitem schwierigste. [...] Die Übertragung allein muß man fast selbständig erraten [...]. Zu umgehen ist sie aber nicht, da sie zur Herstellung aller Hindernisse verwendet wird, welche das Material der Kur unzugänglich machen, und da die Überzeugungsempfindung für die Richtigkeit der konstruierten Zusammenhänge beim Kranken erst nach Lösung der Übertragung hervorgerufen wird.
[...] Die Arbeit des Arztes wird durch die Übertragung nicht vermehrt; es kann ihm ja gleichgültig sein, ob er die betreffende Regung des Kranken in Verbindung mit seiner Person oder mit einer anderen zu überwinden hat. Die Kur nötigt aber auch dem Kranken mit der Übertragung keine neue Leistung auf, die er nicht auch sonst vollzogen hätte. Wenn Heilungen von Neurosen auch in Anstalten zustande kommen, wo psychoanalytische Behandlung ausgeschlossen ist, wenn man sagen konnte, daß die Hysterie nicht durch die Methode, sondern durch den Arzt geheilt wird, wenn sich eine Art von blinder Abhängigkeit und dauernder Fesselung des Kranken an den Arzt zu ergeben pflegt, der ihn durch hypnotische Suggestion von seinen Symptomen befreit hat, so ist die wissenschaftliche Erklärung für all

dies in »Übertragungen« zu sehen, die der Kranke regelmäßig auf die Person des Arztes vornimmt. Die psychoanalytische Kur schafft die Übertragung nicht, sie deckt sie bloß, wie anderes im Seelenleben Verborgene, auf. (Freud 1905e, S. 281)

Später beobachtet er

in Anstalten, in denen Nervöse nicht analytisch behandelt werden, die höchsten Intensitäten und die unwürdigsten Formen einer bis zur Hörigkeit gehenden Übertragung, auch die unzweideutigste erotische Färbung derselben. [...] Diese Charaktere der Übertragung sind also nicht auf Rechnung der Psychoanalyse zu setzen, sondern der Neurose selbst zuzuschreiben. (Freud 1912b, S. 367)

Die Psychoanalyse unterscheidet sich von den nicht-analytischen Psychotherapien nicht durch das Vorhandensein von Übertragungen, sondern durch die Reaktion des Analytikers auf sie. In nichtanalytischen Behandlungen, in denen »die Hysterie nicht durch die Methode, sondern angeblich durch den Arzt geheilt wird«, nutzt der Arzt die Übertragung, um den Patienten zu beeinflussen, damit er sich »normaler« verhalte und fühle.

In der Psychoanalyse werden hingegen, entsprechend einer veränderten Motivenanlage, alle Regungen, auch die feindseligen, geweckt, durch Bewußtmachen für die Analyse verwertet, und dabei wird die Übertragung immer wieder vernichtet. (Freud 1905e, S. 282)

In der Psychoanalyse muß mit allen übertragenen Gefühlen, positiven wie negativen, gleichwertig umgegangen werden; weder fördert der Analytiker die positive Übertragung noch umgeht er die negative.

Freud war sich bewußt, daß er den Abbruch von Doras Analyse hätte vermeiden können, wenn er die Übertragung ausgenutzt und

71

ihrem Wunsch, nicht nur als Patientin behandelt zu werden, entsprochen hätte. Aber er erkannte auch: Selbst wenn ihm dieser Schritt ermöglicht hätte, eine Konfrontation mit dem »halbgezähmten Dämon« von Doras eifersüchtiger Wut zu vermeiden, so hätte er zugleich einen wichtigen Teil von Doras Seele im Dunkel gelassen, die zu erhellen, das wurde retrospektiv klar, gerade das Ziel der Analyse gewesen war. Freud entschied, daß im Interesse der Analyse die Übertragung weder ignoriert noch ausgenutzt werden durfte, sondern daß sie ebenso *gedeutet* werden mußte wie andere Äußerungen aus der Welt des Unbewußten der Patientin.

Freud begründet seine Haltung folgendermaßen: Wenn der Therapeut die Rolle, die die Übertragung ihm ansinnt, wirklich spielt, um, wie das in stützenden Therapien vorkommt, auf den Patienten emotional Einfluß auszuüben, dann wird dem Patienten niemals bewußt, daß seine unbewußte Phantasie selbst die Übertragung herstellt, weil das Verhalten des Therapeuten dies verschleiert. Dadurch wird die Integration der unbewußten Phantasie ins Bewußtsein unmöglich gemacht.

Unterläßt es der Analytiker jedoch, seinen Part zu übernehmen, dann kommt es zu einer Unstimmigkeit zwischen der unbewußten Phantasie des Patienten und der äußeren Wirklichkeit; es entsteht eine Art emotionaler Turbulenz, ein Zeichen, daß die der Übertragung zugrundeliegenden Kräfte beginnen, ins Bewußtsein vorzudringen. Der Analytiker kann dann mit Hilfe einer Deutung die Aufmerksamkeit des Patienten auf sie lenken.

Die große Bedeutung der Übertragung in der Psychoanalyse liegt in ihrer einzigartigen Funktion, Erkenntnis zu ermöglichen. Wenn ein Patient über vergangene oder gegenwärtige Erfahrungen mit seiner Gattin, seinem Zwillingsbruder oder seinen Eltern berichtet, dann kann der Analytiker, der nicht allwissend ist, sich nur auf die lange Erfahrung verlassen, die der Patient mit Menschen gemacht hat, denen der Analytiker vielleicht nicht einmal begegnet ist. Wenn es aber um die Erfahrung des Patienten mit dem Analytiker selbst geht, dann ist der Analytiker in der Lage, sich sein eigenes Urteil zu bilden, denn dann hat er selbst Gelegenheit, aus erster Hand *alle* Ereignisse zu beobachten, die in die Erfahrung des Patienten mit ihm mit eingeflossen sind. Oder besser gesagt, alle bedeutsamen Ereignisse außerhalb des Patienten hat er dann selbst beobachtet. Das gestattet ihm, ziemlich sicher abzuschätzen, welchen Anteil die inneren Ereignisse an der Gesamterfahrung des Patienten mit dem Analytiker haben. Von diesen inneren Ereignissen können Analytiker und Patient in einem Maße überzeugt sein, wie bei keiner anderen Art der Deutung sonst. Das hat Freud im Auge, wenn er schreibt:

> Die Übertragung, die das größte Hindernis für die Psychoanalyse zu werden bestimmt ist, wird zum mächtigsten Hilfsmittel derselben, wenn es gelingt, sie jedesmal zu erraten und dem Kranken zu übersetzen. (Freud 1905e, S. 282)

Dadurch, daß der Psychoanalytiker es unterläßt, seinen Part zu spielen, und sich darauf beschränkt, einfach zu schauen, macht er die Übertragung sichtbar. Die Analyse ist wie ein Mikroskop, das den Analytiker in die Lage versetzt, Lebensformen zu sehen, die überall vorkommen, unter gewöhnlichen Bedingungen aber unmöglich zu sehen sind.

Daß der Analytiker die Übertragung deutet, bewirkt auch, daß der Patient ermutigt wird, weitere Übertragungen auf ihn zu richten, ein Phänomen, das Meltzer (1967, S. 44) das »Bündeln der Übertragungsprozesse« (gathering of the transference) in der Analyse genannt hat. Es ist, als ob der Patient die Deutungsarbeit des Analytikers als ein Depot für seine Übertragungen, die bis dahin verschiedene Bereiche seines Lebens blockiert (und gestört) haben, erlebt und die Analyse als eine Gelegenheit nutzt, weitere Übertragungen dort sicher zu verwahren. Die Aufgabe des Analytikers in Bezug auf die Übertragungen besteht nur darin, sie »zu halten« und bereitwillig jede ihm vom Patienten zugewiesene Übertragungsbedeutung zu ertragen, die Zuweisung zu beschreiben und ihre Ursachen zu ermitteln.

Die Herauskristallisierung der psychoanalytischen Methode

Wie der Traum und die Neurose so benutzt auch die Übertragung den von einer geeigneten Situation in der äußeren Welt ausgehenden unbewußten infantilen Impuls als Vehikel, um sich auszudrükken und dieser Situation eine idiosynkratische psychische Bedeutung zu verleihen. Ebenfalls wie Traum und Neurose unterliegt auch die Übertragung der möglichen Verdrängung; sie erlaubt dem Impuls nur partiell, sich auszudrücken, und wirkt weitgehend unterschwellig, so daß man meinen könnte, was sie hervorbringt, sei plötzlich und grundlos zustande gekommen. Als Freud entdeckte, daß bei der Übertragung ebensolche Verwandlungen stattfinden wie bei Traum und Neurose und daß die Übertragung von der gleichen Dynamik veranlaßt wird und auf dieselbe Weise analysierbar ist, konnte er sie derselben allgemeinen Kategorie von Phänomenen zuordnen, für die der Traum den Prototyp bildet. Jetzt lag auf der Hand, welche zugrundeliegende Ordnung die drei verbindet.

Freie Assoziation

Da Traum, Neurose und Übertragung alles Schöpfungen unbewußter Vorgänge sind, besaß Freud nun drei getrennte Wege ins Unbewußte. Um in der klinischen Praxis vom einem auf den anderen Weg zu wechseln, bediente er sich eines eigens für die Analyseführung entwickelten technischen Verfahrens, das er *freie Assoziation* nannte. Dabei ging es ihm darum, eine Methode zu haben, die trotz allgegenwärtiger Widerstände so weit wie möglich zuläßt, daß Spuren des Unbewußten ins Bewußtsein dringen.

Die Methode der freien Assoziation ist ein Nebenprodukt von Freuds Verfahren zum Aufspüren unbewußter Elemente, die zur Traumbildung beitragen. Damals, wir erinnern uns, bedachte er alle Bestandteile des Traumes, den er zu analysieren versuchte, mit »gleichschwebender Aufmerksamkeit«, wobei er das, was ihm in diesem Zusammenhang in den Sinn kam, so unvoreingenommen wie möglich beobachtete. Er gab sich nicht bewußt Mühe, zu den

Traumelementen Assoziationen zu entwickeln, sondern ließ einfach hochkommen, was ihm von allein einfiel.

Diesen Ansatz erweiterte er zum klinischen Verfahren der Psychoanalyse, indem er seine Patienten zu der Einstellung ermutigte, die er selbst als notwendig erachtete, um das Unbewußte zu erkunden. Sie sollten ihm berichten, was immer ihnen gerade in den Sinn kam, was darauf folgte und so fort, ohne alles bewußte Zensieren oder Redigieren. Er forderte sie auf, ihre »Kritik ruhen« zu lassen, um sich in die Lage zu bringen, die eigene seelische Verfassung zu beobachten und über sie so frei wie möglich zu berichten. Er glaubte, daß immer irgend etwas Oberflächliches aus dem Unbewußten dem Bewußtsein gegenwärtig ist, so daß man durch den Eindruck, den es im Bewußtsein hinterläßt, etwas über es erfahren kann, vorausgesetzt, man vermeidet, daß es sich vorzeitig verschließt.

Natürlich kann freie Assoziation nicht wirklich frei vonstatten gehen. Bedenken, Vorbehalte, Blockaden und das Bedürfnis nach oberflächlichen Erklärungen und schnellen Schlüssen schleichen sich immer in unsere Versuche ein, unsere Seelenlage offen zu betrachten. Widerstand stört unseren Kontakt auch nur mit der äußersten Oberfläche unseres Unbewußten; doch Widerstand ist paradoxerweise auch unentbehrlich für den Erfolg der Analyse. Ohne Widerstände könnte man nie wissen, wann man einer unbewußten Determinante eines Traumes, einer Vorstellung oder eines Symptoms auf der Spur ist, und zwar, weil jede Vorstellung oder Phantasie, die (per definitionem) im dynamischen Sinne unbewußt ist, auch emotional verdrängt ist. Da Verdrängung sich klinisch als Widerstand niederschlägt, kann nur dort eine Analyse – die Entdeckung neuer Bedeutung – stattfinden, wo Widerstand vorhanden ist.

Freuds Verwendung von freier Assoziation und Widerstand, um unbewußte Bedeutung auszuloten, wird in der folgenden Analyse eines Falles von symptomatischem Vergessen gut illustriert:

Im letzten Sommer erneuerte ich [...] die Bekanntschaft eines jungen Mannes von akademischer Bildung, der, wie ich bald merkte, mit einigen meiner psychologischen Publikationen vertraut war. Wir waren im Gespräch – ich weiß nicht mehr wie – auf die soziale Lage des Volksstammes gekommen, dem wir beide angehören, und er, der Ehrgeizige, erging sich in Bedauern darüber, daß seine Generation, wie er sich äußerte, zur Verkümmerung bestimmt sei, ihre Talente nicht entwickeln und ihre Bedürfnisse nicht befriedigen könne. Er schloß seine leidenschaftlich bewegte Rede mit dem bekannten Vergilschen Vers, in dem die unglückliche Dido ihre Rache an Aeneas der Nachwelt überträgt: *Exoriare ...,* vielmehr er wollte so schließen, denn er brachte das Zitat nicht zustande und suchte eine offenkundige Lücke der Erinnerung durch Umstellung von Worten zu verdecken: *Exoriar(e) ex nostris ossibus ultor!* Endlich sagte er geärgert: »Bitte, machen Sie nicht ein so spöttisches Gesicht, als ob Sie sich an meiner Verlegenheit weiden würden, und helfen Sie mir lieber. An dem Vers fehlt etwas. Wie heißt er eigentlich vollständig?«

Gerne, erwiderte ich und zitierte, wie es richtig lautet: *Exoriar(e) ALIQUIS nostris ex ossibus ultor!*

»Zu dumm, ein solches Wort zu vergessen. Übrigens von Ihnen hört man ja, daß man nichts ohne Grund vergißt. Ich wäre doch zu neugierig zu erfahren, wie ich zum Vergessen dieses unbestimmten Pronomens *aliquis* komme.«

Ich nahm diese Herausforderung bereitwilligst an, da ich einen Beitrag zu meiner Sammlung erhoffte. Ich sagte also: Das können wir gleich haben. Ich muß Sie nur bitten, mir *aufrichtig* und *kritiklos* alles mitzuteilen, was Ihnen einfällt, wenn Sie ohne bestimmte Absicht Ihre Aufmerksamkeit auf das vergessene Wort richten.

»Gut, da komme ich also auf den lächerlichen Einfall, mir das Wort in folgender Art zu zerteilen: *a* und *liquis.*«

Was soll das? – »Weiß ich nicht.« – Was fällt Ihnen weiter dazu ein? – »Das setzt sich so fort: *Reliquien – Liquidation – Flüssigkeit – Fluid.* Wissen Sie jetzt schon etwas?«

Nein, noch lange nicht. Aber fahren Sie fort.

76

»Ich denke,« fuhr er höhnisch lachend fort, »an *Simon* von *Trient*, dessen Reliquien ich vor zwei Jahren in einer Kirche in Trient gesehen habe. Ich denke an die Blutbeschuldigung, die gerade jetzt wieder gegen die Juden erhoben wird, und an die Schrift von *Kleinpaul*, der in all diesen angeblichen Opfern Inkarnationen, sozusagen Neuauflagen des Heilands sieht.«

Der Einfall ist nicht ganz ohne Zusammenhang mit dem Thema, über das wir uns unterhielten, ehe Ihnen das lateinische Wort entfiel.

»Richtig. Ich denke ferner an einen Zeitungsartikel in einem italienischen Journal, den ich kürzlich gelesen. Ich glaube, er war überschrieben: Was der hl. *Augustinus* über die Frauen sagt. Was machen Sie damit?«

Ich warte.

»Also jetzt kommt etwas, was gewiß außer Zusammenhang mit unserem Thema steht.«

Enthalten Sie sich gefälligst jeder Kritik und –

»Ich weiß schon. Ich erinnere mich eines prächtigen alten Herrn, den ich vorige Woche auf der Reise getroffen. Ein wahres *Original*. Er sieht aus wie ein großer Raubvogel. Er heißt, wenn Sie es wissen wollen, *Benedikt*.«

Doch wenigstens eine Aneinanderreihung von Heiligen und Kirchenvätern: Der heilige *Simon*, St. *Augustinus*, St. *Benediktus*. Ein Kirchenvater hieß, glaube ich, *Origines*. Drei dieser Namen sind übrigens auch Vornamen wie *Paul* im Namen *Kleinpaul*.

»Jetzt fällt mir der heilige *Januarius* ein und sein Blutwunder – ich finde, das geht mechanisch so weiter.«

Lassen Sie das; der heilige *Januarius* und der heilige Augustinus haben beide mit dem Kalender zu tun. Wollen Sie mich nicht an das Blutwunder erinnern?

»Das werden Sie doch kennen! In einer Kirche zu Neapel wird in einer Phiole das Blut des heiligen Januarius aufbewahrt, welches durch ein Wunder an einem bestimmten Festtag wieder *flüssig* wird. Das Volk hält viel auf dieses Wunder und wird sehr aufgeregt, wenn es sich verzögert, wie es einmal zur Zeit einer französischen Okkupation geschah. Da nahm der kommandierende General – oder irre ich mich? war es Garibaldi – den geistlichen Herrn beiseite und bedeutete ihm mit einer sehr verständlichen Gebärde auf die draußen aufgestellten Soldaten, er *hoffe*, das Wunder werde sich sehr bald vollziehen. Und es vollzog sich wirklich ...«

Nun und weiter? Warum stocken Sie?

»Jetzt ist mir allerdings etwas eingefallen ... das ist aber zu intim für die Mitteilung ... Ich sehe übrigens keinen Zusammenhang und keine Nötigung, es zu erzählen.«

Für den Zusammenhang würde ich sorgen. Ich kann Sie ja nicht zwingen zu erzählen, was Ihnen unangenehm ist; dann verlangen Sie aber auch nicht von mir zu wissen, auf welchem Wege Sie jenes Wort *aliquis* vergessen haben.

»Wirklich? Glauben Sie? Also ich habe plötzlich an eine Dame gedacht, von der ich leicht eine Nachricht bekommen könnte, die uns beiden recht unangenehm wäre.«

Daß ihr die Periode ausgeblieben ist?

»Wie können Sie das erraten?«

Das ist nicht mehr schwierig. Sie haben mich genügend darauf vorbereitet. Denken Sie an die *Kalenderheiligen, an das Flüssigwerden des Blutes zu einem bestimmten Tage, den Aufruhr, wenn das Ereignis nicht eintritt, die deutliche Drohung, daß das Wunder vor sich gehen muß, sonst* ... Sie haben ja das Wunder des heiligen Januarius zu einer prächtigen Anspielung auf die Periode der Frau verarbeitet.

»Ohne daß ich es gewußt hätte. Und Sie meinen wirklich, wegen dieser ängstlichen Erwartung hätte ich das Wörtchen *aliquis* nicht reproduzieren können?«

Das scheint mir unzweifelhaft. Erinnern Sie sich doch an Ihre Zerlegung in *a-liquis* und an die Assoziationen: *Reliquien, Liquidation, Flüssigkeit.* Soll ich noch den als *Kind hingeopferten* heiligen Simon, auf den Sie von den Reliquien her kamen, in den Zusammenhang einflechten?

»Tun Sie das lieber nicht. Ich hoffe, Sie nehmen diese Gedanken, wenn ich sie wirklich gehabt habe, nicht für Ernst. Ich will Ihnen dafür gestehen, daß die Dame Italienerin ist, in deren Gesellschaft ich auch Neapel besucht habe. Kann das aber nicht alles Zufall sein?«

Ich muß es Ihrer eigenen Beurteilung überlassen, ob Sie sich alle diese Zusammenhänge durch die Annahme eines Zufalls aufklären können. Ich sage Ihnen aber, jeder ähnliche Fall, den Sie analysieren wollen, wird Sie auf ebenso merkwürdige ›Zufälle‹ führen. (Freud 1901b, S. 13–17)

Gleichschwebende Aufmerksamkeit

Gegenstück zur freien Assoziation ist beim Analytiker, was Freud die »gleichschwebende Aufmerksamkeit« nennt. Auch bei ihr geht es im wesentlichen darum, mit dem Unbewußten in Kontakt zu kommen, diesmal über die Analyse von Träumen. In der Psychoanalyse muß der Analytiker mit dem Unbewußten des Patienten Verbindung aufnehmen, das heißt, er muß zum Patienten eine Beziehung aufbauen, wie er das zu sich selbst tut, wenn er seine eigenen Träume analysiert. Er muß sich also in denselben offenen, entspannten, aber aufmerksamen Zustand versetzen, den Freud seinerzeit herstellte, um seine eigenen Träume zu analysieren. Dieser Zustand läßt sich auch als Träumerei oder Sinnieren beschreiben. Freud schrieb einmal, während der Analyse müsse der Analytiker einen Leitstrahl von Dunkelheit schaffen, sich dem Offensichtlichen und Einleuchtenden gegenüber künstlich blind machen, damit das grelle Licht nicht die vorläufig noch schattenhaften Umrisse des Unbewußten des Patienten verwischt. Wie ein Träumer muß er sich von der Grellheit der äußeren Welt abwenden, um die schwachen Spuren der inneren Welt auszumachen. Im Unterschied zum Träumer muß der Analytiker Verbindung mit dem Unbewußten eines anderen Menschen aufnehmen.

Dieser Zustand – die Fähigkeit nämlich, gewissermaßen auf die eigene oder auf die Seele eines anderen zu blicken – ist das Wesen der psychoanalytischen Beziehung. Deshalb geht es bei der Ausbildung des Analytikers vor allem darum, daß er selbst analysiert wird. Seine eigene Analyse gibt dem Analytiker die Möglichkeit, mit seinem Unbewußten und dadurch dann auch mit dem Unbewußten des Patienten Kontakt aufzunehmen. Die räumliche und zeitliche Struktur der psychoanalytischen Sitzung, das Verhalten des Analytikers und so weiter sind alles Hilfsmittel, die einzig und allein dem Zweck dienen, für die psychoanalytische Beziehung optimale Bedingungen herzustellen.

Der Ansatz, den Freud Mitte der 90er Jahre für den Traum entwickelte, eignete sich nicht, um die psychischen Realitäten wahrzunehmen, die so verschiedenen Phänomenen wie der Neurose, dem Traum, der Übertragung, dem Widerstand oder unbeabsichtigten Versprechern zugrunde liegen. Er erkannte, daß Übertragung und Widerstand Anzeichen für eine unbewußte psychische Realität sind, die für die praktische Aufgabe, unbewußte Zustände zu bestimmen, besondere Bedeutung haben, weil sie sich lebendig und unmittelbar in der konkreten Erfahrung der analytischen Sitzung niederschlagen. Jetzt konnte er die Psychoanalyse ganz prägnant, allein auf methodologischer Grundlage als eine Möglichkeit zur Untersuchung von Übertragung und Widerstand beschreiben, als eine Disziplin, innerhalb derer jede Theorie anwendbar wäre, wenn sie nur den Phänomenen gerecht zu werden schien, die bei der Untersuchung zu Tage traten.

6. Kapitel

Grenzen der Schwerkraft

Die vier Jahre zwischen dem Brief an Fließ, mit dem Freud das Ende der Verführungstheorie ankündigte, und seiner Entdeckung der Übertragung bezeugen die Verwandlung eines eifrigen jungen Neurologen, der den Ehrgeiz besaß, zum Beherrscher der bis dahin noch von niemandem beanspruchten Krankheit Hysterie zu werden, in einen einfühlsamen Beobachter, einen Phänomenologen der Seele. In dieser Zeit entdeckte Freud die Psychoanalyse in all ihren wesentlichen Zügen, wobei man sich ihre Struktur in dieser Phase wie eine Pyramide vorstellen kann. Die Basis bildet eine Art und Weise, seelische Zustände zu betrachten – sie rührt ursprünglich aus dem Versuch her, in Träumen einen Sinn zu finden, und wird später in der psychoanalytischen Behandlung von Neurosen verfeinert –, die es erträgt, daß unerklärte und ungewöhnliche Details solange unbehelligt bestehen bleiben, bis sie ihre eigenen Strukturen bilden. Das versteht man unter psychoanalytischem Kontakt. Auf dieser Basis ruhen die psychoanalytische Situation und Technik. Sie richten sich jeweils danach, was praktisch erforderlich ist, um hinter den Verdunkelungsmanövern des Widerstandes und den bewußten Denkmanövern das Aufflackern des Unbewußten wahrzunehmen. An der Spitze stehen schließlich die verschiedenen Modelle und Theorien – Versuche, stenogrammartig die Phänomene zu beschreiben, die in der psychoanalytischen Situation zu sehen sind.

Mit diesen neuen psychoanalytischen Modellen wird unter anderem auch die Ätiologie der Neurose abgedeckt, die seit dem Ausfallen der Freudschen Verführungstheorie für die Hysterie offengeblieben war. Freuds neues Modell unterscheidet sich grundlegend von demjenigen, das es ersetzt: Ursache für die Neurose ist nicht mehr einfach das Gewicht äußerer Ereignisse, die einem mentalen

Apparat über die Grenze seiner Belastbarkeit zusetzen, so wie eine elektrische Überlast ein schwächeres elektrisches Gerät zum Durchbrennen bringen kann. Vielmehr entwickelt sich eine Neurose, wenn die äußeren Ereignisse allzusehr bestimmten unbewußten Impulsen und Phantasien ähneln, die dann dazu neigen, diesen Ereignissen, zumindest auf halbem Weg, entgegenzukommen. Solche unbewußten Phantasien, die sich in der psychischen Realität festgesetzt haben, gewinnen dann eine Macht über die Seele, die sie nicht haben könnten, wenn die äußere Wirklichkeit weniger stark mit ihnen übereinstimmte. Gerade die Bereitschaft der eigenen unbewußten Phantasien, sich mit passenden äußeren Ereignissen zu verbinden, prädisponiert den Menschen, unter dem Einfluß dieser Ereignisse krank zu werden; und die Bedeutung, die er seinen subjektiven Erfahrungen beimißt, bringt dann die Neurose zum Ausbruch.

Gegenstand der psychoanalytischen Forschung war nun, herauszufinden, welcher unbewußte Impuls sich mit welchem äußeren Ereignis verbindet und wie diese Verbindung die Bedeutung des Ereignisses beeinflußt, das heißt, wie diese Bedeutung sich beim Übergang von der äußeren Realität zur unbewußten psychischen Realität verändert. Die klinischen Zugangsweisen zu diesen Phänomenen bestanden hauptsächlich in der psychoanalytischen Erforschung von Träumen, von neurotischen Symptomen und vor allem von Übertragung und Widerstand. Außerdem wird eine Neurose ja nicht von Kräften aus einer fernen Vergangenheit gespeist, die noch nicht genügend entladen sind, sondern von andauernden psychischen Realitäten, zum Teil Manifestationen kindlicher Teile der Seele, die noch lebendig sind und eine dynamische Wirkung auf die eigene Deutung der Ereignisse ausüben. Deshalb verlagerte sich der Forschungsschwerpunkt von der Vergangenheit in die Gegenwart – also vom Aufspüren vergessener äußerer Kindheitsereignisse, von denen man angenommen hatte, sie drückten wie ein Abszeß auf die Seele, hin zur Feststellung bestimmter Faktoren der aktuellen unbewußten psychischen Realität, vor allem da, wo sie sich am klarsten niederschlagen, in der Übertragung.

Freuds Festhalten an seinem ursprünglichen Modell

Um ein kohärenteres Bild von Freuds Verwandlung zu geben, habe ich sie schärfer und einförmiger erscheinen lassen, als sie tatsächlich war. In Wirklichkeit hat Freud sein ursprüngliches Konzept, die Neurose sei ein physikalischer Vorgang, nie vollkommen aufgegeben. Zwar war er zu einem Phänomenologen geworden, der die Einzelheiten der psychischen Realität auf neue Weise und in einem neuen Licht sah und das, was er sah, in einer neuen Sprache formulierte, wie man das mit Modellen tut, die »vieles Neue« enthalten. Doch blieb er zugleich auch der Arzt, der an der großen, eindrucksvollen und vor allem vertrauten Tradition der Medizin des neunzehnten Jahrhunderts festhielt, in der er ausgebildet worden war. So gesehen, stellten für ihn die neuen Begriffe der Verdrängung, Übertragung, der unbewußten Phantasie und des Träumens, die Früchte seiner psychoanalytischen Beobachtungen, nur Zwischenstadien dar oder manchmal sogar unerwünschte Umwege auf dem Weg zu seinem letztlich Helmholtzschen Ziel, nämlich ein Modell für die Seele zu finden, das nur Begriffe beinhaltete, die sich leicht »auf das Gegensatzpaar Anziehung und Abstoßung« reduzieren ließen.

Man kann daher in Freuds Werk fast durchgehend, vor allem in den theoretischeren Teilen dessen, was er seine »Metapsychologie« nennt, eine sehnsüchtige Neigung finden, die Psychologie als eine Art Physik zu verstehen und Gemüt, Vorstellungen und allgemein Seelenlagen so zu behandeln, als drücke sich in ihnen epiphänomenal der Energiestatus des mentalen Apparates aus. Freuds Kühnheit, Gegenden zu erkunden, die so neu waren, daß er im Vorwärtsschreiten seine eigenen Navigationsinstrumente erfinden mußte, verband sich mit seiner Entschlossenheit, Ergebnisse für die alte Heimat vorzulegen. So enden seine Entdeckungsreisen mit einer voreiligen Gleichsetzung seiner aktuellen Position mit dem relativ sicheren naturwissenschaftlichen Standpunkt.

Freuds Neigung, sich vorschnell mit etwas Vertrautem zufriedenzugeben, zeigt sich besonders in seiner Libidotheorie. Seine Sexualtheorie, wie sie in den *Drei Abhandlungen zur Sexualtheorie* Ausdruck gefunden hat, besteht eigentlich aus zwei verschiedenen Theorien. Die eine ist psychologisch: Es ist die Theorie einer besonderen kindlichen Sexualität, die den Standpunkt vertritt, das Sexualleben beginne bereits vor der Adoleszenz und es bestehe eine genetische Kontinuität zwischen der kindlichen Sexualität (des Kleinkindes) auf der einen und den Perversionen beziehungsweise der normalen Sexualität des Erwachsenen auf der anderen Seite. Freuds Theorie der Neurose beruht zum Teil auf der Sexualität des Kleinkindes, die – in Form der anhaltenden sexuellen Strebungen des Kleinkindes – die nötigen Motive liefert, um die eine Seite des Konflikts, der sich in der Neurose ausdrückt, zu schüren. Freuds Theorie der Sexualität des Kleinkindes gründet auf klinischen Beobachtungen aus erster Hand wie denen von Lindner (1879), auf sexuellen Handlungen von Kindern sowie auf den Phantasien, die er selbst in seiner Praxis entdeckte.

Die Libidotheorie

Die zweite in Freuds Sexualtheorie enthaltene Theorie ist die der Libido. Als »Libido« bezeichnet Freud eine hypothetische Körperflüssigkeit, die den erogenen Zonen des Körpers (Mund, Anus und Genitalien) entströmt und physikalisch die Energie liefert, mit der der mentale Apparat angetrieben wird. Sie wird von diesen Zonen bis zu einem gewissen Grad automatisch und kontinuierlich abgesondert, wenngleich sich das Maß an Libido im System durch körperliche Stimulation der Zonen erhöhen kann. Da es sich um eine Flüssigkeit handelt, ist sie imstande, Leib und Seele zu durchströmen, sich an verschiedenen Stellen einzulagern und, wenn einer ihrer Wege blockiert ist, sich zu stauen und einen Umweg zu nehmen. Sie baut eine psychische Spannung auf, die, unabhängig davon, welche anatomische Quelle sie hat, immer gleich ist.

Freud stellte sich vor, die verschiedenen erogenen Zonen seien durch »Seitenkanäle« miteinander verbunden. Ist die Abfuhr der Libido in einem Kanal blockiert, kann sie »regredieren«, das heißt zurückfließen, und schließlich durch einen anderen Kanal, der mit einer anderen erogenen Zone verbunden ist, ausströmen; dabei ändert sich ihr Charakter, um dem neuen Kanal zu entsprechen. Beispielsweise verwandelt sich genitale Libido, die nicht entladen werden kann, auf diese Weise in orale oder anale Libido, und diese primitiveren Formen der Libido wiederum verursachen die Symptome der Neurose.

Nun läßt sich Freuds psychologische Theorie der kindlichen Sexualität aber auch, ganz ohne auf Libido Bezug zu nehmen, formulieren. Und so werden moderne psychoanalytische Theorien der Sexualität auch tatsächlich formuliert; allerdings brauchte die Psychoanalyse mehr als ein halbes Jahrhundert, um sich restlos vom Erbe der Libidotheorie zu befreien; die letzte Bastion fiel erst vor ein paar Jahren in den Vereinigten Staaten. Die Libidotheorie steht im selben Verhältnis zur Psychologie der kindlichen Sexualität wie die Physiologie des »Entwurfs einer Psychologie« (1950c) zu Freuds psychologischer Theorie des Traumes.

Freud scheint die Libido-Hypothese nur eingeführt zu haben, um die Entwicklung des Sexuallebens und der Neurose auf eine Weise erklären zu können, mit der er und seine Medizinerkollegen besser zurecht kämen. Das konnte er, weil Libido selbst einfach eine Abart des elektrischen Fluids ist, von dem er annahm, es verursache die Symptome der Hysterie, bevor er entdeckte, daß die Hysterie auch von unbewußten Phantasien hervorgerufen werden kann. Der Rückgriff auf ein elektrisches Fluid diente dazu, vor sich selbst wie vor anderen zu verschleiern, wie neuartig das war, was er über die psychische Realität entdeckt hatte. Die Verschleierung zeigt sich in der Ambiguität seiner Sprache für dieses Gebiet. Zum Beispiel ist »libido« vom lateinischen Wort für »Wunsch« oder »Begierde« abgeleitet, und wenn Freud von einem Objekt schreibt, es fülle sich mit Libido, scheint er sagen zu wollen, es sei zu einem Wunschobjekt geworden und daher psychologisch von Bedeutung. Das Anschwellen und Abebben von Libido scheint die Zunahme oder das Fehlen von Wünschen auszudrücken, und die Entladung von Libido, das Auslöschen (oder die Befriedigung) von Wünschen. Aber

Freud verwendet dieselbe Ausdrucksweise im Bezug auf materielle Ereignisse, wie er sie 1894 im Sinn hatte, als er von einer »elektrischen Ladung« schrieb, die sich über ein ganzes System verteile. Eine solche Verwendung von Bezeichnungen für psychische wie auch für materielle Ereignisse, ohne die einen von den anderen zu unterschieden, suggeriert, die im Unbewußten entdeckten psychischen Phänomene, könnten unmittelbar mit den elektrischen Abläufen zusammenhängen, die den Neurologen bereits bekannt sind, und die neuen Phänomene könnten bald im Sinne der bereits vorhandenen physikalischen Prinzipien verstanden werden, wenn nur erst ein paar restliche Einzelheiten in Ordnung gebracht wären.

Man wird kaum bestreiten, daß für mentales Handeln irgendeine Gehirntätigkeit notwendig ist. Doch die Vorstellung, Ideen seien eine Art Flüssigkeit, die in Nervenzellen lagert, oder auch Assoziationsketten seien die Bewegung dieser Flüssigkeit in den Nervensträngen, variiert ein phantastisches Thema aus der Medizin des neunzehnten Jahrhunderts. Die vorschnelle Einigkeit mit der Physik, die die Libidotheorie darstellt, wirkte sich einfach ungünstig auf Freuds Fähigkeit aus, zu sehen, was da war. Sie bedeutete einen Rückschritt gegenüber dem mutigen Standpunkt, den er in seinem Vorwort zu »Bruchstück einer Hysterie-Analyse« (1905e) eingenommen hatte, als er, ohne sich zu entschuldigen, darauf hinwies, ein Verständnis von Neurosen erfordere, »vieles Neue« anzunehmen, und jeder Versuch, sie auf uns bereits Bekanntes zu reduzieren, verschleiere ihren wahren Charakter.

Später, als die klinische Phänomenologie der unbewußten Destruktionsimpulse mit dem herkömmlichen biologischen Denken ebenso ins Gehege gekommen war wie die psychische Realität mit der Physik, schrieb Freud das Buch *Jenseits des Lustprinzips*, in dem er versuchte, eine ähnlich unangebrachte und vorschnelle Gleichsetzung seiner klinischen Beobachtungen mit dem biologischen Denken zu machen. Diese Versuche haben wohl Freud etwas von der Spannung entlastet, der er aufgrund der Unsicherheit über die noch unerforschte psychische Realität ständig ausgesetzt war. Nie konnte er sich ruhig und bequem auf eine wohletablierte theoreti-

sche Grundlage stützen, und nie standen ihm Beispiele von Vor-
gängern zur Verfügung, die ihn hätten ermutigen können. Allerdings zahlte er für seine vorschnellen Gleichsetzungen mit der Be-
grenzung seiner geistigen Bewegungsfreiheit und seiner Fähigkeit,
Neues auch als Neues wahrzunehmen.

7. Kapitel

Ein Beispielfall: der ›Kleine Hans‹

Freuds zweite Fallstudie, die er wenige Jahre nach dem »Bruch-stück einer Hysterie-Analyse« veröffentlichte, trägt den Titel »Analyse der Phobie eines fünfjährigen Knaben (1909b); gewöhnlich unter dem Pseudonym ihres Objekts als der »Kleine Hans« bekannt. Von seinen vier Krankengeschichten ist dies die freimütigste und erfreulichste. Freud wollte anhand von »Hans« die immer noch umstrittene Theorie der kindlichen Sexualität illustrieren, die er 1905, vier Jahre zuvor, aufgestellt hatte. Ebenso hatte »Dora« zuvor eine Illustration seiner Theorie sein sollen, die Traum und Neurose verband. Wie schon Dora war auch Hans für Freud sowohl ein Lehrstück wie eine Lernerfahrung. Während Dora ihm unvorherge-sehen die Lektion über die Wichtigkeit der Übertragung für das seelische Leben erteilt hatte, ging es bei Hans um das Wesen der Angst. Doch obwohl Freud Doras Lektion fast sofort begriff, konnte er viele Jahre lang nicht verstehen, was Hans ihm über Angst bei-brachte, vielleicht weil es so grundlegend seiner Libidotheorie wi-derspricht.

Wie die anderen Fallstudien hinterläßt auch »Hans« beim Leser das Gefühl, den Patienten persönlich gekannt zu haben, ein Vorzug von Freuds klinischen Schriften, der in der psychoanalytischen Lite-ratur nicht seinesgleichen hat. Seine klinischen Beschreibungen sind so lebendig, scharfsinnig und präzise, daß man aus ihnen die Wirkungsweise feinster psychologischer Mechanismen ableiten kann, die er selbst, als er schrieb, nicht darin vermutet hätte. Diese Studie zeigt, wie weit sein Werk in den etwa zehn Jahren fortge-schritten war, seit er zum ersten Mal erkannt hatte, wie wichtig die psychische Realität für die Neurose war. Und sie zeigt auch, wie weit er noch gehen mußte, um die Möglichkeiten auszuschöpfen, die er sich eröffnet hatte, Neues zu sehen.

Fallstudie

Zum Zeitpunkt von Freuds Analyse, im Januar 1908, war Hans knapp fünf Jahre alt und hatte kurz zuvor eine Reihe schwerer Angstanfälle gehabt: nächtliche Angst, die Mutter zu verlieren, Angst auszugehen und Angst, von einem Pferd gebissen zu werden. Die Analyse begann, als Hans' Vater, der einige der Freudschen Vorlesungen gehört hatte, eines Tages an Freud schrieb, Hans habe eine »nervöse Störung« entwickelt.

Eines Morgens wachte Hans weinend auf und sagte seiner Mutter, er habe im Schlaf gedacht, sie sei fort und er habe »keine Mammi zum Schmeicheln« (liebkosen). Wenige Tage später fing er an zu weinen, als er mit dem Kindermädchen spazierengehen sollte, und verlangte, daß man mit ihm nach Hause gehe, obwohl er schon seit einiger Zeit gewöhnt war, solche Spaziergänge zu machen. Am nächsten Tag wollte seine Mutter mit ihm spazierengehen, doch wieder fürchtete er sich zu sehr, auf die Straße zu gehen, und gestand, nach einigem Sträuben, er habe Angst, ein Pferd würde ihn beißen.

Freud wußte aus früheren Mitteilungen des Vaters, daß Hans sich, schon vor dem Ausbruch seiner Ängste, für Pferde interessiert hatte und daß ihn dabei ihre »Wiwimacher«, wie er sie nannte, faszinierten. Einmal sah er, wie eine Kuh gemolken wurde, und rief aus: »Schau aus ihrem Wiwimacher kommt Milch!« Ein andermal schaute er zu, wie sich seine Mutter vor dem Schlafengehen entkleidete, um zu sehen, ob sie auch einen Wiwimacher habe. Hans sagte zu ihr: »Ich hab gedacht, weil du so groß bist, hast du einen Wiwimacher wie ein Pferd.« Ihm war auch klar geworden, daß der Besitz eines Wiwimachers etwas damit zu tun hatte, lebendig zu sein. Als er sah, wie aus einer Dampfmaschine Wasser abgelassen wurde, sagte er: »Oh, schau, die Maschine macht Wiwi. Wo hat sie ihren Wiwimacher?«, fügte aber nachdenklich hinzu, »Hunde und Pferde haben Wiwimacher, Tische und Stühle nicht«.

Der Vater versuchte Hans' Ängste zu zerstreuen, er könnte von einem Pferd gebissen werden, und erzählte ihm deshalb, Hans habe seine Mutter sehr gern und wolle von ihr ins Bett genommen werden (was Hans wußte); er fürchte sich so sehr vor Pferden, weil er sich zu viel sowohl für ihren als auch für seinen eigenen Wiwimacher interessiert habe. (Das erscheint wie eine Ermahnung, nicht zu masturbieren, erteilt aufgrund der Theorie, Ängste seien unentladene Libido und Hans vermehre sie durch seine Masturbation.) Das brachte die gewünschte Wirkung; Hans' Sorgen (oder zumindest der Ausdruck dieser Sorgen) zerstreuten sich, doch erkrankte er an Influenza; zwei Wochen mußte er im Bett bleiben und sich dann die Mandeln entfernen lassen. Danach verstärkte sich die Phobie wieder sehr.

Anfang März kam ein neues Hausmädchen in die Familie, das Hans sehr gefiel. Sie ließ ihn beim Zimmerreinigen auf ihrem Rücken reiten, und er nannte sie »mein Pferd«. Eines Tages sagte er zu ihr, wenn sie das oder das tue, müsse sie sich ganz ausziehen, auch das Hemd, zur Strafe. Als das Mädchen auf diese Drohung hin nicht sonderlich erschreckt zu sein schien, wies Hans sie zurecht und sagte, das sei doch eine Schande, da sehe »man doch ihren Wiwimacher«. Wenig später erzählte er seinem Vater eine Masturbationsphantasie: »Ich habe den Finger ganz wenig zum Wiwimacher gegeben. Da hab' ich die Mammi ganz nackt im Hemde gesehen und sie hat den Wiwimacher sehen lassen. Ich hab' der Grete [...] meinen Wiwimacher gezeigt.« (Freud 1909b, S. 267)

Gegen Ende März, bei einem Ausflug in den Zoo, wohin er früher sehr gern gegangen war, fürchtete Hans sich zum erstenmal vor den großen Tieren, besonders vor dem Elefanten und den Giraffen. Es folgte ein Gespräch mit dem Vater über große Tiere und ihre großen Wiwimacher, an dessen Ende Hans sagte, sein Wiwimacher werde mit ihm wachsen, wenn er größer werde. Dabei fiel ihm ein: »Er ist ja angewachsen«.

Wenige Nächte später kam Hans voller Angst ins Schlafzimmer der Eltern und bestand darauf, bei ihnen zu schlafen. Am nächsten Tag erzählte er dem Vater folgenden Traum: *In der Nacht war eine große und eine zerwutzelte Giraffe im Zimmer, und die große hat geschrien, weil ich ihr die zerwutzelte weggenommen hab'. Dann hat sie aufgehört zu schreien, und dann hab' ich mich auf die zerwutzelte Giraffe draufgesetzt.* Als sein Vater sein Befremden über eine zerwutzelte Giraffe ausdrückte, antwortete Hans, er wisse natürlich, daß das unmöglich sei, er habe es sich nur gedacht. Die große Giraffe habe geschrien, sagte er, weil er ihr die kleine weggenommen hatte. In den letzten Tagen hatte Hans sich angewöhnt, jeden Morgen in der Frühe zu den Eltern ins Zimmer zu kommen, um von ihnen ins Bett genommen zu werden. Der Vater war gewöhnlich dagegen (»die große hat geschrien, weil ich ihr die zerwutzelte weggenommen hab'«), doch die Mutter ließ ihn schließlich doch in ihr Bett. (»Dann [hat die große Giraffe] aufgehört zu schreien, und dann hab' ich mich auf die zerwutzelte Giraffe draufgesetzt.«) In Hans' Phantasie hatte sich sein Verhalten zu seiner Mutter gewandelt: vom Betrachten ihres Wiwimachers bis dahin, auf ihr zu sitzen. Überdies hatte sein Traum eine Verbindung zwischen den gefürchteten Tieren im Zoo und seinen Eltern im Schlafzimmer hergestellt.

Zwei Tage nach dem Traum, erzählte Hans seinem Vater zwei Träume oder Phantasien: Im ersten kroch er mit seinem Vater im Schönbrunner Zoo unter dem Absperrseil durch, um zu den Schafen zu gelangen. Er war überrascht, wie leicht er unten durchschlüpfen konnte. Er erinnerte sich nicht mehr an den zweiten Traum, aber später fiel ihm ein, daß er darin, wieder in Begleitung des Vaters, ein Fenster in der Eisenbahn zerschlagen hatte, um sich Zutritt zu verschaffen. In beiden Fällen erschien ein Wachmann, um sie festzunehmen. »Die richtige Fortsetzung der Giraffenphantasie«, sagte Freud dazu. Hans »ahnte, daß es verboten war, sich in den Besitz der Mutter zu setzen«, aber sein Vater tat doch auch »jenes rätselhafte Verbotene« mit der Mutter. Der Akt selbst war jetzt ein zweites Mal verändert: vom Anschauen ihres Wiwimachers zum Auf-der-Mutter-Sitzen und von da zum In-etwas-gewaltsam-Eindringen in der Vermutung, daß der Zugang verboten war.

An diesem Nachmittag kam bei einem Besuch bei Freud ein Detail zutage, das zuvor nicht klar war, daß nämlich Hans das Schwarze um das Maul der Pferde besonders genierte. Freud brachte das mit dem Schnurrbart des Vaters in Verbindung und eröffnet Hans, daß er sich vor seinem Vater fürchte, eben weil er die Mutter so lieb habe – deshalb fürchte er, der Vater könnte ihm böse sein. Das brachte die erste wesentliche Besserung bei Hans, der jetzt lange vor seinem Haus stehen und mit wachsendem Gleichmut beobachten konnte, wie die Pferde vorbeiliefen.

Seine Angst verlagerte sich nun von Pferden im allgemeinen auf Pferde, die schwer beladenen Wagen vorgespannt waren, im besonderen. Er erzählte seinem Vater, er fürchte sich, die Pferde könnten umfallen, wenn der Wagen wendet, und er fürchte sich auch, wenn sie »einen Krawall machen mit den Füßen«, wie er es einmal gesehen hatte, als »bei so einem [Stell]Wagen ein Pferd umgefallen ist«. Als das Pferd umfiel, fürchtete Hans, es könnte entweder sterben oder ihn beißen. Zur gleichen Zeit sagte er, er wolle gern auf die Pferdewagen hinaufklettern und dort Gepäck auf- und abladen, habe aber Angst, ein Wagen könne mit ihm davonfahren. Statt von diesen offensichtlichen Komplikationen alarmiert zu werden, bemerkte Freud zuversichtlich, daß Phobien tatsächlich vielschichtig seien und infolge der Analyse »nicht nur der Patient, sondern auch seine Phobie Courage bekommen« habe und es wage, »sich zu zeigen«.

Als der Vater Hans fragte, woran ihn denn das Pferd, das den Krawall mit den Füßen machte, erinnere, antwortete er, er selbst mache Krawall mit den Füßen, wenn er »Wiwi oder Lumpf machen« solle. Kurz danach konzentrierte sich seine

Angst besonders auf Pferdewagen, die mit Kohlen voll beladen waren. Der Krawall mit den Füßen war also irgendwie mit dem Urinieren bzw. dem Stuhlgang verbunden, und es war leicht zu erraten, was mit der Kohle gemeint war. Doch sonst war die Situation noch recht undurchsichtig.

Zu dieser Zeit hatte sich Hans' Mutter eine gelbe Unterhose gekauft, auf die er mit Abscheu reagierte, er spuckte aus und warf sich auf den Boden. Als der Vater sagte, er werde Freud darüber schreiben, erinnerte Hans ihn, auch zu erwähnen, daß er auf die schwarze Unterhose ebenso reagiert habe. Dann fragte er seinen Vater, wie man Verstopfung, woran er früher oft gelitten hatte, vermeiden könne. Hans' Reaktion auf die Unterhosen hing mit demjenigen Teil der Anatomie zusammen, auf den sie sich bezogen, sowie mit den Farben von Urin und Kot. Trotz seines Abscheus beim Anblick der Unterhose der Mutter ließ Hans ihr weiterhin keine Ruhe: Er wollte ihr beim »Lumpf machen« zuschauen, was ihm große Lust bereitete. Der Abscheu und das Ausspucken scheinen eine Reaktion gegen diese Lust zu sein.

In den Tagen, die auf die Episode mit der Unterhose der Mutter folgten, begann Hans umherzutollen, er nannte sich selbst »ein junges Pferd« und antwortete auf die Frage, ob er mit den Kindern in Gmunden (wo die Familie den Sommer verbracht hatte) Pferd gespielt habe, mit ja, und fügte nachdenklich hinzu: »Mir scheint, da hab ich die Dummheit gekriegt« (wie er seine Angst nannte). Dann erzählte er die Geschichte, wie ein Junge, der Fritzl, auch einmal Pferd gewesen und »so stark gelaufen« sei, »und auf einmal ist er auf einen Stein getreten und hat geblutet«.

An dieser Stelle seines Berichts erinnerte sich Freud einer früheren Episode in Hans' Leben. Als er dreieinhalb Jahre alt war, gut ein Jahr bevor seine Phobie einsetzte, hatte seine Mutter seine Schwester zur Welt gebracht. Bei dieser Gelegenheit hatte der Vater an Freud geschrieben:

Früh um 5 Uhr, mit dem Beginn der Wehen, wurde Hans' Bett ins Nebenzimmer gebracht; hier erwachte er um 7 Uhr und hörte das Stöhnen der Gebärenden, worauf er fragte: »Was hustet denn die Mama?« – Nach einer Pause: »Heute kommt gewiß der Storch.«

Man hatte ihm natürlich in den letzten Tagen oft gesagt, der Storch werde ein Mäderl oder Buberl bringen, und er verband das ungewohnte Stöhnen ganz richtig mit der Ankunft des Storches.

Später wurde er in die Küche gebracht; im Vorzimmer sah er die Tasche des Arztes und fragte: »Was ist das?«, worauf man ihm sagte: »Eine Tasche.« Er dann überzeugt: »Heut' kommt der Storch.« Nach der Entbindung kam die Hebamme in die Küche, und Hans hörte, wie sie anordnete, man möge einen Tee kochen, worauf er sagte: »Aha, weil die Mami hustet, bekommt sie einen Tee.« Er wurde dann ins Zimmer gerufen, schaute aber nicht auf die Mama, sondern auf die Gefäße mit blutigem Wasser, die noch im Zimmer standen, und bemerkte, auf die blutige Leibschüssel deutend, befremdet: »Aber aus meinem Wiwimacher kommt kein Blut.« (Freud 1909b, S. 248)

Freuds Erzählung kehrt nun zu Hans zurück, der seinem Vater weiter über Gmunden berichtet.

Eines der Kinder, Berta, hatte ihm gern zugeschaut, wenn er Wiwi machte, und er wünschte, sie möchte seinen Wiwimacher berühren. Dann sagte er: »In Gmunden war's sehr lustig. In dem kleinen Garten, wo die Rettige drin sind, ist ein kleiner Sandhaufen, dort spiel ich mit der Schaufel.« Das war der Garten, wo er immer für Berta Wiwi gemacht hatte.

Mitte April erzählte er seinem Vater, er habe sich was gedacht: »Ich bin in der Badewanne, da kommt der Schlosser und schraubt sie los [um sie zu reparieren]. Da nimmt er einen großen Bohrer und stößt mich in den Bauch.« Hans nahm an, daß er sich vor großen Badewannen fürchte, weil er Angst hatte, er werde losgelassen und falle hinein. Seine Abscheu vor Lumpfen setzte sich fort, und er verglich aus Hoftoren herausfahrende Pferdewagen mit Lumpfen, die aus dem Hintern kommen. Seitdem nannte er herausfahrende Wagen immer »Lumpfi«, was wie ein Kosewort klang. Seine Tante nannte ihr Kind »Wumpfi«.

Später im Zusammenhang mit den Lumpfen und seiner Angst, ins Badewasser zu fallen und zu verschwinden, hatte Hans die Phantasie, seine Schwester Hanna sei auf dem Balkon gewesen und hinuntergefallen. Das eröffnete eine neue Phase der Analyse, in der das Thema Hanna an erster Stelle stand. Er schlug seinem Vater vor, den Storch dafür zu bezahlen, daß er »aus der großen Kiste«, worin er die Kinder aufbewahrt, keine weiteren Kinder mehr brächte. Beim Spaziergang mit dem Vater schlug er mit seinem Stock auf das Pflaster und fragte, ob da unten Menschen begraben seien oder ob es das nur auf dem Friedhof gebe. Ihn beschäftigte jetzt die Frage, wo sich die Menschen aufhalten, wenn sie (vor wie nach ihrem Leben) nicht auf der Erde sind. Er beharrte darauf, Hanna sei im Sommer vor ihrer Geburt bereits mit der Familie in Gmunden gewesen und in einer Storchenkiste im Gepäckwagen mitgereist. Die Kiste sei rot angestrichen gewesen (vielleicht blutrot, dachte sich der Vater).

Hans gab auch zu, er habe gewünscht, Hanna werde beim Baden losgelassen, falle ins Wasser und sterbe. Sein Vater ermahnte ihn, »ein braver Bub' wünscht das doch nicht.« »Aber denken darf er's«, antwortete der Junge. »Das ist aber nicht gut«, sagte der Vater, worauf Hans erwiderte: »Wenn er's denken tut, ist es doch gut, damit man's dem Professor schreibt.« Diese Feststellung veranlaßte Freud zu der Bemerkung, er könne sich bei keinem Erwachsenen ein besseres Verständnis der Psychoanalyse vorstellen.

Hans zeigte dann, daß seine Phantasie, in die Wagen zu klettern, um sie zu beladen und zu entladen, mit einer anderen Phantasie verbunden war, nämlich der, die Pferde zu peitschen. Auch das machte ihm Angst, weil er fürchtete, er könnte es wirklich tun und damit die Pferde zum Sturz bringen, woraufhin sie dann »mit den Füßen Krawall machen«. Als er das Stellwagenpferd hatte umfallen sehen, hatte er gedacht: »Das wird jetzt immer sein. Alle Pferde werden beim Stellwagen umfallen«. Er hatte die Peitschphantasie »in der Früh' im Bette«, sagte er und als er gefragt wurde, wen er eigentlich gern schlagen wollte, antwortete er, die Mutter, konnte aber nicht sagen, warum; er wolle es halt. Dann erklärte Hans dem Vater, daß Stellwagen, Möbelwagen und Kohlenwagen (alles frühere Angstobjekte) Storchenkistenwagen seien, also schwangere Frauen. Das brachte Freud auf eine neue Bedeutung von Hans' Angst vor Pferden und Wagen. Die Pferde, die »mit den Füßen Krawall machen«, hatten mit Hans eigenen Schwierigkeiten beim Stuhlgang zu tun, aber auch mit der Mutter, die seine Schwester zur Welt gebracht hatte. Der Junge, der Pferd gespielt und sich verletzt hatte, so daß er blutete, stand über Pferde und Giraffen mit dem Vater in Beziehung und mit der Vorstellung von der Geburt der Schwester, von der Hans glaubte, sie habe den Wiwimacher seiner Mutter zum Bluten gebracht. Schließlich hingen Krawall und Schwangerschaft irgendwie mit seinem Wunsch zusammen, seine Mutter zu schlagen.

Am nächsten Tag zeigte Hans eine neue Angst, er lief ins Haus, als ein Wagen mit zwei Pferden vorbeikam. Er sagte: »Ich fürchte mich, weil die Pferde so stolz sind, daß sie umfallen.« (Der Kutscher hielt sie scharf am Zügel, so daß sie die Köpfe hochhielten und kleine Schritte machten.) Er meinte, sein Vater sei »stolz«, wenn er mit der Mutter im Bett liege, und Hans wünschte sich, daß er umfalle wie Fritzl, der hüpfende Junge, der sich den Fuß an einem Stein gestoßen hatte. Freud schloß daraus, daß der Wunsch, das Pferd zu schlagen, zusammengesetzt war aus dem Wunsch, sich am Vater zu rächen, und einem dunklen, sadistischen Gelüst auf die Mutter.

Am folgenden Tag schob Hans ein kleines Taschenmesser durch eine Öffnung in den Leib einer Gummipuppe und riß ihr dann die Beine auseinander, um das Messer herausfallen zu lassen. Auf die Frage, was er da gespielt habe, sagte er, das Messer habe der Mutter gehört, er habe es ihr wiedergeben wollen. Daraus entspann sich ein Gespräch über die Frage, wer Kinder bekomme. Hans war überzeugt, daß er als nächster in der Familie ein Kind bekommen würde. Als man ihm sagte, daß das nicht gehe, fragte er, ob der Vater eins kriege. Als auch das verneint wurde, protestierte er, er gehöre doch ihm (will sagen, wie könne der Vater, wenn er ihn nicht geboren habe, sagen, Hans gehöre ihm?). Jetzt erst (etwas verspätet, bedenkt man den Scharfsinn seiner Phantasie von der roten Storchenkiste) sagte man ihm, daß die Kinder in der Mutter wachsen, die sie dann zur Welt bringe, indem sie sie herauspresse wie einen »Lumpf«.

Das führte zu der Frage, wie die Kinder in ihre Mutter hineinkämen. Hans hatte bereits eine mögliche Antwort gegeben, indem er das Messer in die Puppe schob. Früher hatte er dem Vater erzählt, der Storch im Zoo, der Leute beiße, bringe auch die Kinder, was einen Bezug zur Angst vor beißenden Pferden andeutete und was auch den Storchenschnabel, der einem Messer ähnelt, mit dem durchdringenden Messer verband.

Trotz der Vorbehalte seines Vaters begann Hans, eine Phantasie weiterzuentwickeln, die ihn schon vorher oft beschäftigt hatte, nämlich »eigene« Kinder zu haben, also selbst Kinder zu bekommen. Er spielte fortwährend Gepäckkisten auf- und abladen und nannte die Türen des Hauptzollamtschuppens »Loch«.

Anfang Mai spielte Hans noch mit seinen »Kindern«, doch während er vorher ihre Mutter gewesen war, war er jetzt ihr Vater. Zwei Tage später erzählte er eine Phantasie, in der der Installateur wiederkehrte, diesmal, um mit einer Zange erst Hans' Po, dann den Wiwimacher zu entfernen und neue anzumachen. Der Vater vervollständigte die Phantasie, indem er sagte: »Er hat dir einen größeren Wiwimacher und einen größeren Podl gegeben [...] wie der Vatti sie hat, weil du gerne der Vatti sein möchtest?«< (Freud 1909b, S. 333) Hans stimmte lebhaft zu. Während all diese Phantasien ans Licht kamen, verschwanden Hans' Ängste nach und nach.

Freud am Mittelpunkt seiner Entwicklung

In seinem Kommentar zu diesem Bericht hebt Freud die in ihm enthaltene Fülle an Beweisen für das Vorhandensein sexueller Interessen lange vor der Pubertät hervor. Die Ängste und Symptome, die mit diesen Interessen verbunden zu sein scheinen, geben Freud Gelegenheit, für sein zweites Argument einzutreten, auf das es ihm bei der Veröffentlichung des Falles ankam, daß nämlich die Wurzeln der Neurose des Erwachsenen in den sexuellen Konflikten seiner Kindheit begründet liegen.

> Wenn man dann einmal einen erwachsenen Neurotiker in psychoanalytische Behandlung nimmt, der, nehmen wir an, erst in reifen Jahren manifest erkrankt ist, so erfährt man regelmäßig, daß seine Neurose an jene Kinderangst anknüpft, die Fortsetzung derselben darstellt, und daß also eine unausgesetzte, aber auch ungestörte psychische Arbeit sich von jenen Kinderkonflikten an durchs Leben fortgesponnen hat, ohne Rücksicht darauf, ob deren erstes Symptom Bestand hatte oder unter dem Drange der Verhältnisse zurückgezogen wurde. (Freud 1909b, S. 373)

Mit charakteristischer Kühnheit fügt er hinzu: »Ich weiß, daß damit dem Denkvermögen eines Kindes zwischen 4 und 5 Jahren viel zugemutet ist, aber ich lasse mich von dem leiten, was wir [über die kindliche Psyche] neu erfahren haben, und halte mich durch die Vorurteile unserer Unwissenheit nicht für gebunden.«< (Freud 1909b, S. 366)

Zu diesem Zeitpunkt hatte Freud Hans' Angst vor Pferden und vor dem Ausgehen mit seiner Angst vor dem Pferd-Vater in Verbindung gebracht, mit seinem wachsenden Interesse, die Genitalien der Mutter zu sehen und seine eigenen zu zeigen, mit seiner Eifersucht auf die jüngere Schwester, mit seinem Haß auf den »stolzen« Vater, der sich im Bett mit der Mutter brüstete, und schließlich mit dem Wunsch, die Mutter zu besitzen. Freud hat mit sicherem Strich gezeigt, wie Hans Bruchstücke der äußeren Wirklichkeit wie Pferde, Wagen, Kisten, Zootiere und Eisenbahnwaggons als Ausdrucksmittel für seine Phantasien über Geschlechtsverkehr, Schwangerschaft und Geburt benutzt.

Im weiteren wendet er sich der Frage zu, weshalb diese Ausdrücke unbewußter Phantasie so angstvoll waren, das heißt, warum sie eine Phobie auslösten. Zunächst meint er, »daß in unserem Falle von Phobie die Angst durch die Verdrängung jener Aggressionsneigungen, der feindseligen gegen den Vater und der sadistischen gegen die Mutter, zu erklären sei« (S. 371). Doch erst wenige Seiten früher hat er, ohne eine Erklärung, diesen Gedanken zugunsten eines anderen, der aus seiner präanalytischen Theorie der Angstneurose stammt, verworfen. Hans' Angst, sagt Freud hier, sei das Produkt einer »Verwandlung der libidinösen Sehnsucht in Angst« (S. 367). Um diese These zu stützen, macht Freud darauf aufmerksam, wie stark Hans' Zuneigung zur Mutter und zu seinem frühesten eindeutigen Symptom ist: seiner nächtlichen Angst, die Mutter könnte fortgegangen sein und er hätte niemanden mehr zum »schmeicheln«. Das zeige, daß Hans starke libidinöse Empfindungen für seine Mutter habe. Da er das aufgestaute libidinöse Fluid nicht abführen könne, komme es zu einem Stau und zur Verwandlung in Angst, so wie Wein zu Essig wird. Hans' Libido, fährt Freud fort, habe sich nicht entladen können, weil Hans mit seiner Mutter keinen sexuellen Verkehr haben konnte, war er doch von seiten seines Vaters mit Kastration bedroht.

Im Bericht über den »kleinen Hans« kommt jedoch weder eine Bedrohung vor noch gibt es darin irgendeinen Hinweis, daß Hans' Angst tatsächlich verwandelte Libido gewesen sei. Es ist überaus beeindruckend, wie selbstverständlich und locker Freud mit dem klinischen Material von Hans' Träumen, Symptomen und Phantasien umgeht. Verglichen damit, wirkt seine Diskussion über die Ursache für Hans' Angst künstlich und gestellt, und die verwandelte Libido taucht hier wie ein deus ex machina auf.

Freud hat in der Tat »dem Denkvermögen eines Kindes zwischen 4 und 5 Jahren viel zugemutet«, er irrte sich nur darin, ihm nicht noch mehr zugemutet zu haben, denn Hans' Ansicht über seine Welt ist sowohl realistischer als auch phantastischer, als Freud dachte. Er unterschätzt Hans' Wahrnehmungsfähigkeit bei der Beobachtung der Ereignisse in seinem Leben und die reiche Komplexität und Subtilität seiner Phantasien über diese Ereignisse, vor allem über die Geburt seiner Schwester und die sexuelle Beziehung seiner Eltern zueinander. Freud ist auch entgangen, wie tief Hans sich mit beiden Eltern identifiziert: Mit der Mutter identifiziert er sich gewissermaßen über seinen Anus, den er sich voller Kinder und als Geburtsweg vorstellt (er behauptet, er werde als nächster ein Kind bekommen; seine Gleichsetzung von Kohle und Lumpf und Kohlenwagen mit schwangeren Frauen). Mit dem Vater identifiziert er sich über seinen Penis, über das Eindringen ins Innere der Mutter und Einpflanzen von Kindern dort (was er im Rettichgarten tut; wie er in Begleitung des Vaters in den Schafspferch kriecht und gewaltsam in den Eisenbahnwaggon eindringt und darauf beharrt, seine Schwester habe vor ihrer Geburt in der roten Storchenkiste gelebt).

Diese Identifizierungen haben zu seinen Ängsten beigetragen. Sein Wunsch, Wagen zu beladen und zu entladen, was für ihn gleichbedeuten ist mit seiner schwangeren Mutter, stellt eine Identifizierung mit dem Vater dar, der in die Mutter eindringt, um Kinder zu zeugen und zur Welt kommen zu lassen. Hans' Wunsch wird durch die Angst abgeschwächt, ein Wagen könnte ihn entführen, was seiner Angst ähnelt, er könnte in die Badewanne fallen und nicht mehr herauskommen – beides ein Ausdruck seiner Furcht, beim sexuellen Akt in seiner Mutter verloren zu gehen.

Die Identifizierung mit der Mutter geschieht zum Teil – aber nur zum Teil – als Antwort auf diese Gefahr. So, als könne er sie vermeiden, indem er selbst zur Frau wird und sein Installateur-Vater ihm den Bohrer in den Bauch schraubt.

Daß Freud die Macht der Identifizierung unterschätzte, ist verständlich, wenn man bedenkt, daß ihm dafür noch die nötigen Beweise aus klinischen Erfahrungen fehlten. Er sollte diese Gelegenheit erst haben, als er anfing, das Problem der Melancholie zu erforschen, wie im 8. Kapitel skizziert wird.

Eine zweite Schwierigkeit in diesem Kommentar ist ernster und kostete Freud mehr Zeit, um sie zu überwinden. Als er die Idee fallenließ, Hans' Ängste hätten etwas mit der »Unterdrückung seines Aggressionstriebes« (S. 371) zu tun, und er statt dessen annimmt, sie beruhten auf der Verdrängung libidinöser Bedürfnisse, stützt Freud sich nicht auf die klinischen Beweise in Hans' Ängsten und Phantasien. Vielmehr versucht er, die Beweise so umzuformen, daß sie seinem physikalischen Modell entsprechen, wonach Angst das Produkt verdrängter sexueller Erregung ist, die sich als nicht abgeführte »subkortikale Erregung« oder in der bildlichen Sprache ausgedrückt, die er manchmal verwendet, als »fermentierte Libido« akkumuliert. Welche Schwierigkeit hier besteht, ist leicht zu sehen, wenn man einmal die quasi-physikalische Terminologie in gewöhnliches Deutsch übersetzt: Wenn Hans' Wunsch, mit seiner Mutter Geschlechtsverkehr zu haben, unerfüllt bleibt, dann führt das nicht zu Enttäuschung oder Trauer, sondern automatisch und unausweichlich zu Angst. Warum sollte das soviel Angst in ihm verursachen, wenn es keinen der vitalen Aspekte seiner Beziehung zur Mutter gefährdet und wenn ein fünfjähriger Junge ohnehin zu Geschlechtsverkehr nicht in der Lage ist? Das ist ganz und gar nicht klar.

Hier kollidieren die Forschungen des psychologischen Phänomenologen Freud, der sein »Organ zur Wahrnehmung psychischer Qualitäten« einsetzt, um zu Hans einen Kontakt herzustellen, mit dem Bemühen Freuds, seine Beobachtungen auf festen physikalischen Grund zu stellen. Aber schließlich siegt der Phänomenologe: Mit der Zeit läßt sich Freud stärker von den klinischen Beweisen lenken und verwirft die Libidotheorie der Angst. Wie es dazu kommt und welche Gründe es hat, wird im 9. und 10. Kapitel beschrieben werden.

8. Kapitel

Identifizierung und die Struktur der Innenwelt

Erst etliche Jahre nach seiner Analyse des kleinen Hans, als Freud versuchte, Patienten mit schweren Depressionen zu behandeln, erkannte er, welch reiches Potential zur Bildung einer komplexen, dynamischen, mit ihrem eigenen Leben versehenen Innenwelt in der unbewußten Identifizierung liegt. Jahrelang hatte die depressive Störung der psychoanalytischen Behandlung getrotzt – zum Teil aus technischen Gründen: Schwer depressive Patienten sind recht verschlossen und daher nicht so gut imstande, in der Behandlung mitzuarbeiten. Doch daß der Erfolg bei der Behandlung solcher Patienten ausblieb, hing hauptsächlich damit zusammen, daß es kein theoretisches Wissen gab, wie solche Bewußtseinszustände entstehen. Noch 1910 hatte Freud das psychologische Problem der Melancholie, wie die Krankheit damals hieß, für unlösbar erklärt.

Dann veröffentlichte Karl Abraham, ein Student und späterer Kollege Freuds, 1912 einen Aufsatz, »Ansätze zur psychoanalytischen Erforschung und Behandlung des manisch-depressiven Irreseins und verwandter Zustände«, in dem er seine Arbeit beschreibt. Er verweist auf die Ähnlichkeiten zwischen einer schweren Depression und der normalen Trauer. Außerdem berichtet er von beträchtlichen Fortschritten in der Behandlung eines Falles von manisch-depressiver Psychose durch die Psychoanalyse.

Identifizierung

Wenige Jahre später veröffentlicht Freud seinen richtungweisenden Aufsatz »Trauer und Melancholie«, in dem er zum erstenmal die immense Bedeutung der Identifizierung für die Entstehung der Melancholie erkennt und ihr damit einen neuen und tiefen psychoanalytischen Sinn gibt. Er beginnt mit einem Vergleich von Trauer und Melancholie und stellt fest, daß beide eine »tief schmerzliche Verstimmung [auszeichnet], eine Aufhebung des Interesses für die Au-

102

ßenwelt, durch den Verlust der Liebesfähigkeit, durch die Hemmung jeder Leistung«. Er fährt mit seiner Beobachtung fort:

Bei der Trauer fanden wir Hemmung und Interesselosigkeit durch die das Ich [das Selbst] absorbierende Trauerarbeit restlos aufgeklärt. Eine ähnliche innere Arbeit wird auch der unbekannte Verlust bei der Melancholie zur Folge haben [...]. Nur daß uns die melancholische Hemmung einen rätselhaften Eindruck macht, weil wir nicht sehen können, was die Kranken so vollständig absorbiert. Der Melancholiker zeigt uns noch eines, was bei der Trauer entfällt, eine außerordentliche Herabsetzung seines Ichgefühls, eine großartige Ichverarmung. Bei der Trauer ist die Welt arm und leer geworden, bei der Melancholie ist es das Ich selbst. Der Kranke schildert uns sein Ich als nichtswürdig, leistungsunfähig und moralisch verwerflich, er macht sich Vorwürfe, beschimpft sich und erwartet Ausstoßung und Strafe. Er erniedrigt sich vor jedem anderen, bedauert jeden der Seinigen, daß er an seine so unwürdige Person gebunden sei. Er hat nicht das Urteil einer Veränderung, die an ihm vorgefallen ist, sondern streckt seine Selbstkritik über die Vergangenheit aus; er behauptet, niemals besser gewesen zu sein. Das Bild dieses – vorwiegend moralischen – Kleinheitswahnes vervollständigt sich durch Schlaflosigkeit, Ablehnung der Nahrung und eine psychologisch höchst merkwürdige Überwindung des Triebes, der alles Lebende am Leben festzuhalten zwingt. [...]
[Doch] endlich muß uns auffallen, daß der Melancholiker sich doch nicht ganz so benimmt wie ein normalerweise von Reue und Selbstvorwurf Zerknirschter. Es fehlt das Schämen vor anderen, welches diesen letzteren Zustand vor allem charakterisieren würde, oder es tritt wenigstens nicht auffällig hervor. Man könnte am Melancholiker beinahe den gegenteiligen Zug einer aufdringlichen Mitteilsamkeit hervorheben, die an der eigenen Bloßstellung eine Befriedigung findet. [...]
Zur Aufklärung des vorhin aufgestellten Widerspruchs führt dann eine Beobachtung, die nicht einmal schwer anzustellen

ist. Hört man die mannigfachen Selbstanklagen des Melancholikers geduldig an, so kann man sich endlich des Eindrucks nicht erwehren, daß die stärksten unter ihnen zur eigenen Person oft sehr wenig passen, aber mit geringfügigen Modifikationen einer anderen Person anzupassen sind, die der Kranke liebt, geliebt hat oder lieben sollte. Sooft man den Sachverhalt untersucht, bestätigt er diese Vermutung. So hat man denn den Schlüssel des Krankheitsbildes in der Hand, indem man die Selbstvorwürfe als Vorwürfe gegen ein Liebesobjekt erkennt, die von diesem weg auf das eigene Ich gewälzt sind. [...]

Ihre *Klagen* sind *Anklagen*, gemäß dem alten Sinne des Wortes; sie schämen und verbergen sich nicht, weil alles Herabsetzende, was sie von sich aussagen, im Grunde von einem anderen gesagt wird; und sie sind weit davon entfernt, gegen ihre Umgebung die Demut und Unterwürfigkeit zu bezeugen, die allein so unwürdigen Personen geziemen würde, sie sind vielmehr im höchsten Grade quälerisch, immer wie gekränkt und als ob ihnen ein großes Unrecht widerfahren wäre. Dies ist alles nur möglich, weil die Reaktionen ihres Benehmens noch von der seelischen Konstellation der Auflehnung ausgehen, welche dann durch einen gewissen Vorgang in die melancholische Zerknirschung übergeführt worden ist. (Freud 1916–1917g, S. 431–435)

Der Übergang aus dem Zustand der Auflehnung in einen Zustand der Zerknirschung geschieht in der Melancholie über Identifizierung, wobei sich das Ich des Subjekts mit derjenigen Person identifiziert, gegen die es Groll hegt oder, wie Freud es treffender formuliert hat: »Der Schatten des Objekts fiel so auf das Ich.«[1]

---

[1] Da der Ausdruck *Objekt* in diesem Zusammenhang leicht mißzuverstehen ist, mag eine kurze Abschweifung auf seine Verwendung in der Psychoanalyse gerechtfertigt sein. Wir erinnern uns, daß Freud seit der Formulierung seiner Theorie der Sexualität das Ziel einer Triebregung als Objekt dieses Triebes bezeichnete. In unserer Alltagssprache verstehen wir unter »Objekt« natürlich insbesondere einen Gegenstand, etwas Nicht-Menschliches, während die Psychoanalyse damit gerade etwas *Menschliches* meint: eine Person oder einen Teil einer Person oder etwas, das sie im Unbewußten repräsentiert. Das ist eine unglückliche sprachliche Verkehrung der Dinge, die bei denen Verwirrungen stiften kann, die mit dieser technischen Bedeutung nicht vertraut sind.

Freud glaubte, daß die Identifizierung nur über einen Primärtrieb vonstatten gehe. Der Melancholiker regrediere auf das orale, das früheste Stadium der sexuellen Entwicklung, sein Ich »möchte sich dieses Objekt einverleiben, und zwar der oralen oder kannibalischen Phase der Libidoentwicklung entsprechend, auf dem Wege des Fressens«. (S. 436)

Mit anderen Worten, Identifizierung erfolgt, wenn sich das Ich vorstellt, ein Objekt verschlungen zu haben. Das aber ist eine Vorstellung mit einer ganz realen (subjektiven) Wirkung. Mit ihr ändert sich der psychische Zustand. Bleibt anzumerken, daß Freud dachte, eine Phantasie, die fähig sei, eine solche Wirkung zu erzielen, müsse Ausdruck einer Triebregung sein, ähnlich wie die unbewußten Phantasien, die Träume stimulieren.

Obgleich Freud die Triebregung, die den Vorgang der Identifizierung bewirkt, als »orale Libido« charakterisiert, zeigt die Art und Weise, wie er den Ausdruck jetzt verwendet, daß er etwas ganz anderes im Sinn hat als das Fluid aus dem alten physikalischen Modell. Dort war das Triebziel gewesen, eine Libidoentladung, einen Spannungsabbau im gesamten System herbeizuführen. Im Fall der Identifizierung bewirkt der orale Primärtrieb keine Spannungsabfuhr, sondern etwas ganz anderes: Es kommt zu einem Aufbau oder einer Veränderung der Bewußtseinsstruktur dadurch, daß sich das Subjekt etwas aus der äußeren Welt einverleibt.

Es ist sehr schwer, sich einen Vorgang der Identifizierung physikalisch, nämlich als Ebbe und Flut von Libido, vorzustellen, und Freud versucht hier nicht einmal anzudeuten, wie das aussehen könnte. Er scheint jetzt damit zufrieden zu sein, daß seine klinischen Beobachtungen über die Grenzen seiner physikalischen Theorien hinausreichen.

Der melancholische Patient hat also triebgeleitet die Vorstellung, sein Objekt zu verschlingen, infolgedessen gewinnt er den Eindruck, er habe es sich konkret einverleibt und das Objekt existiere nicht nur in der äußeren Welt, sondern auch in seiner inneren. Das heißt, er beginnt sich selbst in gewissem Sinne *als* Objekt zu erleben. Der Melancholiker verliert sein Interesse an der äußeren

Welt, weil er mit der »Welt« in sich, die er sich durch Identifizierung geschaffen hat, beschäftigt ist.

Die so geschaffene Innenwelt wird unbewußt buchstäblich als mit denen bevölkert erlebt, mit denen wir uns über die Bande von Liebe und Haß identifiziert haben. Obwohl sich für einen Beobachter der geistige Mechanismus der Identifizierung als eine unbewußte Phantasie darbieten mag, ist er für das Subjekt einfach eine Tatsache der subjektiven Existenz.

Die Struktur der Innenwelt

In »Trauer und Melancholie« beschreibt Freud zum erstenmal genauer, wie eine an Triebregungen gebundene, unbewußte Phantasie sogar die Struktur der Seele verändern kann. In den darauffolgenden Jahren ging er dazu über darzustellen, welche Rolle die Identifizierung auch in der normalen Aufbaustruktur der Seele spielt:

> Es war uns [in »Trauer und Melancholie«] gelungen, das schmerzhafte Leiden der Melancholie durch die Annahme aufzuklären, daß ein verlorenes Objekt im Ich [des Leidenden] wiederaufgerichtet, also eine Objektbesetzung durch eine Identifizierung abgelöst wird. Damals erkannten wir aber noch nicht die ganze Bedeutung dieses Vorganges und wußten nicht, *wie häufig und typisch* er ist. Wir haben seither verstanden, daß solche Ersetzung einen großen Anteil an der Gestaltung des Ichs hat und wesentlich dazu beiträgt, das herzustellen, was man seinen Charakter heißt. [...] Soll oder muß ein [...] Objekt aufgegeben werden, so tritt dafür nicht selten die Ichveränderung auf, die man als Aufrichtung des Objekts im Ich wie bei der Melancholie beschreiben muß. [...] Vielleicht erleichtert oder ermöglicht das Ich durch diese Introjektion [...] das Aufgeben des Objekts. [...] Jedenfalls ist der Vorgang zumal in frühen Entwicklungsphasen ein sehr häufiger und kann die Auffassung ermöglichen, daß der Charakter des Ichs

ein Niederschlag der aufgegebenen Objektbesetzungen ist, die Geschichte dieser Objektwahlen enthält. [Hervorheb. R. C.] (Freud 1923b, S. 256 f.)

Identifizierung ist besonders in jungen Jahren wichtig, denn sie

> ist der Psychoanalyse als früheste Äußerung einer Gefühlsbindung an eine andere Person bekannt. Sie spielt in der Vorgeschichte des Ödipuskomplexes eine Rolle. Der kleine Knabe legt ein besonderes Interesse für seinen Vater an den Tag, er möchte so werden und so sein wie er, in allen Stücken an seine Stelle treten. Sagen wir ruhig, er nimmt den Vater zu seinem Ideal. Dies Verhalten hat nichts mit einer passiven oder femininen Einstellung zum Vater (und zum Manne überhaupt) zu tun, es ist vielmehr exquisit männlich. Es verträgt sich sehr wohl mit dem Ödipuskomplex, den es vorbereiten hilft. (Freud 1921c, S. 115)

Nach Ansicht Freuds bereitet die Identifizierung dem Ödipuskomplex nicht nur den Boden, sie führt auch dessen Lösung herbei. Wenn das Kind mit einem Elternteil, den es auch liebt, um den Besitz des anderen konkurriert, führt jede Lösung zu einem äußerst schmerzlichen Verlust. Das Dilemma löst sich, weil das Kind sich mit seinen Eltern identifiziert. Wird es durch Identifizierung wie der Vater, dann kann es dem Vater gewisse exklusive Vorrechte bei der Mutter einräumen, ohne unerträglich an Neid und Eifersucht zu leiden; ebenso kann das Kind, indem es durch Identifizierung der Mutter ähnlich wird, ihr gewisse Vorrechte beim Vater einräumen. Diese beiden Identifizierungen zusammen bilden dann eine dauerhafte Instanz, die gewissermaßen als innere Eltern fungiert, die vom Ich getrennt ist und als etwas irgendwo über ihm Liegendes erlebt wird: das Über-Ich.

Obgleich sowohl das Ich als auch das Über-Ich Teile der Innenwelt sind, erleben wir das Über-Ich als von uns getrennt, während das Ich das Kernstück unseres seelischen Daseins ausmacht. Freud beschreibt am Ende zwei Typen der Identifizierung. Die eine, vom Typus, den wir gerade besprochen haben, hilft dem Kind bei der Lösung des Ödipuskomplexes und trägt zur Bildung des Über-Ichs bei. Ein zweiter Typus tritt früher im Leben auf und trägt zum Aufbau des Ichs oder des Selbstverständnisses bei.

Mit einem Modell bewaffnet, das es ihm ermöglicht, die Vielschichtigkeit des Verhältnisses einer Person zu sich selbst zu erfassen, kann Freud nun zum Problem der neurotischen Angst, das ihm bei der Analyse von Hans solche Schwierigkeiten bereitet hat, zurückkehren und es auf eine differenziertere Weise angehen.

9. Kapitel

Angst und die Struktur der Innenwelt

Mehr als 15 Jahre nach seiner ersten Erklärung für Hans' Ängste als
»Gärung« verdrängter Libido, kommt Freud erneut auf die Frage
nach dem Ursprung der neurotischen Angst zurück. 1926 veröffentlicht er ein Buch, *Hemmung, Symptom und Angst* (1926d), das einer
Beantwortung oder zumindest Klärung dieser Frage gewidmet ist.

An diesem Buch verblüfft zunächst, daß hier die für Freuds Werk
typische, methodische, fließende Argumentationslinie fehlt. In der
Regel hat man bei seinen Schriften den Eindruck, daß er an einem
Problem, noch während er schreibt, herumschnitzt. Die Argumen-
tation läuft überzeugend: Er wirft ein Problem auf, skizziert die
eine oder andere mögliche Lösung, zieht sie nacheinander in Betracht, erwägt ihre Vorzüge, setzt sich mit den Einwänden zu den
vorgeschlagenen Lösungen auseinander, verweist an entscheidenden Stellen auf die klinische Erfahrung, entscheidet sich für eine
Lösung und weist schließlich vielleicht auf neu entdeckte Verbindungen zwischen dem ursprünglichen und verwandten Problemen
hin, was bereits als Aufgabenstellung für die zukünftige Forschung
dient.

Dieses vertraute Muster gibt es in *Hemmung, Symptom und Angst*
kaum. Statt wie üblich methodisch vorzugehen, behandelt Freud
denselben Gegenstand an verschiedenen Stellen. Er braucht drei
Nachträge, um die Fragen zu ordnen, die er in zehn Kapiteln aufge-
worfen hat, und wechselt immer wieder zwischen alternativen
Standpunkten, wobei nirgends geklärt wird, in welchem Verhältnis
sie zueinander stehen. Der Mangel an Einheitlichkeit ist ebenso untypisch wie erstaunlich. Man hat den Eindruck, als versuche Freud
hier, den Ausweg aus einer Schwierigkeit zu finden, in die er immer wieder zurückfällt, als ob irgend etwas seinen sonst so sicheren
Scharfsinn getrübt hätte.

Aufgabe der Libidotheorie der Angst

Im Alter von fast 70 Jahren stand Freud vor der Tatsache, daß seine Libidotheorie der Angst, ein wichtiger Teil des physikalischen Modells, auf das er immer noch halb hoffte zurückkehren zu können, nicht mehr gesichert war. Wie schmerzhaft und zwiespältig das für ihn gewesen sein muß, zeigt sich besonders in der Weitschweifigkeit jenes Teils des Buches, der seine kritische Überprüfung der Analyse des kleinen Hans enthält. Hier unterzieht er seine Libidotheorie der Angst im Licht von 25 Jahren phänomenologischer Beobachtung neuerlich einer Revision und beschließt letztlich mit spürbarem Bedauern, sie durch eine psychologische Theorie zu ersetzen.

Er beginnt seine Revision in *Hemmung, Symptom und Angst* mit der Feststellung:

> Wir kommen keinen Schritt weiter, solange wir nicht die ganze psychische Situation des Kleinen [Hans] in Betracht ziehen, wie sie uns während der analytischen Arbeit enthüllt wird. Er befindet sich in der eifersüchtigen und feindseligen Ödipus-Einstellung zu seinem Vater, den er doch, soweit die Mutter nicht als Ursache der Entzweiung in Betracht kommt, herzlich liebt. Also ein Ambivalenzkonflikt, gut begründete Liebe und nicht minder berechtigter Haß, beide auf dieselbe Person gerichtet. Seine Phobie muß ein Versuch zur Lösung dieses Konflikts [durch Verdrängung] sein. [...] Die Triebregung, die der Verdrängung unterliegt, ist ein feindseliger Impuls gegen den Vater. (Freud 1926d, S. 130)

Dann fordert Freud uns auf, Hans' gemischte Gefühle gegenüber seinem Vater und sein zartes Alter einmal beiseite zu lassen, und uns eine ähnliche Situation vorzustellen, in der Hans »etwa ein jüngerer Diener in einem Haushalt [sei], der in die Herrin verliebt ist und sich gewisser Gunstbezeugungen von ihrer Seite erfreue. Erhalten bleibt, daß er den stärkeren Hausherrn haßt und ihn beseitigt wissen möchte« (S. 131). Dann, so argumentiert Freud, wäre die natürlichste Folge, daß der Diener die Rache dieses Herrn fürchtet und Angst vor ihm bekommt. Was Hans' emotionale Reaktion zur Neurose macht, ist einzig und allein »die Ersetzung des Vaters durch das Pferd«. Diese Formulierung wirft jedoch ein weiteres Problem auf, das er sofort erkennt:

> Unsere Erwartung fände eher Befriedigung, wenn der kleine Hans an Stelle seiner Angst vor dem Pferd eine Neigung entwickelt hätte, Pferde zu mißhandeln, sie zu schlagen, oder deutlich seinen Wunsch kundgegeben hätte, zu sehen, wie sie hinfallen, zu Schaden kommen, eventuell unter Zuckungen verenden (das Krawallmachen mit den Beinen). Etwas der Art tritt auch wirklich während seiner Analyse auf, aber es steht lange nicht voran in der Neurose und – sonderbar – wenn er wirklich solche Feindseligkeit, nur gegen das Pferd anstatt gegen den Vater gerichtet, als Hauptsymptom entwickelt hätte, würden wir gar nicht geurteilt haben, er befinde sich in einer Neurose. Etwas ist also da nicht in Ordnung, entweder an unserer Auffassung der Verdrängung oder in unserer Definition eines Symptoms. (Freud 1926d, S. 132)

Diese Sackgasse ist für Freud eine Quelle der Frustration und Enttäuschung:

> Es ist fast beschämend, daß wir nach so langer Arbeit noch immer Schwierigkeiten in der Auffassung der fundamentalsten Verhältnisse finden, aber wir haben uns vorgenommen, nichts zu vereinfachen und nichts zu verheimlichen. Wenn wir nicht klar sehen können, wollen wir wenigstens die Unklarheiten scharf sehen. (Freud 1926d, S. 155)

Eine psychologische Theorie der Angst

Es zeigt sich, daß die These, neurotische Symptome und Angst gingen auf verdrängte erotische Impulse zurück, offenbar zu unvorhergesehenen Komplikationen und in Sackgassen führt, wenn man sie im Licht der klinischen Ergebnisse genauer betrachtet. Freud verdeutlicht jetzt einen Gedanken, den er schon in »Der kleine Hans« hatte, bisher aber noch nicht umittelbar mit Angst oder Symptomen in Verbindung brachte:

> Wir glauben den Motor der Verdrängung in beiden Fällen zu kennen [nämlich], die Angst vor einer drohenden Kastration. Aus Kastrationsangst gibt der kleine Hans die Aggression gegen den Vater auf; seine Angst, das Pferd werde ihn beißen, kann zwanglos vervollständigt werden, das Pferd werde ihm das Genitale abbeißen, ihn kastrieren. [...]
> Hier nun das unerwartete Ergebnis: [...] die Angstinhalte, vom Pferd gebissen und vom Wolf gefressen zu werden, sind Entstellungsersatz für den Inhalt, vom Vater kastriert zu werden. [...] *Hier macht die Angst die Verdrängung, nicht, wie ich früher gemeint habe, die Verdrängung die Angst.* [Hervorheb. R. C.]
> Es ist nicht angenehm, daran zu denken, aber es hilft nichts, es zu verleugnen, ich habe oftmals den Satz vertreten, durch die Verdrängung werde die Triebrepräsentanz [die mit einer Triebregung verbundene Vorstellung] entstellt, verschoben u. dgl., die Libido der Triebregung aber in Angst verwandelt. Die Untersuchung der Phobien, die vor allem berufen sein sollte, diesen Satz zu erweisen, bestätigt ihn also nicht, sie scheint ihm vielmehr direkt zu widersprechen. (Freud 1926d, S. 136 f.)

Nachdem Freud sich durch seine Kritik an der Libidotheorie durchgekämpft hat, sieht er sich zu dem Schluß gezwungen, daß weder die Angst noch die neurotischen Symptome eine Frucht verdrängter Libido sind. Statt dessen scheinen sich die neurotischen Symptome als Abwehr gegen die Angst zu entwickeln. Doch wenn die neurotische Angst nicht aus verdrängter Libido entsteht, woraus sonst? Wieder stand Freud vor dem Problem, das er schon zur Zeit des kleinen Hans nicht angemessen hatte lösen können: Was sind die Ursachen der neurotischen Angst?

Bei näherer Untersuchung zeigte sich, daß die Phobiesymptome in Verbindung mit der Angst vor Verstümmelung entstehen. Freud beschreibt das als »eine Realangst, Angst vor einer wirklich drohenden oder als real beurteilten Gefahr« (S. 137).

Die Beschreibung der Furcht vor Kastration als realistisch führt offensichtlich zu Mißverständnissen. Es ist nicht anzunehmen, daß Freud der Meinung war, einer seiner Patienten laufe Gefahr, von seinem Vater kastriert zu werden, auch wird man kaum glauben, Freud habe seine normale kritische Haltung gegenüber einer »als real beurteilten Gefahr« verloren. Er besaß viel zuviel Erfahrung mit der Unzuverlässigkeit menschlichen Urteilens, um einen solchen Fehler zu begehen. Was er meinte, war, daß die Angst sich auf eine Gefahr bezieht, die in der Innenwelt des Kindes real ist.

Der Grund für Hans' Verdrängung seiner auf die Mutter gerichteten Geschlechtstriebe erhält damit eine neue Erklärung. Durch seine Verdrängung versucht er, eine schwere, erschreckende innere Angst zu bewältigen. Hans' neurotische Symptome sind seine Abwehr gegen die in der Innenwelt aufkommende Angst. Welche Gestalt ein jedes Symptom annimmt, bestimmt sich nach dem Wesen der Angst und den Abwehrhaltungen gegen sie. Die in *Hemmung, Symptom und Angst* unternommene Neubewertung stärkte Freud in seiner Überzeugung von der Richtigkeit seiner psychologischen Theorie der Neurose, das heißt seiner Einschätzung, wie wichtig die Ereignisse in der Innenwelt für die Neurose sind. Zur gleichen Zeit verliert eine physikalische Entität wie die Libido für die Erzeugung von Angst an Bedeutung: »Aus welchem Stoff die Angst gemacht wird«, so drückt Freud es aus, »hat an Interesse verloren« (1933a, S. 92).

Die Verdrängung der mit der ödipalen Phase einhergehenden Geschlechtstriebe geht auf Angst zurück, und diese Angst geht ihrerseits auf eine »wirkliche« Kastrationsdrohung zurück – eine Bedrohung, die psychisch real ist. Wie hat sich die Bedrohung in der Innenwelt festgesetzt? Schon fast zwanzig Jahre zuvor hatte Freud neurotische Symptome, Fehlleistungen, Traum und Übertragung unter der Ägide seiner »psychologischen Theorie« vereint, jetzt näherte er sich auch dem Problem der neurotischen Angst vom selben Standpunkt: Die neurotische Angst geht darauf zurück, daß in der Innenwelt eine Gestalt vorhanden ist, die mit Kastration droht, und das wiederum führt traumartig zu einer Verschmelzung der Wahrnehmung der äußeren Wiklichkeit mit unbewußten Impulsen und Phantasien.

Mit dieser These verweist Freud darauf, daß jedes Kind zweifellos bereits aus der äußeren Welt die Wahrnehmungen von Verlusten kennt, auf die es bei seiner Kastrationsangst zurückgreift: Entwöhnung hatte für das Kind den Verlust der Brust bedeutet; und auch Ausscheidung war von ihm während der analen Phase, in der Fäzes hoch bewertet sind, als Verlust erlebt worden. Freud erwägt sogar die Möglichkeit, ob nicht etwa die Geburt, der Verlust der Wohligkeit des Mutterschoßes, der Prototyp für all diese Verluste sei. Solche materiellen Verluste, so folgert er, wecken die Angst vor einem immateriellen Verlust: nämlich dem Verlust der elterlichen Liebe. Diese Angst gehe wiederum über in eine Angst, die Liebe der *internalisierten* Eltern, des Über-Ichs zu verlieren. Die Neurose übe eine solche Macht aus, weil hinter ihr eine von einer *inneren* Bedrohung herrührende Angst steht. Bedroht ist hierbei das innerpsychische Verhältnis zwischen dem Ich und dem Über-Ich.

Doch fährt er fort, es sei auch klar, daß zusätzliche Faktoren hinzukommen müßten. Zunächst sei die normale emotionale Reaktion auf Trennung oder Liebesverlust Schmerz und Trauer, nicht aber Angst. Ebenso wichtig sei, daß es auch Fälle gäbe, in denen das Über-Ich weit strenger ist, als der Umgang der Eltern mit ihrem Kind tatsächlich war. Da das Über-Ich durch Identifiktion mit den Eltern geformt wird, meint Freud, müssen wir schließen, daß der spätere Neurotiker während seines Identifizierungsprozesses mit den wirklichen Eltern etwas erlebt, das ihn zu größerer Härte veranlaßt.

Hinzu kommen auch eigene aggressive Impulse des Kindes gegen seine Eltern. Sie vermischen sich im Prozeß der Identifizierung, der zur Bildung des Über-Ichs führt, mit der Wahrnehmung der tatsächlichen Eltern. In einer 1933 geschriebenen Vorlesungsreihe gibt Freud folgende Einschätzung seiner neuen Theorie:

Das Über-Ich [übernimmt] solcherart die Macht, die Leistung und selbst die Methoden der Elterninstanz [...] Zunächst müssen wir jedoch bei einer Unstimmigkeit zwischen beiden verweilen. Das Über-Ich scheint [in der Neurose] in einseitiger Auswahl nur die Härte und Strenge der Eltern, ihre verbietende und strafende Funktion aufgegriffen zu haben, während deren liebevolle Fürsorge keine Aufnahme und Fortsetzung findet. Haben die Eltern wirklich ein strenges Regiment geführt, so glauben wir es leicht begreiflich zu finden, wenn sich auch beim Kind ein strenges Über-Ich entwickelt, aber die Erfahrung zeigt, gegen unsere Erwartung, daß das Über-Ich denselben Charakter unerbittlicher Härte erwerben kann, auch wenn die Erziehung milde und gütig war, Drohungen und Strafen möglichst vermieden hat. [...] Bei der ersten Einsetzung des Über-Ichs ist gewiß zur Ausstattung dieser Instanz jenes Stück Aggression gegen die Eltern verwendet worden, [...] und darum braucht die Strenge des Über-Ichs nicht einfach der Härte der Erziehung zu entsprechen. (Freud 1933a, S. 68, 117)

Einige Jahre früher hatte er das so ausgedrückt:

Die Erfahrung aber lehrt, daß die Strenge des Über-Ichs, das ein Kind entwickelt, keineswegs die Strenge der Behandlung, die es selbst erfahren hat, wiedergibt (wie von Melanie Klein und anderen, englischen Autoren richtig hervorgehoben wurde). Sie erscheint unabhängig von ihr, bei sehr milder Erziehung kann ein Kind ein sehr strenges Gewissen bekommen. Doch wäre es auch unrichtig, wollte man diese Unabhängigkeit übertreiben; es ist nicht schwer, sich zu überzeugen, daß die Strenge der Erziehung auch auf die Bildung des kindlichen Über-Ichs einen starken Einfluß übt. Es kommt darauf hinaus, daß bei der Bildung des Über-Ichs und Entstehung des Gewissens mitgebrachte konstitutionelle Faktoren und Einflüsse des Milieus der realen Umgebung zusammenwirken, und das ist keineswgs befremdend, sondern die allgemeine ätiologische Bedingung all solcher Vorgänge. (Freud 1930a, S. 489 f.)

Diese »allgemeine ätiologische Bedingung all solcher Vorgänge« kennen wir bereits vom Traumvorgang. Mit dieser Formulierung zählt Freud die Identifizierung und ihr wichtigstes Produkt, das Über-Ich, zu denjenigen Phänomenen, die dem psychologischen Gesetz der »ätiologischen Reihen« gehorchen, nämlich der Vermischung äußerer und innerer Realitäten. Hans' Kastrationsangst war eine Angst seines Über-Ichs und als solche eine Legierung äußerer und innerer Faktoren, denn sie selbst stammte aus einer solchen Mischung.

Der synthetische Charakter des Über-Ichs zeigt sich im Traumbericht eines Patienten in der Analyse:

Der Patient hatte sein Auto geparkt, um in einem Supermarkt einzukaufen, und fand, als er zurückkam, eine Delle in der Fahrertür. Er stellte fest, daß bei dem Auto, das neben seinem stand und das er als Wagen des Analytikers identifizierte, ein Seitenspiegel beschädigt war. Als er wieder auf sein Auto blickte, sah er einen Splitter des Spiegelglases in die Delle eingedrückt und als er darauf starrte, sah er ein Auge auf sich zurückblicken. Er brauchte einen Augenblick, bis ihm klar wurde, daß das die Widerspiegelung seines eigenen Auges war.

Das am Auto des Patienten eingedrückte Stück Spiegel steht für sein Über-Ich, eine Elterninstanz (verkörpert im Analytiker), die sich beim Patienten eingeprägt hat und in ihm als Beobachter fungiert: Das ist der elterliche Beitrag zum Über-Ich. Aber das Auge, das im Spiegel wacht, ist das eigene Auge des Patienten und besagt, daß, wie sein Über-Ich ihn ansieht, auch etwas davon hat, wie er andere Menschen betrachtet: Das ist der Beitrag des Patienten zu seinem Über-Ich. Beide Beiträge verbinden sich und bilden zusammen das dem Patienten eingeprägte Über-Ich, wobei sein musternder Blick nicht nur ein Produkt der Spiegel-Eltern, sondern auch eines

Teils des Patienten ist. Es ist sein »Auge« oder seine Sichtweise, die nun ihrerseits den Eltern eingeprägt wird.

Es erweist sich, daß die unbewußte Kastrationsangst, die Freud bei Hans als Ursache der Verdrängung ausgemacht hatte, nicht die einzige neurotische Angst ist, sondern nur eine mögliche aus einer großen Klasse von Ängsten, die alle Ausdruck von Verfolgung sind. Die Verfolgungsangst entsteht aus einem strengen Über-Ich, das so zusammengesetzt ist, wie Freud skizziert hat. Daß das Kind seine eigene Aggressivität als Aggressivität der Eltern (und später des Über-Ichs) gegen sich erlebt, ist ein komplizierter Prozeß, dessen genauere Entwicklung Melanie Klein später klären sollte.

Die sorgfältige Untersuchung eines der einfachsten neurotischen Symptome, einer kindlichen Phobie, führt also zum unerwarteten Ergebnis, daß Verdrängung nicht die Ursache von Angst ist, wie die Libido-Theorie der Angst postuliert hatte, sondern deren Ergebnis. Um das Wesen der Neurose zu entwirren, muß nun der Blick auf die Wurzeln der neurotischen Angst gerichtet werden, die in der Beziehung zwischen dem Ich und dem Über-Ich zu liegen scheinen. So, wie das Über-Ich gebaut ist, hängt diese Beziehung sowohl mit der tatsächlichen Eltern-Kind-Beziehung zusammen als auch mit der Aggression des Kindes gegen seine Eltern, die schließlich den Charakter des Über-Ichs färbt und es im Zustand der Neurose strenger und aggressiver macht, als die Eltern tatsächlich waren. Wegen seines synthetischen und traumartigen Ursprungs wird das Über-Ich zu einer Quelle der schwersten und phantastischsten Ängste. Die scheinbar einfache Entdeckung, daß die Angst der Verdrängung vorausgeht, setzte den letzten wichtigen Schritt in Freuds Denken in Gang, seine Theorie der kindlichen Aggression.

10. Kapitel

Jenseits des Eros

Freuds Erkenntnis, daß die Sexualtriebe beim Kind eine konkrete Phantasie hervorrufen, eine subjektiv reale, traumartige, unbewußte Erfahrung, die ihm suggeriert, die Eltern drängten sich ihm sexuell auf, war die erste von mehreren Entdeckungen, die Freud dahingehend zusammenfaßte, daß er sagte, in der Neurose sei die psychische Realität wichtiger als die materielle. Die Entdeckung der kindlichen Sexualität führte ihn zur Theorie des Ödipuskomplexes und auch zur psychoanalytischen Behandlung der Neurose.

Nach seiner Neubewertung der neurotischen Angst in *Hemmung, Symptom und Angst*, die ergab, daß es sich bei dieser Angst nicht physiologisch um eine Vergiftung mit unabgeführter Libido handelte, sondern um die Folge einer Beziehung zwischen Ich und Über-Ich, war er nun in der Lage, noch eine weitere Entdeckung zu machen, ganz ähnlich und nicht minder wichtig wie seine früheren, nämlich über unbewußte inzestuöse Phantasien.

Ein erschreckendes oder angsterregendes Über-Ich kann man sich als eine konkrete Phantasie – eine subjektiv reale, traumartige, unbewußte Erfahrung – einer inneren Elterninstanz vorstellen, die sich einem aggressiv aufdrängt. Wenn die Theorie vom Ödipuskomplex richtig ist, argumentiert Freud – das heißt, wenn die ödipalen Phantasien des Kindes, es werde von einem Elternteil sexuell bedrängt, ein Produkt der kindlichen Geschlechtstriebe sind –, dann muß eine phantasierte erschreckende innere Elterninstanz gewissermaßen die aggressiven Impulse des Kindes verkörpern.

Der Destruktionstrieb

Freud spricht von aggressiven Impulsen gewöhnlich als den Produkten eines »Aggressionstriebes«. Zuweilen nennt er diesen Trieb auch »Destruktionstrieb«, eine terminologische Mehrdeutigkeit, die

118

eine Ambivalenz in seinem Denken widerspiegelt. Der Ausdruck *aggressiv* ist weniger eindeutig als der Ausdruck *zerstörerisch*. Die kindliche Aggression läßt sich als Unterform der bereits bekannten Triebe, des Sexualtriebes oder des Selbsterhaltungstriebes, verstehen. Diese Auffassung vertreten heute tatsächlich viele Analytiker. Doch hätte Freud damit nicht mehr sagen wollen, dann hätte er es nicht für nötig gehalten, einen neuen Trieb zu postulieren; er hätte einfach von der Stärke der bekannten Triebe sprechen können oder davon, daß jemand leidenschaftlich seine sexuellen Ziele verfolgt oder vehement für seine Selbsterhaltung eintritt, das gewöhnlich als »gesunde Aggression« bezeichnet wird. Doch gerade das hat er *nicht* gemeint: Er postuliert einen eigenen Trieb, weil er etwas in Worte zu fassen versucht, was fundamental gegen Sexualität und gegen Selbsterhaltung gerichtet ist, etwas, das die Voraussetzungen von Leben und schließlich das Leben selbst zerstört. Nur etwas wie ein Destruktionstrieb entspricht der scheinbar sinnlosen Verwüstung, die das neurotische Über-Ich in der Psyche anrichtet. Das ist es, was er zu ergründen versucht.

Am stärksten tritt dieser Trieb klinisch als »moralischer Masochismus« in Erscheinung, als ein neurotisches Leiden, dem es gerade auf das Leiden selbst ankommt:

> An allen masochistischen Leiden haftet sonst die Bedingung, daß sie von der geliebten Person ausgehen, auf ihr Geheiß erduldet werden; diese Einschränkung ist beim moralischen Masochismus fallengelassen. Das Leiden selbst ist das, worauf es ankommt; ob es von einer geliebten oder gleichgültigen Person verhängt wird, spielt keine Rolle; es mag auch von unpersönlichen Mächten oder Verhältnissen verursacht sein, der richtige Masochist hält immer seine Wange hin, wo er Aussicht hat, einen Schlag zu bekommen. (Freud 1924c, S. 378)

Der moralische Masochismus tritt in einer spezifischen psychoanalytischen Erscheinungsform auf die psychoanalytische Bühne, nämlich als »negative therapeutische Reaktion« (Freud 1916d). Er präsentiert sich in der alarmierenden Neigung bestimmter Patienten, auf eine wohlformulierte, im ganzen richtige Deutung zur richtigen Zeit, also auf die Muttermilch der Psychoanalyse, so zu reagieren, als hätte man ihnen psychologisches Gift verabreicht. Wenn sich der Zustand des Patienten infolge einer Deutung verschlechtert, wird der Analytiker zunächst annehmen, seine Deutung sei falsch gewesen. Da man unmöglich zweifelsfrei sicher sein kann, daß eine Deutung richtig ist, muß diese Möglichkeit immer in Betracht gezogen werden. Lange Erfahrung hat jedoch den Verdacht aufkommen lassen und sich allmählich zu einer Überzeugung verdichtet, daß bestimmte Patienten *typischerweise* auf Deutungen, die sowohl richtig sind als auch, wie sie später selbst anerkennen, zur richtigen Zeit gemacht werden, negativ reagieren.

Wenn man dann versucht, die negative therapeutische Reaktion wie einen gewöhnlichen Widerstand zu behandeln, wenn man sich also bemüht, die ihr zugrundeliegende Angst zu deuten, wird alles nur noch schlimmer; und nur wenn der Analytiker die Analyse immer weiter von dem wegführt, was eigentlich das unbewußte Seelenleben des Patienten ausmacht, scheint diese Reaktion nachzulassen.

Freud erkannte, daß diese unpassende Reaktion auf die Deutung gerade deshalb erfolgte, *weil* die Analyse richtig verlief. Diese Regung, sagt er, sei

> die größte Gefahr für den Erfolg unserer ärztlichen oder erzieherischen Absichten [...]. Es ist auch lehrreich zu erfahren, daß gegen alle Theorie und Erwartung eine Neurose, die allen therapeutischen Bemühungen getrotzt hat, verschwinden kann, wenn die Person in das Elend einer unglücklichen Ehe geraten ist, ihr Vermögen verloren oder eine bedrohliche organische Erkrankung erworben hat. Eine Form des Leidens ist dann durch eine andere abgelöst worden, und wir sehen, es kam nur darauf an, ein gewisses Maß von Leiden festhalten zu können. (Freud 1924c, S. 378 f.)

Patienten, die auf hilfreiche Deutungen negativ reagieren, reagieren positiv, wenn sie von irgend etwas verletzt worden sind. Freud schließt daraus, diese widersinnige Verbindung von Leiden und Zufriedenheit zeige, daß das Über-Ich aus irgendeinem Grund für das Selbst zerstörerisch geworden ist: »hart, grausam, unerbittlich gegen das von ihm behütete Ich« (S. 380).

Das Vorhandensein einer inneren Elterninstanz, die mit Kastration droht, obwohl in der äußeren Wirklichkeit eine solche Bedrohung gar nicht besteht, und der moralische Masochist, der sich vom Glück »verletzt« und vom Pech »geheilt« fühlt, das waren für Freud die beiden Hauptanhaltspunkte, um einen Destruktionstrieb anzunehmen. Ein solcher Trieb trägt dazu bei, daß das Kind mit der äußeren Wirklichkeit Erfahrungen macht, die es ein mörderisches Über-Ich »Eltern« ausbilden lassen, ebenso wie die erotischen Triebe des Kindes mit seinen Erfahrungen verschmelzen und dann eine sexuell verführende Elterninstanz von ödipaler psychischer Realität ausbilden. Je mehr Freud den Verästelungen dieses Gedankens nachging, desto wichtiger schien er ihm, und in einem Aufsatz, den er im Jahr vor seinem Tod (1937) veröffentlichte, fragt er sich, »ob man nicht überhaupt all unser Wissen vom psychischen Konflikt unter diesem neuen Gesichtspunkt [dem Kampf zwischen den Sexualtrieben und den Destruktionstrieben] revidieren soll«. (Freud 1937c, S. 90)

Die Vorstellung, es gebe eine angeborene Zerstörungskraft, bleibt bis heute Freuds umstrittenste Theorie. Wenn sie unter all dem »vielen Neuen«, das er durch seinen psychoanalytischen Ansatz entdeckt hat, nicht ohnehin »das Neueste« ist, dann ist sie sicherlich das am schwersten Verdauliche. Viele Analytiker ignorieren sie einfach und tun so, als habe Freud bloß die gesunde Aggression beschrieben. Freud selbst hat für die Mißachtung seiner Entdeckung ein Schlupfloch gelassen, indem er bei ihrer Beschreibung eine mehrdeutige Sprache benutzt. Wie schon früher der ambivalente Gebrauch des Ausdrucks *Libido* erlaubt ihm auch diese Ausdrucksweise, so zu schreiben, daß manchmal vollkommen unklar ist, ob er von etwas Bekanntem wie der gesunden Aggression spricht oder von etwas ganz Neuem und für herkömmliche Denkweisen recht Bizarrem.

Er versuchte zunächst, die ungewohnte Vorstellung eines Destruktionstriebes auf die gleiche Weise geläufig zu machen, wie er früher die Idee der Libido als eine physikalische Substanz eingeführt hatte, um den Anschein zu erwecken, seine Theorie der Neurose sei stärker in der »realen« Welt des Körperlichen verankert. So behauptete er in *Jenseits des Lustprinzips* (1920g), der Destruktionstrieb sei nichts anderes als der Ausdruck einer allgemeinen biologischen Erscheinung. Sie deute auf das Vorhandensein einer biologischen Substanz hin, die sich in allen Zellen und Geweben ansammle und unvermeidlich zu deren Absterben führe. Doch legte er nicht soviel Nachdruck auf diese biologischen Spekulationen, wie noch bei seiner Theorie der Libido. In diesem Stadium seiner Karriere war Freud in der Lage zu erkennen, daß ein Destruktionstrieb, der sich in einer psychischen Erscheinung manifestiert, damit steht oder fällt, daß er psychoanalytisch nachweisbar ist; oder besser gesagt, daß die klinische psychoanalytische Beobachtung bereits genügend anerkannt war, um als Grundlage für seine Hypothesen über Triebe zu dienen, ohne daß dafür Erkenntnisse aus anderen Gebieten herangezogen werden müssen.

So kann er seinen halb apologetischen Versuch, die Fremdheit seiner Entdeckungen vertraut erscheinen zu lassen, fallenlassen und, diesmal fast herausfordernd, sich wundern, wieso er sie nicht früher gesehen habe. Er gab zu, daß die Vorstellung eines Destruktionstriebes »von vielen als Neuerung empfunden wird, und zwar als eine sehr unerwünschte, die möglichst bald wieder beseitigt werden sollte«. (Freud 1933a, S. 110) Doch enthüllte er,

daß ein starkes affektives Moment sich in dieser Ablehnung durchsetzt. Warum haben wir selbst so lange Zeit gebraucht, ehe wir uns zur Anerkennung eines Aggressionstriebs entschlossen [...]? Wahrscheinlich würde es auf geringen Widerstand stoßen, wenn man den Tieren einen Trieb mit solchem Ziel zuschreiben wollte. Aber ihn in die menschliche Konstitution aufzunehmen, erscheint frevelhaft; es widerspricht zu vielen religiösen Voraussetzungen und sozialen Konventionen. Nein, der Mensch muß von Natur aus gut oder wenigstens gutmütig sein. Wenn er sich gelegentlich brutal, gewalttätig, grausam zeigt, so sind das vorübergehende Trübungen seines Gefühlslebens, meist provoziert, vielleicht nur Folge der unzweckmäßigen Gesellschaftsordnungen, die er sich bisher gegeben hat. (Freud 1933a, S. 110f.)

Es ist unwahrscheinlich, daß Freud hier von gesunder Aggression spricht.

Der Destruktionstrieb ist, trotz Freuds zeitweiliger Versuche, ihn zu biologisieren, eine ausgesprochen *psychoanalytische* Erkenntnis, die er aus dem psychoanalytischen Umgang mit Patienten gewann. In der Physik und Biologie gibt es nichts, was ihr genau entspräche. Ganz gleich, wie wertvoll oder nützlich sie auch sein mag, wirklich bedeutsam ist, daß Freud in der Lage war, eine derartig fundamentale psychische Kraft einzig und allein auf der Grundlage *klinischer* Belege zu behaupten. Das ist ein Triumph seiner Überzeugung, daß psychische Realitäten real sind, und daß der psychoanalytische Ansatz die Kraft hat, diese Realitäten aufzudecken.

Seine Methode erlaubte ihm zunächst zu sehen, wie Träume sich durch die Verschmelzung äußerer Ereignisse mit Wünschen, Begierden und Impulsen, die aus dem Inneren kommen, herausbilden. Dann sah er, daß das Träumen in dieser Hinsicht nur eine Erscheinung unter anderen in einer ganzen Familie von psychologischen Erscheinungen ist, die nach der, von ihm »ätiologische Reihen« genannten, dialektischen Formel funktionieren; zu ihnen gehören noch die neurotischen Symptome, unbeabsichtigte Fehlleistungen, die Übertragung, die Identifizierung und schließlich auch die seelische Struktur selbst. Er benutzte jedes Mitglied dieser Familie, wenn er es entdeckt hatte, als Hilfsmittel zur Entdeckung weiterer. Vom Traum gelangte er zum Verständnis der emotionalen Dynamik der Neurose; sein Verständnis der Neurose ermöglichte es ihm, die Übertragung zu entdecken; die Übertragung beruht, wie er feststellte, auf inneren Gestalten, die durch Identifizierungen entstehen und in gewissem Sinne mit äußeren Gestalten austauschbar sind; und schließlich konnte er vom Phänomen der Identifizierung mit ihrem Austausch zwischen der Innen- und der Außenwelt zur Einsicht gelangen, wie die seelische Struktur selbst entsteht. Damit hat er – nunmehr über 80 Jahre alt – sich selbst und anderen zum Trotz einen neuen, systematischen Weg zur Erforschung der Seele gebahnt, ausgebaut und verteidigt. Die Last der weiteren Entwicklung fiel danach anderen zu, die auf seinen Entdeckungen als etwas Gegebenem aufbauen konnten.

Teil II

MELANIE KLEINS WEITERENTWICKLUNG DER FREUDSCHEN THEORIEN

11. Kapitel

Melanie Kleins Stellung in der Psychoanalyse

Freuds Nachdenken über die Seele ist im Grunde ein dialektisches Hin und Her zwischen Phantasie und äußerer Realität: Ein Stück äußere Realität verschmilzt mit einer unbewußten Phantasie und bildet so eine psychische Realität. Die unbewußte Phantasie muß ihrem Wesen nach »begierig«, das heißt, sie muß, ob nah oder fern, ein Abkömmling einer Triebregung sein. Diese Dialektik schafft eine innere Wirklichkeit, die dann ein Eigenleben und eine eigene psychische Bedeutung hat. Auf dieser Grundlage verstand Freud zunächst das Phänomen des Träumens, dann die Bildung von neurotischen Symptomen, von Übertragung und Identifizierung, den Aufbau seelischer Strukturen wie des Über-Ichs und schließlich die Wurzeln neurotischer Angst. Nicht die äußeren Ereignisse selbst sollten das Seelenrad antreiben, sondern der spezifische, idiosynkratische, unbewußte *Sinn* von Ereignissen, die Verschmelzung innerer Faktoren mit der äußeren Wirklichkeit; sie machten die psychische Realität aus.

Unter denen, die auf dieser psychologischen Sichtweise als etwas Gegebenem aufbauen konnten, ragt die britische Psychoanalytikerin Melanie Klein besonders hervor. Ihr Denken geht – unbelastet von der physikalischen Voreingenommenheit, mit der Freud noch zu kämpfen hatte – nur den zahlreichen Verästelungen der psychischen Erscheinungen nach, die er entdeckt hat. Ihre Arbeit gründet auf der Erforschung der psychischen Realitäten, dem Kern von Freuds psychologischem Zugang zur Seele. In ihr erhellt und veranschaulicht sie unprätentiös, klar und direkt, was für die Psychoanalyse wesentlich ist.

Melanie Klein wurde 1882, eine Generation nach Freud, in Wien geboren. Sie begann mit ihrer psychoanalytischen Arbeit 1919 in Berlin und war bereits 1925 eine Kapazität im Bereich der Kinderpsychoanalyse. Sie wurde von Ernest Jones, dem Freud-Biographen, Gründer und Präsidenten der Britischen Psychoanalytischen Gesellschaft eingeladen, von Berlin nach London zu kommen, um bei der Gesellschaft eine Reihe von Vorträgen über ihre Arbeit zu halten. Im darauffolgenden Jahr reiste sie nochmals unter der Schirmherrschaft von Jones nach London und blieb dann dort bis zu ihrem Tod 1960, um da zu arbeiten, andere Analytiker auszubilden, zu lehren und zu schreiben.

In seiner Einführung zu einem Sammelband ihrer Aufsätze stellt Jones (1948) Kleins Arbeit in den Gesamtkontext der Entwicklung des psychoanalytischen Denkens:

> Freuds Untersuchung des Unbewußten – im Grunde genommen des kleinkindlichen Unbewußten – hat unerwartete Aspekte der Kindheit zu Tage gefördert. Doch vor Mrs. Klein hat es kaum Versuche gegeben, diese Entdeckungen mit direkten Untersuchungen der Kindheit zu untermauern. Ihr ist es daher zu danken, daß die Psychoanalyse dort gelandet ist, wo sie eigentlich hingehört, beim Herz des Kindes. [...] Unerschrocken entwickelte sie zur Deutung ihre Spieltechnik, die sie in Verbindung mit verschiedenen anderen Techniken einsetzte, und bald war sie in der Lage, aus erster Hand all das zu bestätigen, was Freud über das bis dahin unbekannte Unbewußte des Kindes aus seinem Erwachsenen-Material nur hatte schließen können. Davon ermutigt, nutzte sie die günstige Gelegenheit, die sie sich geschaffen hatte, voll aus und entschloß sich, ihre Untersuchungen bis an die äußerste Grenze zu treiben. [...]
>
> Mrs. Klein war mutig genug, nicht bei der Erforschung der normalen und neurotischen kindlichen Entwicklung haltzumachen. Sie dehnte ihre Arbeit auf das Gebiet der Geisteskrankheit generell aus. [...] Doch war die Erweiterung unvermeidlich. Die Ähnlichkeit zwischen bestimmten kindlichen Vorgängen und denen, die bei Paranoia, Schizophrenie und manisch-depressiven Zuständen auftreten, war so eklatant, daß sie von jemand so Scharfsichtigem wie Mrs. Klein nicht übersehen wer-

den konnte. [...] Ich bin sicher, daß sich auf diesem Gebiet die Arbeit von Mrs. Klein als ebenso fruchtbar erweisen wird wie schon auf dem bekannteren Gebiet der neurotischen und normalen Entwicklung. (Jones 1948, S. 338 f.)

Kleins Methode, das Unbewußte des Kindes direkt zu beobachten, ergab sich daraus, daß sie würdigte (was Freud aus der Behandlung des kleinen Hans gelernt hatte), daß nämlich das spontane Spiel des Kindes eine Art Mitteilung über sein Unbewußtes ist, ebenso präzise und beredt wie die freien Assoziationen der Erwachsenen. Folglich konnte man zur Seele eines Kindes einen direkten psychoanalytischen Kontakt herstellen, wenn man sein Spiel beobachtete. Klein erfand vor dem Hintergrund dieser Entdeckung ein psychoanalytisches Verfahren, mit dem sie auch Kinder von nur zweidreiviertel Jahren analysieren konnte, die viel zu klein waren, um auf andere Weise frei über ihre inneren Zustände zu sprechen. Sie fand heraus, daß selbst so kleine Kinder zum Analytiker eine Übertragung aufbauen, die, wie die Übertragung der Erwachsenen, eine unvergleichliche Gelegenheit bietet, sogar solche seelischen Verfassungen zu beobachten, die früher einmal in ihrem Leben bestanden haben. Sie war jetzt nicht nur in der Lage, jene Wesenszüge des mentalen Lebens eines Kindes zu beobachten, die Freud aus seinen Analysen Erwachsener nur hatte erschließen können, sondern sie konnte zum erstenmal auch die psychischen Ereignisse aufdecken, die die kindliche Seele beherrschen und die Entwicklungsbasis für die Psychologie der Kindheit, wie Freud sie beschrieben hatte, bilden:

Die Spieltechnik [...] gestattete mir, über die sehr frühen Stadien der Kindheit und über tiefere Schichten des Unbewußten neue Schlüsse zu ziehen. Eine solche retrospektive Einsicht beruht auf der entscheidenden Entdeckung von Freud, der Übertragungssituation, das heißt auf dem Umstand, daß in der Psychoanalyse der Patient bezogen auf den Psychoanalytiker frühere – und ich möchte hinzufügen, auch sehr frühe – Situationen und Emotionen widerholt. [...] Es gehört zur Technik der Psychoanalyse, die Vergangenheit aus diesen Manifestationen abzuleiten.

Da ich das Glück hatte, sehr kleine Kinder analysieren zu können, gelang es mir, einen [...] Einblick in ihr Seelenleben zu gewinnen, der mir rückwirkend ein Verständnis des Seelenlebens sogar des Säuglings erschloß. Denn da ich der Übertragung in der Spieltechnik peinlichste Aufmerksamkeit widmete, war mir ein tieferes Verstehen möglich, auf welche Weise das Seelenleben – des Kindes und später auch des Erwachsenen – von den frühesten Gefühlsregungen und unbewußten Phantasien beeinflußt wird. [...] (Klein 1959, S. 247)

Für Klein war die Kinderpsychoanalyse eine zwangsläufige Erweiterung von Freuds Arbeit: Sie nahm seine Äußerung wörtlich, daß, sobald die Psychoanalyse mit dem Unbewußten eines Erwachsenen Kontakt aufnimmt, sie eigentlich mit einem Kind spricht. Auch hielt sie die Psychoanalyse fraglos für ein natürliches Mittel, um mit Kindern zu sprechen. Brachten Freuds Analysen in jedem Erwachsenen das Kind zum Vorschein, bringen die Untersuchungen Kleins den Säugling in jedem Kind zum Vorschein. Ihre Denkungsart, sagt Jones, »unterscheidet sich sehr von denjenigen [Psychoanalytikern], die [Freuds] Entdeckungen gutheißen, vorausgesetzt, sie nehmen sie nicht allzu ernst [...].« (Jones 1952, S. 341)

Kleins Fokussierung auf das Unbewußte des Kindes ließ sie die Wirkung der psychischen Realität auf das Seelenleben sehr hoch einschätzen. Das Unbewußte des Kindes werde wie auch die tiefsten und grundlegendsten Schichten des erwachsenen Unbewußten, mit dem es gleichbedeutend sei, praktisch von der psychischen Realität beherrscht; deren Inhalte und Verfahrensweisen seien ganz phantasiebestimmt und von denen der äußeren Realität weit entfernt.

Nach der Entwicklung ihrer Technik zur psychoanalytischen Behandlung von Kindern machte Klein so dramatische und rasche Fortschritte, daß selbst Freud verblüfft war und es nicht glauben konnte. Freuds anfängliche Skepsis gegenüber den Ideen Kleins zeigt sich in seinem Briefwechsel mit Jones.[1] Die Situation wurde noch dadurch kompliziert, daß in den späten 20er Jahren Freuds Tochter Anna, die kurz zuvor ebenfalls mit Kinderanalysen begonnen hatte, sich entschieden gegen einige Kleinsche Ansichten, die Kinderanalyse betreffend, aussprach. Es ist schwer zu sagen, wie sehr Freuds Reaktion auf Klein mit dem Wunsch des Vaters, die Partei Annas zu ergreifen, zusammenhing, aber es ist unwahrscheinlich, daß ihn dabei einzig und allein väterliche Loyalität leitete.

Freuds Bemerkungen über Klein

Der Briefwechsel über Klein beginnt im Juli 1925 mit Jones' Brief an Freud, in dem er schreibt, Klein habe gerade ihre Vortragsreihe über »Frühanalyse« gehalten, zu der er sie nach London eingeladen hatte:

> Sie machte einen überaus tiefen Eindruck auf uns alle und erntete höchstes Lob sowohl wegen ihrer Persönlichkeit als auch für ihre Arbeit. Ich selbst habe ihre Auffassungen über die frühe Analyse von Anfang an unterstützt und neige dazu, das, was sie entwickelt hat, als außerordentlich wertvoll anzusehen, auch wenn ich selbst keine unmittelbare Erfahrung mit der Spielanalyse habe. (Freud und Jones 1993, S. 577 f.)

Freud antwortete unverbindlich, »Die Arbeiten der Melanie Klein haben hier in Wien viel Zweifel und Widerspruch gefunden.« Er selbst wolle »in pädagogischen Dingen« nicht urteilen. (Freud und Jones 1993, Brief Nr. 462, Beiheft, S. 37)

Etwa zwei Jahre später versucht Jones, Freud mit seiner Begeisterung für Kleins Arbeit anzustecken. Darauf erhält er diese entschieden negative Antwort:

---

1 Diesen Briefwechsel hat Andrew Paskauskas 1993 veröffentlicht; zu ihm gibt es ein Beiheft mit den deutsch verfaßten Briefen Freuds an Jones.

Nun Ihre Bemerkungen zur Kinderanalyse. Ich freue mich sehr, daß sie Ihren beiden Kleinen so wohlgetan hat [...] Ich meine [...], man braucht die Verschiedenheiten in der Technik und der theoretischen Auffassung zwischen Frau Klein und Anna nicht allzusehr herauszustreichen. Ich selbst verhalte mich natürlich nach Möglichkeit unparteiisch, einerseits, weil Anna meine Tochter ist, und andererseits, weil sie ihre Arbeit ganz unabhängig von mir, nur auf ihre persönlichen Erfahrungen gestützt, gemacht hat. (Freud und Jones 1993, Brief Nr. 503, Beiheft, S. 52)

Allerdings schienen ihm, wie er hinzufügte, »die Ansichten von Frau Klein über das Verhalten des Ichideals bei Kindern ganz unmöglich und in Widerspruch zu allen meinen Voraussetzungen zu stehen« (ebd.). Mit dem »Verhalten des Ichideals« bezieht er sich auf Kleins Theorie (auf die ich in Kapitel 13 und 15 im einzelnen eingehe), wonach das Über-Ich in der kindlichen Entwicklung schon viel früher entsteht, als Freuds Theorie nahelegte.

Darauf wendet Jones ein:

Da eine Ihrer wichtigsten Entdeckungen besagt, daß kleine Kinder sowohl sexuell als auch moralisch viel reifer sind, als allgemein angenommen wurde, hatte ich die Schlußfolgerungen, zu denen Frau Kleins Erfahrungen geführt haben, einfach für eine unmittelbare Fortführung Ihrer eigenen Richtung gehalten. (Freud und Jones 1993, Brief Nr. 503, S. 619)

Freud antwortet nicht untypisch sarkastisch: »Daß Melanie Klein die Kinder reifer macht, als wir früher geglaubt haben, ist allerdings in meinem Sinn. Aber es hat auch seine Grenzen und ist an sich kein Beweis. Sonst müßte ich ja auch von vornherein zustimmen, wenn behauptet würde, die kleinen Kinder spekulieren über Erkenntnistheorie.« (Freud und Jones 1993, Brief Nr. 505, S. 53)

Wie auch immer Freud Melanie Kleins Arbeit eingeschätzt haben mag, ihre Forschung über das Unbewußte von Kindern ermöglichte es ihr schließlich, eine kohärente und gänzlich auf psychoanalytischen Methoden und Entdeckungen gründende Theorie der emotionalen und geistigen Entwicklung aufzustellen. Da sie keine quasi-physikalischen Spekulationen anzustellen brauchte, wie Freud, dessen Arbeiten sie seinerzeit verwirrt hatten, konnte sie das Territorium, das durch ihn eröffnet worden war, nun vermessen, ohne sich über den »wissenschaftlichen« Status ihrer Arbeit den Kopf zu zerbrechen. Sie drang mit viel Einfühlungsvermögen und Genauigkeit bis zum »Herzen des Kindes« vor, wie Jones sich ausdrückte, und ihre Entdeckungen bestätigten nicht nur Freuds grundlegende Annahmen, sondern zeigten auch, inwieweit diese ihrerseits die Folge noch früherer psychologischer Prozesse sind. Ihr gelang eine eingehende Klärung sowohl der Voraussetzungen psychischer Gesundheit als auch der Natur der meisten tiefgreifenden psychischen Störungen. Aufgrund ihres Werkes waren Psychoanalytiker zum erstenmal in der Lage, bestimmte Aspekte der Psychose zu verstehen und sie so zu behandeln, wie Freud die Neurose behandelt hatte, indem sie sie an der Wurzel packten, statt bloß ihre Symptome mit Medikamenten oder durch Suggestionen zu unterdrücken (Bion 1954, 1956, 1957, 1959; Rosenfeld 1947, 1950, 1952a, 1952b, 1954, 1963; Segal 1950, 1956).

Ablehnung und Anerkennung

Obwohl diese Fortschritte von sehr vielen Analytikern für überaus nützlich, ja sogar für unentbehrlich gehalten wurden, stieß Kleins Arbeit bei vielen anderen auf heftige Ablehnung. Letztere fanden, Klein (und Freud) hätten die Bedeutung der psychischen Realität für das Seelenleben überschätzt. Das ist schwer zu verstehen angesichts der praktischen therapeutischen Erfolge, die erzielt worden sind, seit Freud und Klein der Rolle der psychischen Realität im Seelenleben solches Gewicht beimaßen, und auch angesichts der theoretischen Wirksamkeit und Einfachheit der psychoanalytischen Theorien, die sich daraus entwickelt haben. Die Lage wird noch dadurch kompliziert, daß in der Vergangenheit vieles, was gegen

Kleins Vorstellungen ins Feld geführt wurde, eigentlich gegen deren verfälschte Versionen gerichtet war. Es ist ein ungelöstes Rätsel, warum sich solche Verfälschungen bei erfahrenen Analytikern so lange gehalten haben, obwohl Klein sie zu korrigieren versuchte. Mehr als nur erstaunlich ist, wie sehr sie jenen Verfälschungen ähneln, die bei erfahrenen Wiener Ärzten vorherrschten, als sie sich an dem »vielen Neuen« störten, das Freud bei seiner Arbeit mit Dora entdeckte.

Ich habe nicht deshalb Melanie Kleins Forschung zur Illustration der Entwicklung des psychoanalytischen Denkens ausgewählt, weil ich glaubte, sie umfasse alles, was seit Freuds Tod 1939 in der Psychoanalyse getan worden ist, und gewiß nicht, weil sie allgemein anerkannt wäre, sondern weil sich in ihr kristallisiert, was die Arbeit Freuds zu einer »Psychoanalyse« gemacht hat. Wenn beide unwissenschaftlich sind, wie viele immer noch meinen, dann sind sie es in gleicher Weise; und wenn sie Genies sind, dann sind sie Genies am selben Gegenstand.

Obgleich viele amerikanische Psychoanalytiker Kleins Ideen, wenn sie direkt oder unverfälscht vorgestellt werden, ablehnen, haben sie doch erkannt, daß sie für ein angemessenes Verständnis ihrer tagtäglichen klinischen Arbeit mit ihren Patienten praktisch nicht umhin kommen, so etwas Ähnliches wie die Entdeckungen Kleins anzuwenden. Infolgedessen begegnen die meisten amerikanischen Psychoanalytiker den Kleinianischen Ideen im Ganzen *offiziell* zwar mit heftiger Ablehnung, akzeptieren aber – obwohl sie behaupten sie abzulehnen – viele ihrer grundlegenden Thesen, gewissermaßen unter einem anderen Namen.

Der vielleicht eklatanteste Fall dieser Art spielte sich recht komisch in einem Aufsatz ab, in dem zwei bekannte amerikanische Psychoanalytiker[2] etliche anschauliche, lehrbuchwürdige klinische Beispiele für einen Typ von Identifizierung anführen, den Melanie Klein 35 Jahre früher erstmals entdeckt und analysiert hat. Daß sie

---

2 Calef, V. und Weinshel, E. M. (1981), »Some clinical consequences of introjection: gaslighting«, in: *Psychoanalytic Quarterly*, 50, S. 44–66.

mit Kleins Analyse nicht einverstanden sind, begründen die Autoren nur damit, daß sie ihnen nicht »geistesverwandt« sei. Dann präsentieren sie eine eigene Beschreibung dieses »neuen« Prozesses, die nichts anderes ist als eine ungewollte Paraphrase von Kleins Beschreibung. Vielleicht sollte man dieses Nebeneinander von expliziter Ablehnung der Kleinschen Ideen und ihrer untergründigen Anerkennung am besten als ein Zeichen stillschweigender, aber qualvoller Hochachtung nehmen.

Freud erkannte die Bedeutung der psychischen Realität und betrieb ihre erste wissenschaftliche Erforschung. Klein übernahm die psychoanalytische Methode und wandte sie direkt auf die Bedürfnisse des Kindes an. Beide Werke verbindet die Erkenntnis, daß bestimmte Erfahrungen nicht zu verstehen sind, ohne daß man eine Innenwelt annimmt und überzeugt ist, daß die Funktionsweise der psychischen Realität einen Sinn ergibt und wissenschaftlich zugänglich und erforschbar ist.

12. Kapitel

Die Methode der Kinderanalyse

Mehr als ein Jahrzehnt stand Freuds 1909 veröffentlichte Analyse des kleinen Hans einzigartig da. Niemand versuchte ernsthaft, sein Kunststück, ein Kind zu analysieren, zu wiederholen, vielleicht weil Freud selbst gewarnt hatte, daß nur unter ganz ungewöhnlichen Umständen – wie beim kleinen Hans, wo der Vater die eigentliche Analyse durchführte – auf Erfolg zu hoffen sei. Nur ein Vater, so meinte er, sei imstande, beim Kind das nötige Vertrauen zu wekken, so daß es seine Wünsche, Träume und Phantasien preisgebe. Das legte der Entwicklung der Kinderanalyse als einem praktischen Verfahren ein erhebliches Hindernis in den Weg.

Noch ein zweiter Einwand kam hinzu. Man befürchtete, das Deuten der unbewußten Wünsche eines Kindes würde diese Wünsche unkontrollierbar entfesseln. Die blinde Annahme dieser beiden widersprüchlichen Einwände – das Unbewußte des Kindes sei dem Analytiker normalerweise nicht zugänglich und es könnte ihm allzu zugänglich werden – legte die Entwicklung der Kinderanalyse für viele Jahre lahm, obwohl in dieser ganzen Zeit niemand Beweise für die Gültigkeit des einen oder des anderen Einwandes erbrachte. Trotzdem finden sich Spuren der Kinderanalyse beispielsweise in der Arbeit von Hermine Hug-Hellmuth. Sie begann 1917 im einzelnen zu untersuchen, auf welche Weise das spontane Kinderspiel ergänzend zu den verbalen Äußerungen verwendet werden kann, um Einsichten über das kindliche Unbewußte zu gewinnen. Obwohl sie erfolgreich einige methodische Vorarbeit für die Kinderanalyse leistete und meinte, die Psychoanalyse könne im Prinzip für ein neurotisches Kind sehr hilfreich sein, hatte sie doch Bedenken gegen die Durchführung einer unbeschränkten Kinderanalyse, weil sie befürchtete, damit verdrängte Regungen und Neigungen wieder aufzurühren, die das Kind dann nicht beherrschen könnte. (Klein 1927a)

136

Klein übernahm Hug-Hellmuths technische Fortschritte, als sie das Spiel als Mittel einsetzte, um mit dem Kind Kontakt aufzunehmen, vertrat aber eine andere Einstellung bezüglich der Durchführbarkeit und Einsicht in die eigentliche Psychoanalyse des Kindes. 1919 führte Klein die erste Kinderanalyse bei einem fünfjährigen Knaben durch und machte

die Beobachtung (die sich in all meinen weiteren Analysen bestätigte), daß eine intensive Erforschung des Ödipuskomplexes ohne weiteres möglich, ja sogar wünschenswert ist, und man auf diesem Wege Resultate erzielt, die denen der Erwachsenenanalyse zumindest ebenbürtig sind. Gleichzeitig erkannte ich aber auch, daß ein pädagogisches Einwirken[1] auf das Kind nicht nur überflüssig ist, wenn man die Behandlung auf diese Weise durchführt, sondern Analyse und pädagogische Beeinflussung tatsächlich unvereinbar sind. Diese Beobachtungen wurden zu den Leitprinzipien meiner Arbeit, für die ich in all meinen Schriften eingetreten bin. Sie ließen den Versuch gerechtfertigt erscheinen, sehr kleine Kinder, d.h. Kinder im Alter von drei bis sechs Jahren, zu analysieren – ein Versuch, der sich als erfolgreich und höchst vielversprechend erwiesen hat. (Klein 1927a, S. 217)

Im Jahr 1927 veranstaltete die Britische Psychoanalytische Gesellschaft ein Symposium zur Kinderanalyse in der Absicht, diese Fragen zu klären. Zahlreiche Analytiker, auch Melanie Klein, waren eingeladen, ihre Auffassungen darzulegen. Anna Freud hatte im selben Jahr ihr Buch *Einführung in die Technik der Kinderanalyse* veröffentlicht; darin berücksichtigte sie die Warnung ihres Vaters vor dem Hindernis, das der Kinderanalyse entgegenstehe, wobei ihre Einstellung zur Kinderanalyse im großen und ganzen der von Hug-Hellmuth ähnelte. Klein stellte bei diesem Symposium ihre Ansich-

---

1 Damit meint sie jene Suggestion und Führung, für die Hug-Hellmut eingetreten war, um die Wirkungen der Analyse zu mildern.

ten (1927a) den bekannteren von Anna Freud gegenüber. Sie begann mit einem Überblick über den unterentwickelten Zustand der Kinderanalyse:

> Obwohl der erste Versuch, ein Kind analytisch zu behandeln, vor mittlerweile achtzehn Jahren unternommen wurde und die Kinderanalyse seither fester Bestandteil unserer Praxis ist, müssen wir konstatieren, daß ihre elementaren Grundsätze bis heute nicht definitiv formuliert wurden – eine bemerkenswerte Situation, die einiges zu denken gibt. Betrachten wir hingegen die Entwicklung der Erwachsenenanalyse, so zeigt sich, daß innerhalb eines vergleichbaren Zeitraumes sämtliche Grundregeln nicht nur festgelegt, sondern bereits empirisch geprüft worden waren und sich als unwiderlegbar erwiesen hatten. [...] Der Grund für die im Vergleich zur Erwachsenenanalyse so mühsame Entwicklung der Kinderanalyse ist meiner Ansicht nach die Tatsache, daß man sie nicht, wie die Erwachsenenanalyse, im Geiste freier und unvoreingenommener Forschung in Angriff nahm, sondern daß sie von Anfang an durch bestimmte Voreingenommenheiten blockiert und belastet war. (Klein 1927a, S. 218 f.)

Zu diesen Voreingenommenheiten rechnet Klein auch den zweiten Einwand, den Hug-Hellmuth, Anna Freud und viele andere akzeptiert hatten, ohne einen Beweis dafür zu haben, daß nämlich das Ich des Kindes unter dem Druck einer vollständigen Analyse zerbröckeln würde. Sie versucht diesen Einwand mit dem Hinweis zu entkräften, das habe Freud damals nicht an der Analyse von Hans gehindert:

> Wenn wir auf jene erste kinderanalytische Behandlung zurückblicken, die zur Grundlage der Kinderanalyse überhaupt wurde (ich meine die Analyse des kleinen Hans), so stellen wir fest, daß sie durch keinerlei Einschränkungen dieser Art behindert wurde. Natürlich gab es damals noch keine spezielle Technik: Der Vater des Kindes, der diese unvollständige Ana-

lyse unter Freuds Regie durchführte, war in der analytischen Praxis gänzlich unerfahren. Trotzdem besaß er den Mut, recht weit zu gehen, und er hat gute Resultate erzielt. [...] Freud [sagt], daß er selbst gerne noch weiter gegangen wäre. (Klein 1927a, S. 218 f.)

Trotzdem:

Hug-Hellmuth, die mit ihrer Arbeit auf diesem Gebiet viele Jahre hindurch nahezu allein stand und zweifellos Herausragendes geleistet hat, ließ sich von Anfang an von Prinzipien leiten, die einengend wirkten und ihre Resultate zwangsläufig beeinträchtigten, und zwar nicht nur in praktischer Hinsicht, was die Anzahl der Fälle, in denen die Analyse angewandt wurde, usw. betraf, sondern auch im Hinblick auf die weitere theoretische Entwicklung. (ebd., S. 219)

Infolgedessen

hat die Kinderanalyse, die doch, wie man annehmen sollte, direkt zur Entwicklung der psychoanalytischen Theorie hätte beitragen können, diesbezüglich nichts Nennenswertes geleistet. Ebenso wie Hug-Hellmuth ist auch Anna Freud der Meinung, daß wir aus der Analyse von Kindern nicht nur nicht mehr, sondern sogar noch *weniger* über die frühe Phase des Lebens erfahren als aus der Erwachsenenanalyse. (ebd., S. 219)

Wenn man, wie Anna Freud und Hug-Hellmuth, von vornherein annimmt, eine unbeschränkte Analyse sei für das Kind gefährlich und dürfe gar nicht erst versucht werden, dann wird bereits die *Überprüfung* der zur Debatte stehenden Frage, nämlich ob Kinder analysiert werden können, unmöglich gemacht. Wenn man hingegen

offen und unvoreingenommen an die Kinderanalyse herangeht, wird man Mittel und Wege finden, auch die tiefsten Tiefen zu ergründen. Und mit Hilfe der auf diese Weise gewonnenen Resultate wird man dann erkennen, wie es im Kind *wirklich* aussieht, und begreifen, daß es nicht notwendig ist, der Analyse willkürlich Grenzen zu setzen – weder im Hinblick auf die Tiefe, in die sie vordringt, noch hinsichtlich der Methode, deren sie sich bedient. (ebd., S. 219)

Klein fand heraus, daß eine Deutung unbewußter Regungen und Phantasien das kindliche Ich durchaus nicht überwältigt, sondern im Gegenteil es stärkt. Denn sie gebe dem Kind die Chance, mehr über das zu wissen, womit es auch ohne Analyse zu kämpfen hat.

Kleins Ansatz für die Psychoanalyse von Kindern

Ein drittes Hindernis auf dem Weg zur Kinderanalyse war der Einwand, Kinder hätten nicht genügend Motivation, in der Analyse mitzuarbeiten. Gemeint war: Da sie sich in der Regel nicht »krank« fühlen, bemühten sie sich nicht ausreichend, der »Grundregel« der freien Assoziation zu folgen. Nach diesem Argument bräuchten Kinder einen nicht-analytischen Anreiz, um dem Analytiker »ihre Geheimnisse preiszugeben«.

Klein erkannte, daß dieser Einwand auf zwei falschen Annahmen beruht. Die eine betrifft das Wesen der freien Assoziation. Die freie Assoziation besteht nicht darin, Geheimnisse preiszugegeben, etwas mitzuteilen, das man bewußt zurückgehalten hat. Sie besteht darin, spontan zu berichten, was einem in den Sinn kommt. Die zweite falsche Annahme betrifft das Ausmaß an bewußter Mitarbeit, die das Kind aufbringen muß, damit die Analyse vorankommt. Für Erwachsene mag es vielleicht mühsam sein, frei zu assoziieren, Kinder scheinen das von Natur aus zu tun. Es bedarf daher nicht ihrer bewußten Bereitschaft. In Kleins erstem veröffentlichten Aufsatz (1921) bemerkt sie, daß Kinder *spontan* verbale Phantasien entwickeln, die wie die Träume von Erwachsenen klingen, und daß es für sie das gleiche und austauschbar zu sein scheint, ob sie spielen oder Phantasien erzählen. Weitere Erfahrungen mit Kindern bestätigten den Eindruck, daß das Spiel, daß verbale Phantasien und Träume in ihrer psychologischen Bedeutung für Kinder gleichwertig sind. Das hieß, daß Spiele und verbale Phantasien in der Kinderanalyse in genau der gleichen Weise benutzt werden konnten, wie Freud Doras Träume und freie Assoziationen bei ihrer Analyse benutzt hatte.

Kinder, die viel weniger zwischen bewußtem und unbewußtem Denken unterscheiden, als Erwachsene das tun, bedürfen keiner besonderen Motivation, um im Spiel etwas von ihrem Unbewußten mitzuteilen. Ihre natürliche Fähigkeit zu spielen und der spontane Ausdruck ihrer Phantasie ermöglicht es ihnen, ganz leicht mit ihrem Unbewußten in Kontakt zu kommen, wohingegen Erwachsene das nur mit Anstrengung über die freie Assoziation bewerkstelligen. Mit dieser Einsicht schmilzt der dritte Einwand dahin.

In wenigen Jahren entwickelte Klein einen Ansatz für die Psychoanalyse von Kindern, der demjenigen bemerkenswert ähnlich ist, den Freud für Erwachsene entwickelt hat. Sie deutete all die verschiedenen Erscheinungsformen von Widerstand (wie wir uns erinnern, hatte Freud im Widerstand das Charakteristikum der Analyse gesehen, womit er der Verdrängung auf die Spur kam), und sie gab auch eine freie Deutung der Übertragung (von der Freud gemeint hatte, sie sei die wirksamste Weise, um verdrängte Vorstellungen und Gefühle bewußt zu machen). Überdies beurteilte Klein die Richtigkeit ihrer Deutungen nicht nur danach, ob die Kinder ihnen zustimmten oder nicht, sondern auch danach, wie wirksam sie waren. Verminderte die Deutung die Angst, ermöglichte sie dem Kind, freier zu spielen und zu erzählen, vertiefte sie mit der Übertragung das Verhältnis des Kindes zur Analyse und half sie dem Kind, eine tiefere und wirklichkeitsnähere Beziehung zu den Menschen in seinem Leben einzugehen. Das sind genau die Kriterien, die Freud benutzt hat (und die heute noch benutzt werden), um die Richtigkeit von Deutungen in der Erwachsenenanalyse zu beurteilen. Daß Klein den analytischen Kontakt zu Kindern zumindest formal, wenn auch nicht im Detail, in der gleichen Weise aufnimmt, wie Freud das bei Erwachsenen getan hat, liefert uns den schlagenden Beweis, daß die Analyse buchstäblich und nicht nur metaphorisch ein Weg ist, um mit dem Kind im Erwachsenen in Verbindung zu treten.

In einem Aufsatz mit dem Titel »Die psychologischen Prinzipien der frühen Analyse« (1926) hebt Klein diese Ähnlichkeiten zwischen ihrem Ansatz und dem bereits etablierten Ansatz der Erwachsenenanalyse hervor:

> Es handelt sich dabei nur um einen Unterschied der *Technik*, nicht des *Behandlungsprinzips*. Denn die von Freud aufgestellten Kriterien des psychoanalytischen Verfahrens: das Ausgehen von den Tatsachen der Übertragung und des Widerstandes, die Berücksichtigung der infantilen Triebe, der Verdrängung und ihrer Wirkungen, der Amnesie, des Wiederholungszwanges [...] – alle diese Kriterien sind in der Spieltechnik im vollen Maße aufrecht erhalten. Das Spielverfahren führt unter Wahrung aller Prinzipien der Psychoanalyse zu den gleichen Wirkungen wie die klassische Technik. Nur in den technischen Maßregeln paßt es sich der kindlichen Seele an. (Klein 1926, S. 208 f.)

In dieser Debatte über die Durchführbarkeit der Analyse bei Kindern steht auf der einen Seite Klein, die erklärt, was sie getan und wie sie es getan hat, und auf der anderen Seite Anna Freud, die behauptet, es könne nicht getan werden. Charcot hätte an diesem Zusammenprall von theoretischer Prognose und tatsächlicher Evidenz seine Freude gehabt. Indem Klein es wagte, die Möglichkeit einer unbeschränkten Kinderanalyse praktisch auszuprobieren, handelte sie in Übereinstimmung mit einem Entschluß, zu dem Freud bei seiner Untersuchung von Hans gelangt war: Wir sollten uns »durch die Vorurteile unserer Unwissenheit nicht für gebunden« halten.

Als Anna Freud mit der Psychoanalyse von Kindern mehr Erfahrungen sammelte (und sich nicht mehr so sehr auf eine Mischung von Analyse und Suggestion stützte wie zu Anfang), und als ihre praktische Arbeit stärker auf analytischen Prinzipien ruhte, näherten sich ihre Schlüsse über deren Durchführbarkeit und Eignung schließlich denen von Klein an.

Kleins Technik der Kinderanalyse

Das von Klein entwickelte technische Verfahren für die Psychoanalyse von Kindern ergab sich aus folgender Einsicht: Da die Psychoanalyse eine Verbindung zum Unbewußten des Patienten herstellen muß und da sich das Unbewußte eines Kindes von dem eines Erwachsenen nicht grundsätzlich unterscheidet, können und sollten Kinder nach denselben Prinzipen analysiert werden, nach denen auch die Analyse der Erwachsenen verfährt. Klein richtete einen Raum mit einem niedrigen Tisch ein, auf den sie ein paar kleine einfache Spielsachen stellte:

> kleine hölzerne Frauen und Männer, gewöhnlich in zwei verschiedenen Größen; Autos, Schubkarren, Schaukeln, Eisenbahnzüge, Tiere, Bäume, Bausteine, Papier und Schere, ein kleines Messer, Bleistifte, Buntstifte oder Farben, Leim, Kugeln oder Bälle, Plastilin und Bindfaden. [Das Spielzimmer] hat einen wischfesten Boden, fließendes Wasser, einen Tisch, ein paar Stühle, ein kleines Sofa, ein paar Kissen und eine Kommode mit Schubladen. [...] Ich bevorzugte *kleine* Spielsachen, weil ihre Zahl und Mannigfaltigkeit es dem Kinde ermöglichen, zahlreiche Phantasien und Erfahrungen auszudrücken. [... Die Einfachheit der Figuren ließ dem Kind die Freiheit] sie in verschiedenen Situationen, dem Inhalte des Spieles entsprechend, zu benutzen. [...] Das Spielzimmer [...] enthält nichts, was nicht zur Analyse benötigt wird. (Klein 1955a, S. 15)

Die kleinen, kaum suggestiven Spielsachen lassen sich mit den verschiedensten Phantasien und Wünschen besetzen. Das Spiel soll ebenso wie die freie Assoziation vor allem von jeglichem Einfluß und jeglicher Suggestion des Analytikers frei sein, und die ganze Situation, von der Einrichtung des Raumes bis hin zu den einzelnen Spielsachen, ist so angelegt, daß sie die kindliche Entsprechung zur freien Assoziation erleichtert: das freie Spiel, das nur durch realistische Sicherheitsüberlegungen eingeschränkt ist.

Wichtiger noch als die räumliche Gestaltung war jedoch die vom Analytiker geschaffene psychologische Gestaltung.

> Die hier beschriebenen Spiele, die mir das erläuterte Material liefern, unterscheiden sich erheblich von jenen Spielen, bei denen man Kinder gewöhnlich beobachten kann. Dies läßt sich folgendermaßen erklären: Der Analytiker sammelt sein Material auf eine sehr spezifische Art und Weise. Die Haltung, mit der er den Assoziationen und Spielen des Kindes begegnet, ist absolut frei von ethischer und moralischer Kritik. Dies ist eine der Methoden, mit deren Hilfe eine Übertragung hergestellt und die analytische Arbeit aufgenommen werden kann. Sie ermöglicht es dem Kind, vor dem Analytiker Dinge zu enthüllen, die es seiner Mutter oder Kinderfrau nie offenbaren würde, und zwar aus gutem Grund: Sie wären höchst schockiert angesichts der Aggressionen und asozialen Strebungen, deren Verhinderung ja ihr oberstes Erziehungsziel darstellt. Darüber hinaus hebt ebendiese analytische Arbeit Verdrängungen auf und fördert so die Manifestationen des Unbewußten zutage [daß diese vorherrschen, unterscheidet gerade das in der Analyse beobachtete Spiel vom Spiel in anderen Zusammenhängen]. (Klein 1927b, S. 268)

Übertragung bei Kindern

Der vierte und letzte Einwand gegen die Psychoanalyse von Kindern, dem Klein zu begegnen hatte, war die Vorstellung, Kinder seien unfähig, eine Übertragung zum Analytiker aufzubauen, weil sie noch stark an ihre Eltern gebunden sind. Auch dieser Einwand beruhte auf einem Mißverständnis, in diesem Fall einem Mißverständnis über das Wesen der Übertragung.

Klein erkannte das, kurz nachdem sie angefangen hatte, mit Kindern psychoanalytisch zu arbeiten. Sie merkte, daß die Kinder ihr im Spiel häufig eine Rolle zuwiesen und daß diese Rolle, je nach der Stimmung und allgemeinen Verfassung des Kindes, wechselte. Als sie diese Rollen mit der jeweiligen Seelenlage des Kindes zur gleichen Zeit verglich, kam sie zu dem Schluß, daß sich in ihnen Teile der Innenwelt des Kindes und vor allem seines Über-Ichs ausdrückten. Das Spiel bot dem Kind die Möglichkeit, einen bestimmten Aspekt seiner seelischen Verfassung in die Außenwelt zu verlegen. Der technische Ausdruck hierfür ist *Projektion*.

Klein sah, daß diese Projektionen den Zweck haben, den durch einen Konflikt in der Innenwelt des Kindes verursachten Druck zu mindern. Mit Hilfe von Projektionen wird der innere Konflikt nach außen getragen; dadurch schwächt er sich ab und ist weniger heftig und schmerzhaft. Das Kind wird etwas von seinen Konflikten entlastet, und das kommt auch der Analyse zugute: Indem der Analytiker die Rollen, die ihm im Spiel zugewiesen werden, durchlebt, erfährt er aus erster Hand, wie es in der Innenwelt des Kindes aussieht. Es ist kein Zufall, daß sich der Einsatz des Analytikers im Spiel und in den Phantasien des Kindes und seine Einbeziehung in die unbewußten Phantasien des Erwachsenen bei der Übertragung ähneln. Daß der Patient einen Teil seines unbewußten Denkens auf den Analytiker projiziert, wie Klein das an Kindern beobachten konnte, ist unbewußt die Grundlage für die Übertragung. Die Tatsache, daß es bei Kindern Übertragung gibt, ist eine der ersten Entdeckungen der Kinderanalyse.

Die »Personifizierungen in den Spielen der Kinder«, wie Klein die kindliche Form der Übertragung nennt, folgen denselben Regeln wie die Übertragungen im Unbewußten der Erwachsenen. Mit ihrer Gleichsetzung der Übertragung bei Kindern, dem Dreh- und Angelpunkt der Analyse, stellte Klein die Kinderanalyse auf eine Ebene mit der Analyse Erwachsener und räumte den Einwand aus, Kinder könnten nicht analysiert werden, weil sie nicht in der Lage seien, eine Übertragung aufzubauen. Das Mißverständnis, auf dem dieser Einwand beruhte, war die Vorstellung, bei der Übertragung

handle es sich um ein »Wiederaufleben« einer definitiv vergangenen Beziehung, das irgendwie als fortlaufende Wirklichkeit erlebt
werde; Kinder aber hätten keine solchen vergangenen Beziehungen,
die sie wiederaufleben lassen könnten, stünden sie doch noch in
der Primärbeziehung zu ihren Eltern.

Klein erkannte, daß die Übertragung nicht ein Wiederaufleben-
lassen einer überholten Beziehung ist, sondern eine Projektion eines
Teils der *derzeitigen* unbewußten Innenwelt. Nicht eine tote Beziehung zu den Eltern wird in der Analyse künstlich erneuert, sondern
eine lebendige, unbewußte Beziehung externalisiert sich (über Projektion). Die Übertragungsbeziehung des Patienten zum Analytiker
ist insofern eine aktuelle Version einer früheren Beziehung zu den
Eltern, weil diejenigen Kräfte, die ehedem den Beitrag des Patienten
zur früheren Beziehung ausgemacht haben, im Unbewußten des
Patienten immer noch lebendig sind. Dort vermengen sie sich mit
all seinen laufenden Beziehungen, wobei die Übertragung nur eine
unter anderen ist, wenn auch eine besonders gut untersuchte. Die
Analyse gibt diesen Kräften eine Bühne, auf der sie spielen können.
Und wie sie die analytische Situation prägen, das verleiht der Übertragungsbeziehung den Charakter eines einzigartigen psychologischen Fingerabdrucks.

Die vergangene Beziehung des Patienten zu seinen Eltern und
die gegenwärtige Übertragungsbeziehung zum Analytiker sind also
nicht Ursache und Wirkung, sondern Beispiele ein und derselben
Sache, die zu verschiedenen Zeiten vorkommen. Was konstant
bleibt, ist nur die Art und Weise, wie sich der Patient unbewußt auf
Objekte bezieht, die aus der Vergangenheit stammmen und bis
heute fortbestehen. Das gilt auch für Kinder, deren Übertragung
eine Fortsetzung der Art und Weise ist, wie sie als Säuglinge auf ihre Eltern bezogen waren.

Kinder sind nicht nur imstande, zum Analytiker eine Übertragung herzustellen, sie sind dazu auch äußerst geneigt, dank ihrer
Fähigkeit, Teile ihrer Innenwelt in die Außenwelt zu projizieren
(eine wichtige Voraussetzung für sinnvolles Spielen). Die Entwicklung der Übertragung ist eine lebendige Biopsie der Beziehung, die

Kinder zu ihren Eltern herausgebildet haben. Dadurch, daß der Analytiker sie bei Erwachsenen und Kindern beobachten kann, ist er nicht darauf angewiesen, sich ausschließlich auf Berichte aus der Vergangenheit des Patienten zu stützen; er kann mit eigenen Augen mit ansehen, wie sich die Geschichte wiederholt.

Klein stellte auch fest, daß das Kind dem Analytiker im Spiel immer eine positive Rolle zuwies, vorausgesetzt, die Übertragung war positiv. War jedoch die Rolle – die vorherrschende Übertragung – feindselig oder negativ, dann widerstrebte es dem Kind, sie offen zuzuweisen – das also zuzugeben. Es stellt an die Intuition und die emotionalen Ressourcen des Analytikers viel höhere Anforderungen, wenn er die Übertragung bestimmen soll. Um die Analyse vollständig zu machen, muß aber sowohl die positive wie die negative Übertragung geklärt werden. Klein empfiehlt daher, auch bei Kindern die Übertragungen gleichwertig zu behandeln, so wie Freud das zu Zeiten von »Dora« für Erwachsene forderte:

> Was aber für das Rollenspiel in seiner ausgesprochenen Form gilt, hat sich mir auch für die verkleideteren und undeutlicheren Formen des der Übertragung zugrundeliegenden Rollenspieles als unerläßliche Forderung erwiesen. Der Analytiker, der [...] die Strenge des Über-Ichs an der Wurzel abbauen will, darf keine Rolle bevorzugen; er muß die ihm aus der analytischen Situation erwachsende übernehmen. (Klein 1929a, S. 327)

Das Bindeglied zwischen Kleins Zugang zum Unbewußten des Kindes und Freuds Zugang zum Unbewußten des Erwachsenen liegt in der gemeinsamen Haltung zum psychischen Leben des Patienten. Klein schloß ihren Beitrag zum Symposium von 1927 mit der Betonung der analytischen Haltung, die dieser Einheit zugrunde liegt:

> Ich möchte noch einen Schritt weitergehen und behaupten, daß wir unsere Aufgabe – gleichgültig, ob wir mit Kindern

oder mit Erwachsenen arbeiten – meiner Erfahrung nach nicht darauf beschränken können, die analytische Situation mit Hilfe sämtlicher analytischer Methoden und unter Verzicht auf jede *direkte* erzieherische[2] Beeinflussung herzustellen – wenn der Kinderanalytiker seine Arbeit zu einem erfolgreichen Abschluß bringen will, muß er zudem über dieselbe ubw. Haltung verfügen, die uns auch in der Erwachsenenanalyse unverzichtbar ist, d. h. er muß bereit sein, wirklich *nur zu analysieren*, und auf jeden Wunsch, prägend und lenkend in das psychische Leben seiner Patienten einzugreifen, verzichten. Wenn er die Entwicklung gelassen und ohne Angst abzuwarten vermag, wird sich auch das richtige Ergebnis einstellen. (Klein 1927a, S. 253 f.)

---

2 Unter »erzieherisch« (educative) versteht Klein hier nicht, was heute Amerikaner darunter verstehen würden, sondern eher etwas, das unserer Vorstellung von Verhaltensänderung entspräche: Man wirkt auf die Gefühlslage des Kindes, indem man es durch Belohnung oder Strafe beeinflußt.

13. Kapitel

Wie Kinder Erfahrungen machen

Melanie Kleins früheste psychologische Interessen kreisten um die Frage nach der intellektuellen Entwicklung des Kindes – wie das Kind dahin kommt, eigenständig zu denken, wie es eine kritische Urteilsfähigkeit entwickelt und aus seinen Erfahrungen lernt. Das brachte sie zu der Frage, was einer solchen Entwicklung hinderlich sein kann. Wie schon Freud bei seinen ersten Versuchen, das Problem der Neurose zu lösen, glaubte auch Klein, daß mentale Entwicklungsstörungen milieubedingte Ursachen haben mußten, daß also das intellektuelle Potential des Kindes sich vollständig entfalten würde, wenn man es in einer Umgebung aufwachsen ließe, die seine Neugierde auf jede mögliche Weise anregte. Entsprechend war ihr erster therapeutischer Kontakt zu einem Kind ein Experiment mit dem Ziel, die Umgebung dieses Kindes für seine emotionale und intellektuelle Entwicklung förderlicher zu machen, indem sie alle Einflüsse, die seine gesunde Neugier unterdrücken könnten, ausschloß.

Unterdrückung von außen

Klein berichtete über die Ergebnisse ihres Experiments zunächst in einem Vortrag, »Der Familienroman in statu nascendi«, den sie 1919 vor der Ungarischen Psychoanalytischen Gesellschaft hielt;[1] 1921 arbeitete sie diesen Beitrag dann in ihren Aufsatz »Eine Kinderentwicklung« mit ein. Hier betont sie die schädigenden Auswirkungen eines repressiven Umfeldes auf die kindliche Entwicklung:

---

1 M. Klein (1920), »Der Familienroman in statu nascendi«, in: Internationale Zeitschrift für Psychoanalyse, 6, S. 151–155.

Man hebt bei besonders voraussetzungslosen, im Gegensatz zu Herkommen und Autorität zustande gekommenen Forschungsergebnissen den »Mut« des Denkers hervor. Es würde keinen so großen erfordern, wenn es nicht eben in der Kindheit einer ausserordentlichen Tapferkeit bedurft hätte, die heiklen, von den höchsten Autoritäten teils verleugneten, teils verbotenen Themen im Gegensatz zu ihnen zu durchdenken. [...] Wie viel von dem geistigen Besitz des einzelnen ist nur scheinbar sein Besitz, wie vieles ist dogmatisch, theoretisch, in Anlehnung an Autoritäten gewonnen, nicht auf dem Wege freien, unbehinderten Zuendedenkens sein Eigen geworden! (Klein 1921, S. 44 f.)

Diese frühe Wachsamkeit für den Tribut, der den Kindern durch Druck von außen abverlangt wird, erlahmte bei Klein während ihrer gesamten langen Karriere nie. Doch die nachfolgenden Erfahrungen zeigten ihr, daß, selbst wenn man äußere Hindernisse so weit wie möglich beseitigte, die intellektuelle Entwicklung des Kindes in mancher Hinsicht recht gehemmt bleiben konnte. Zudem war es möglich, daß das eine Kind durch eine bestimmte Unterdrückung von außen erheblich beeinträchtigt war, während ein anderes davon relativ wenig abbekam. Diese Beobachtungen brachten sie zur Überzeugung, daß es irgendeinen zusätzlichen Faktor geben mußte, der zu berücksichtigen war, einen *inneren* Faktor, der entweder von selbst oder in Verbindung mit äußeren Ereignissen bewirkte, daß die Neugier des Kindes unterdrückt wurde. Der Titel ihres zweiten Beitrag zwei Jahre nach dem ersten hieß »Der Widerstand der Kinder gegen die Aufklärung«.[2]

In diesem Aufsatz beschreibt Klein wirklichkeitsnah und detailliert, was sie bei den Äußerungen und im Verhalten des Kindes beobachtet und dann zu ihrer Vermutung veranlaßt hat, daß in ihrer Entwicklung gehemmte Kinder unbewußt das Lernen durch sexuelle oder aggressive Handlungen ersetzen. Wenn die Impulse, die

---

2 Als Vortrag hielt sie ihn in der Berliner Psychoanalytischen Vereinigung im Februar 1921. Auch er ging in »Eine Kinderentwicklung« (1921) mit ein.

mit diesen Handlungen einhergehen, verdrängt werden, zum Beispiel wegen eines ödipalen Konflikts, dann unterdrückt das Kind auch die mit dem Lernen verkoppelten Impulse. Das bedeutet, daß auch die aufgeklärteste Erziehung nicht ausreichend sicherstellen kann, daß das Kind in jedem Fall sein volles Entwicklungspotential entfaltet, denn ödipale Konflikte können ja auch bei aufgeklärtesten Umgebungsbedingungen auftreten. Kinder, die nicht in der Lage sind, ihre ödipalen Konflikte abzuarbeiten, leiden in der Folge an inneren Entwicklungshemmungen. Ihnen hilft daher nur ein unmittelbar auf das Innere gerichteter Behandlungsansatz. Die Psychoanalyse bietet einen solchen Ansatz, und was Klein an praktischen Verfahrensweisen zur Kinderanalyse entwickelt hat, ist unter anderem von ihrem Wunsch geleitet, einen Weg zu finden, um die inneren Hemmnisse zu beseitigen.

Es ist erschütternd, wie sie von ihrem ersten Versuch in dieser Richtung erzählt:

Mein erster Patient war ein fünfjähriger Knabe. [...] Anfangs glaubte ich, daß es genügen würde, die Haltung der Mutter zu beeinflussen. Ich regte an, daß sie das Kind dazu bringen sollte, die vielen unausgesprochenen Fragen, die es offenbar beschäftigten und seine intellektuelle Entwicklung hinderten, mit ihr zu besprechen. Das hatte eine gute Wirkung, aber seine neurotischen Schwierigkeiten wurden nicht genügend gemildert, so daß ich mich bald entschloß, den Knaben zu analysieren. [Hierbei ... deutete ich], was mir in dem von dem Kinde gebotenen Material am dringendsten erschien; dabei erlebte ich, wie sich mein Interesse auf die Ängste des Patienten und auf die gegen sie gerichteten Abwehrmechanismen konzentrierte. Dieser neue Zugang zur Analyse stellte mich bald neuen Problemen gegenüber. Die Ängste, auf die ich bei der Analyse dieses ersten Falles stieß, waren sehr akut; obgleich ich meine Überzeugung, daß ich mich auf dem rechten Wege befand, durch wiederholte Beobachtungen der Angstverminderung als Folge meiner Deutungen bestätigt sah, war ich manchmal von der Intensität der Ängste, die die Analyse aufdeckte, beunruhigt. Bei einer solchen Gelegenheit bat ich Karl Abraham um Rat. Er sagte, er sehe keinen Grund für eine Änderung der Methode, da meine Deutungen bisher oft Erleichterung gebracht hätten und die Analyse offenbar Fortschritte mache. Ich war von dieser Unterstützung ermutigt, und wirklich verminderte sich die Angst, die sich so zugespitzt hatte, in den folgenden Tagen weitgehend, und eine weitere Besserung trat ein. Die Erkenntnis, die ich durch diese Analyse gewann, hat den Verlauf meines ganzen Wirkens beeinflußt. (Klein 1955a, S. 11 f.)

Ihr Vertrauen wurde noch verstärkt durch die Erfahrungen, die sie bei einem anderen frühen Fall machte, einem ziemlich gestörten kleinen Mädchen von nur zwei Jahren und neun Monaten, das sie Rita nannte. Rita, die an

Pavor nocturnus und Angst vor Tieren litt, war sehr ambivalent ihrer Mutter gegenüber und hing an ihr in einem Grade, daß man sie kaum jemals alleinlassen konnte. Sie hatte eine ausgesprochene Zwangsneurose und war zeitweise sehr deprimiert. Ihr Spiel war gehemmt, und ihre Unfähigkeit, Entbehrungen zu tragen, machte ihre Erziehung außerordentlich schwierig. (Klein 1955a, S. 13)

Zunächst war Klein sehr unsicher, wie sie

diesen Fall anfassen sollte, da die Analyse eines so kleinen Kindes etwas vollkommen Neues war. Die erste Behandlungsstunde schien meine Zweifel zu bestätigen. Sobald Rita und ich allein in der Kinderstube waren, zeigte sie Anzeichen, die ich als negative Übertragung auffaßte: sie war ängstlich und schweigsam und verlangte sehr bald in den Garten zu gehen. Ich gab nach und ging mit ihr – ich muß hinzufügen, daß das von der Mutter und Tante beobachtet und als Mißerfolg betrachtet wurde. Sie waren deshalb sehr überrascht, als sie sahen, daß Rita ganz freundlich etwa 15 Minuten später mit mir in die Kinderstube zurückkehrte. Diese Änderung erklärte sich daraus, daß ich ihr die negative Übertragung deutete, während wir draußen waren [...]. Aus dem, was sie sagte, und aus der Tatsache, daß sie im Garten weniger ängstlich war, schloß ich, daß sie etwas Spezielles fürchtete, was ich ihr, wenn wir allein im Zimmer waren, antun würde. Ich deutete ihr das und verband es mit ihrem Pavor nocturnus, indem ich sagte, daß sie mich als eine feindselige Fremde empfinde, oder daß ich ihr wohl auch als die böse Frau erscheine, die sie in der Nacht, wenn sie allein sei, bedrohe. Als ich einige Minuten später vorschlug, ins Kinderzimmer zurückzukehren, war sie ohne weiteres dazu bereit. [...] Dieser Fall bestärkte meine wachsende Überzeugung, daß es eine Voraussetzung für die Analyse eines Kindes ist, Phantasien, Gefühle, Ängste und Erlebnisse, die im Spiele ausgedrückt werden oder die im Falle einer Spielhemmung Ursache der Hemmung sind, zu verstehen und zu deuten. (Klein 1955a, S. 13)

Obwohl die Deutung der unbewußten Ängste dem Kind wirkliche Ereichterung bringen, neigen Kleins junge Patienten dazu, darauf mit neuen Ängsten und Phantasien zu reagieren, die zum Teil sehr beunruhigend sind. Klein fragte sich, ob diese neuen Ängste durch ihre Deutungen verursacht wurden, erkannte aber bald durch deren Inhalt, daß sie latent schon vorher dagewesen sein mußten und tatsächlich die ganze Zeit bereits den Symptomen und Hemmungen ihrer Patienten zugrunde gelegen hatten. Ihre Deutungen, die relativ dicht an der Oberfläche liegende Ängste betrafen, linderten diese Ängste und ließen gleichzeitig (vielleicht sogar als Ergebnis der Linderung) tieferliegende Ängste hochkommen, die das Kind nun bewußter erleben konnte und die es auf diese Weise nicht als Symptome, sondern als Phantasien auszudrücken in der Lage war. Ihre Deutungen führten sie immer »tiefer in das Unbewußte und in das Phantasieleben des Kindes. [... Das] eröffnete mir das Verständnis für frühe kindliche Phantasien, Ängste und Abwehrmechanismen, die damals noch weitgehend unerforscht waren«. (Ebd., S. 22)

Die Innenwelt des Kindes

Klein entdeckte, daß Kinder im Laufe ihrer Analyse lebhafte Phantasien ausdrücken, die unbewußte Impulse und Gestalten als erschreckend oder umgekehrt als erfreulich wiedergeben, wie man sie sonst in der unbereinigten Fassung von Grimms Märchen findet.[3] Diese unbewußten Phantasien, die extrem und wechselhaft waren, entsprachen den ebenso extremen und rasch wechselnden Gefühlen, die jedem Säugling und Kleinkind eigen sind.

> Der junge Säugling, der noch nicht zu einem intellektuellen Begreifen in der Lage ist, empfindet jedes Unbehagen, als sei es ihm von feindlichen Mächten zugefügt worden. Wenn er rasch getröstet wird – wenn ihm vor allem Wärme gespendet, wenn er liebevoll gehalten wird und die Befriedigung erfährt, gefüttert zu werden –, dann läßt das in ihm glücklichere Gefühle aufkommen. Ein solcher Trost scheint ihm von guten Mächten gespendet und ermöglicht dem Säugling, wie ich glaube, erstmals eine Liebesbeziehung zu einem anderen Menschen aufzunehmen [...]. (Klein 1959, S. 248)

Wie machen Kinder solche Erfahrungen, wie kommen sie darauf, die Ereignisse würden durch gute oder böse Mächte hervorgerufen? Die erste Andeutung einer Antwort stammt aus Kleins Beobachtung, wie heftig ihre jungen Patienten auf Enttäuschungen reagieren, die sie von seiten ihrer Eltern erleben. Zu diesen Reaktionen zählen lebhafte Phantasien, wie sie die Augen, die Genitalien und das Innere ihrer Eltern verstümmeln, indem sie sie beißen, zerrei-

---

3 Das wirft übrigens ein Licht auf die Faszination, die diese Märchen, auch wenn sie grausig sind, auf Kinder ausüben. Sie fesseln, weil sie ihrem eigenen unbewußten Denken entsprechen.

ßen, verbrennen und vergiften, wie sie die Eltern im Bett einander in Stücke reißen lassen und wie sie sie im Haus einschließen und Feuer legen, so daß sie »explodieren«.

Klein scheint selbst fassungslos über die ungewöhnliche Brutalität dieser Reaktionen und darüber, in welch frühem Alter sie nach ihren analytischen Rekonstruktionen offenbar vorkommen:

> Das Bild des kleinen, etwa sechs bis neun Monate alten Kindes, das mit allen Mitteln des Sadismus, mit Zähnen, Nägeln, Exkrementen und seinem ganzen, in der Phantasie zu gefährlichen Waffen verwandelten Körper, die Zerstörung der Mutter anstrebt, scheint nicht nur abschreckend, sondern auch unglaublich. Es ist – wie ich aus Erfahrung weiß – schwer, sich zu der Erkenntnis zu entschließen, daß dieses abschreckende Bild der Wahrheit entspricht. Die Fülle und reichhaltige Grausamkeit der mit diesen Begierden einhergehenden Phantasie, wie wir sie in Frühanalysen mit voller Deutlichkeit und Eindringlichkeit dargestellt sehen, ist überwältigend. (Klein 1932, S. 171 f.)

Nach dem anfänglichen Schock über das, was sie bei ihren jungen Patienten entdeckte, wurde ihr klar, daß wir

> diese Triebregungen nicht nach ethischen Maßstäben messen [können]; wir müssen sie als selbstverständlich hinnehmen, ohne sie in irgendeiner Weise zu kritisieren, und dem Kind helfen, mit ihnen fertigzuwerden; so können wir sein Leiden mildern, seine Fähigkeiten und sein seelisches Gleichgewicht fördern und damit zugleich auch gesellschaftlich wertvolle Arbeit leisten. (Klein 1927b, S. 270)

Einen zweiten Schlüssel zur Bildung dieser kleinkindlichen Erfahrungen lieferte ihr die ebenso ungewöhnliche Fähigkeit des kleinen Kindes zur Hingabe:

> Ich muß sagen, daß ich die Art und Weise, wie selbst das ganz kleine Kind seine asozialen Regungen bekämpft, als sehr an-

rührend und tief beeindruckend erlebe. Wir werden Zeuge ungemein sadistischer Regungen, und im nächsten Augenblick schon beobachten wir Verhaltensweisen, in denen die größte Liebesfähigkeit und der Wunsch, alle möglichen Opfer zu bringen, um geliebt zu werden, zum Ausdruck kommen. (Klein 1927b, S. 269 f.)

Klein ist überzeugt, daß jedes Kind im frühesten Stadium seines Lebens eine solche positive Beziehung zu seiner Mutter aufbaut und daß diese Beziehung für sein physisches und psychisches Überleben unabdingbar ist:

Meine Hypothese ist, daß der Säugling unbewußt eine angeborene Kenntnis von der Existenz seiner Mutter besitzt. Wir wissen, daß neugeborene Tiere sich sofort ihrer Mutter zuwenden, um bei ihr Nahrung zu finden. Das Menschenkind ist in dieser Hinsicht nicht anders und diese instinktive Kenntnis ist die Grundlage für seine Primärbeziehung zur Mutter. Wir können auch beobachten, daß der Säugling im Alter von nur wenigen Wochen bereits zum Gesicht der Mutter aufblickt, ihren Schritt und die Berührung ihrer Hand kennt, weiß, wie ihre Brust oder auch die Flasche riecht und sich anfühlt, die sie ihm reicht. Das alles deutet darauf hin, daß zur Mutter irgendeine, wenn auch noch so primitive Beziehung hergestellt worden ist. (Klein 1959, S. 248)

Reste dieser liebenden und lebenserhaltenden Beziehung zur Mutter sind im Unbewußten eines jeden Kindes vorhanden, selbst bei denen, die nach außen kein Anzeichen davon erkennen lassen. Das war bei ihrer Analyse von Peter, einem 12jährigen straffälligen Jungen, der Fall, der keinerlei Liebesfähigkeit zu besitzen schien (1927b). Sein Vater war während des Krieges gestorben, und kurz darauf erkrankte seine Mutter unheilbar an Krebs. Der Junge blieb in der Obhut seiner älteren Schwester, die ihn mißhandelte und »ihn sowie seinen kleinen Bruder bereits in sehr frühem Alter zu sexuellen Handlungen« mißbrauchte. Schließlich starb die Mutter, und Peter wurde bei wechselnden Pflegemüttern untergebracht, unter deren Fürsorge er immer schwieriger wurde. In dieser Zeit wurde er straffällig: »Er hatte Schulschränke aufgebrochen und neigte überhaupt zum Stehlen; die Mehrzahl seiner Vergehen aber bestand in der Zerstörung von Gegenständen und in sexuellen Angriffen auf kleine Mädchen. Er hatte keine besonderen Interessen und schien Bestrafungen wie auch Belohnungen gleichgültig hinzunehmen.« (Klein 1927b, S. 276f.)

Überraschenderweise gelang es Klein, zu diesem Jungen eine erfolgreiche analytische Beziehung aufzubauen, was sie mit der Feststellung erklärt:

Kinder benötigen zur Analyse keine besondere Motivation; es ist eine Frage der Technik, die Übertragung mittels geeigneter Methoden herzustellen und die Analyse in Gang zu halten. *Ich glaube nicht, daß es überhaupt Kinder gibt, die keine Übertragung entwickeln oder keine Liebesfähigkeit freisetzen können.* Was meinen kleinen Kriminellen betrifft, so schien ihm jede Fähigkeit, Liebe zu empfinden, zu fehlen, die Analyse aber zeigte, daß dies ganz und gar nicht der Fall war. Er hatte eine so gute Übertragung auf mich entwickelt, daß wir analytisch arbeiten konnten, obwohl ihm eine Motivation im eigentlichen Sinn fehlte, denn er stand nicht einmal der Unterbringung in der Besserungsanstalt sonderlich abgeneigt gegenüber. Außerdem stellte sich in der Analyse heraus, daß dieser dumpfe Junge eine tiefe und aufrichtige Liebe zu seiner Mutter empfand. Die Mutter starb unter furchtbaren Umständen an Krebs, der in der letzten Phase ihrer Krankheit zu einem völligen körperlichen Verfall führte. Die Tochter scheute ihre Nähe, und *er* war derjenige, der sich um sie kümmerte. Als sie auf dem Totenbett lag, wollte die ganze Familie die Wohnung verlassen. Er war längere Zeit nicht aufzufinden: Er hatte sich mit seiner toten Mutter im Zimmer eingeschlossen. (Klein 1927b, S. 281)

Die extreme Polarität von grenzenloser Liebe und sadistischem Haß, die Klein in den unbewußten Phantasien und im Gefühlsleben ihrer kleinen Patienten fand, und der gigantische Konflikt zwischen beidem schon bei den jüngsten sind von großer Tragweite für unser Verständnis, wie Kinder – und in ihrem Unbewußten auch Erwachsene – Erfahrungen machen. Klein erläutert das:

> Auch wenn Psychologie und Pädagogik die Kindheit seit jeher als glückliche und von Konflikten völlig unbelastete Zeit betrachten und das Leid erwachsener Menschen auf die Unbilden und Härten der Realität zurückführen, müssen wir konstatieren, daß *genau das Gegenteil der Fall ist*. Was wir durch die Psychoanalyse über das Kind und den Erwachsenen erfahren, beweist, daß all die Leiden des späteren Lebens vor allem Wiederholungen dieser frühen Leiderfahrungen darstellen und jedes Kind in den ersten Jahren seines Lebens unermeßlichem Kummer ausgesetzt ist. (Klein 1927b, S. 265 f.)

Klein schließt aus ihren Analysen, daß das Leben von Kleinkindern wortwörtlich von ihrer psychischen Realität beherrscht wird: Ihre Liebes- und Haßphantasien und Impulse und deren Derivate bilden alle eine komplexe innere Matrix, aus der sich ihr übriges mentales und emotionales Leben entwickelt. Das Bild, das Kinder sich von der Außenwelt machen, ist von der Beherrschung durch ihre Phantasien und Impulse nicht ausgenommen, und ebendies erklärt, warum ihre Erfahrungen so phantastisch sind.

Stand am Anfang dieser Erforschung die Annahme, daß die Entwicklung oder Fehlentwicklung des Kindes von seinen Umgebungsbedingungen abhänge, zeigen ihre Ergebnisse, daß die frühkindliche Entwicklung ganz stark vom Einfluß der eigenen Phantasien und der psychischen Realität des Kindes abhängt, dies um so mehr, je frühere Stadien man erforscht. Das wirft die Frage auf, wieso unbewußte Phantasien auf einer derart frühen Entwicklungsstufe eine so prominente Rolle spielen können. Die eher informelle theoretische Bestimmung der unbewußten Phantasie, mit der

Freud sich noch zufrieden gegeben hatte, war durch die neuen Daten aus den Kinderanalysen bereits brüchig geworden. Jetzt bedurfte es einer genaueren Bestimmung auf der Grundlage dieser neuen Informationen.

14. Kapitel

Trieb, Phantasie und frühe seelische Vorgänge

Phantasie und Trieb

Freud glaubte, daß wir ein triebhaftes Bedürfnis, einen Triebimpuls am einfachsten, ursprünglichsten und direktesten mit einer unbewußten Phantasie beantworten, die uns vorgaukelt, dieses Bedürfnis sei auf wunderbare Weise befriedigt. Solche Phantasien entstehen bereits im Säuglingsalter und werden im Unbewußten ein ganzes Leben lang produziert; sie bilden unseren latenten Trauminhalt. Freud nannte den Prozeß, der diese Phantasien hervorruft »Primärvorgang«, eine Bezeichnung, die anzeigt, daß diese Denkprozesse zu den frühesten überhaupt gehören. Seiner Ansicht nach besteht das Seelenleben des Säuglings fast ausschließlich aus solchen Vorgängen. Der Primärvorgang, mit dem der Säugling von Geburt an beispielsweise auf Hunger reagiert, ist eine »halluzinatorische Befriedigung«; die Phantasie, satt zu sein, ist so stark und lebendig, daß sie als absolut real erlebt wird wie die Ereignisse bei einer Halluzination oder im Traum.

Obwohl Freud aufgrund seiner klinischen Erfahrung gezwungen war, sein physiologisches Modell in der Schwebe zu halten, wenn es um Erwachsene oder ältere Kinder ging, wandte er es doch auf ein Gebiet an, das von seiner klinischen Erfahrung am weitesten entfernt lag: das Seelenleben des Säuglings. So betrachtete er den »Primärvorgang« aus der Sicht des Physiologen. Für ihn war dies ein primitiver, vorbewußter physiologischer Mechanismus, der die Entladung der Triebspannungen im Nervenapparat erleichterte.

Freud versuchte nie, die Grenzlinie zwischen der Neurophysiologie des jungen Säuglings und der Psychologie des Kindes genau zu markieren, weil das für ihn klinisch keine drängende Frage war. Da ihn nur die Analyse von Erwachsenen interessierte, konnte er das

Problem der frühen Stadien des Seelenlebens ungelöst lassen. Deshalb stand es ihm frei, weiterhin an seine Physiologie zu glauben, vorausgesetzt, er beschränkte sich damit auf die Terra incognita des Säuglingsalters; ungefähr so, wie Verfasser von Tierbüchern Fabeltiere mit Vorliebe in entfernten Gegenden der Welt ansiedeln. Weil aber die Kinderanalyse diese frühen Stadien des Seelenlebens sehr nah berührte, sah Klein sich gezwungen, sich der Frage nach dem tatsächlichen Erleben des Säuglings unmittelbar zu stellen. Kleins Lösung ist bemerkenswert einfach. Als Arbeitshypothese nimmt sie an, daß die von Freud nachgewiesene Beziehung zwischen den Triebimpulsen und solchen unbewußten Phantasien, die beim Erwachsenen mit latenten Trauminhalten verbunden sind, von Anbeginn des Lebens besteht: Schon bei jungen Säuglingen erzeugen Triebimpulse so etwas wie gefühlsgeladene Phantasien; auch sie besitzen also ein Seelenleben, das weitgehend aus lebendigen, konkreten Phantasien besteht. Diese seelische Verfassung sei wie das Träumen irgendwo zwischen Halluzination und Kontakt mit der Außenwelt anzusiedeln.

Kleins Kollegin Susan Isaacs brachte ihre Auffassung über die Beziehung zwischen unbewußter Phantasie und Trieb sehr präzise auf den Punkt:

> Die Phantasie ist zunächst einmal die geistige Folge, der psychische Stellvertreter des Triebes. Es gibt keinen Impuls, kein triebhaftes Bedürfnis, das nicht als unbewußte Phantasie erlebt würde [...]. [Überdies] drückt sich der spezielle Gehalt der augenblicklich vorherrschenden Bedürfnisse oder Gefühle (der Wünsche, Befürchtungen, Ängste, Siegesgefühle, Liebesregungen oder Sorgen beispielsweise) [ebenfalls als Phantasie aus]. (Isaacs 1952, S. 83)

Spricht man von triebhaften Bedürfnissen, so spricht man, sofern es um die Seele geht, von unbewußten Phantasiebildungen. Das gleiche gilt für Gefühle: Was wir Gefühlszustände nennen, sind im Grunde unbewußte Phantasien.

Wenn Klein diese Zustände als unbewußte Phantasien charakterisiert, drückt sie damit aus, daß es ein ungebrochenes Kontinuum gibt zwischen den allerursprünglichsten auf der einen Seite und dem, was wir als komplizierte und raffinierte bewußte Phantasien kennen, auf der anderen Seite. Doch ist es zugegebenermaßen ziemlich schwierig, diese sehr frühen Phantasien und seelischen Zustände zu beschreiben:

> Wenn diese präverbalen Gefühle und Phantasien in der Übertragungssituation wieder aufleben, erscheinen sie als »gefühlsmäßige Erinnerungen«, wie ich sie nennen möchte; sie werden mit Hilfe des Analytikers rekonstruiert und in Worte gefaßt. Ebenso sind wir auf Worte angewiesen, wenn wir andere Erscheinungen rekonstruieren und beschreiben, die zu frühen Entwicklungstadien gehören. Tatsächlich können wir die Sprache des Unbewußten nicht in Bewußtsein übersetzen, ohne dabei Worte aus dem Reich des Bewußten zu benutzen. [… Dies alles wird vom Kind auf viel primitivere Art erlebt, als die Sprache es auszudrücken vermag.] (Klein 1957b, S. 180, Anm. 2)

Das hat einige Verwirrung gestiftet. Manche Kollegen nahmen fälschlich an, Klein wolle sagen, Säuglinge seien zu den komplizierten und raffinierten Phantasien fähig, wie wir sie bei Erwachsenen finden. Sie wußte sehr gut, daß solche Phantasien das Produkt eines langen Entwicklungsprozesses sind, der in den von ihr beschriebenen primitiven Phantasien nur seinen Ursprung haben konnte. Primitive Phantasien werden konkret eher als somatische Empfindungen erlebt und weniger als abstrakte Bilder. Je ursprünglicher eine solche Phantasie ist, desto stärker erscheint sie als somatische Empfindung. Die Gefühle (feelings), die in den Impulsen und Emotionen kleiner Kinder stecken, sind von ihren Körperempfindungen (bodily feelings) kaum zu unterscheiden. Daß wir im Englischen für beides denselben Ausdruck verwenden, zeigt ihre ursprüngliche Ununterscheidbarkeit.

Unbewußte Phantasie und äußere Wirklichkeit

Phantasien spielen in die Wahrnehmungen und Empfindungen des Kleinkindes mit hinein und verleihen selbst den elementarsten eine psychische Bedeutung. Klein hielt es für falsch,

> anzunehmen, die Brust sei [für den Säugling] nur ein körperliches Objekt. Die Gesamtheit der triebhaften Wünsche und unbewußten Phantasien des Säuglings statten die Brust mit Qualitäten aus, die weit über ihre tatsächliche Funktion als Nahrungsquelle hinausgehen.
>
> Bei unseren Patienten-Analysen sehen wir, daß die Brust, wenn es um Befriedigung geht, der Prototyp des mütterlichen Gutseins ist, einer unerschöpflichen Geduld und Großmut und auch Kreativität. Diese Phantasien und triebhaften Bedürfnisse sind es, die das Primärobjekt [das heißt die Brust] so bereichern, daß es das Fundament für Hoffnung, Vertrauen und den Glauben an das Gute bleibt. (Klein 1957b, S. 180)

Kinder stimulieren ihre befriedigende Erfahrung mit der Brust, indem sie diese mit ihren eigenen Lebensimpulsen, nämlich mit unbewußten Phantasien erfüllen. Solche Phantasien machen die körperliche Befriedigung psychisch relevant, denn sie kommen ihr gewissermaßen auf halbem Wege entgegen. Bei diesem Vorgang verwandelt sich körperliche Befriedigung aus einer rohen (leblosen) Empfindung in eine elementare Erfahrung mit der großherzigen, liebenden (und lebendigen) Mutter. Klein verleiht Freuds Theorie vom Lebenstrieb einen zusätzlichen Sinn, wenn sie sagt, der Lebenstrieb drücke sich als unbewußt liebende Phantasie aus, die die Erfahrung, befriedigt zu werden, belebt und psychisch sinnvoll macht.

Wie das Kind positive Erfahrungen psychisch mit Leben erfüllt, indem es sie mit bestimmten unbewußten Phantasien ausstattet, so tut es das auch mit schmerzhaften Empfindungen:

> Die ersten schmerzvollen äußeren und inneren Reize, denen das Kind ausgesetzt ist, schaffen die Grundlage für Phantasien

über feindselige äußere und innere Objekte und tragen in hohem Maß zur Entwicklung solcher Phantasien bei. In den ersten Phasen der psychischen Entwicklung bringt das Baby offenbar jeden unangenehmen Reiz in seiner Phantasie mit den »feindseligen« oder sich verweigernden Brüsten in Verbindung [...]. (Klein 1936, S. 82)

Während die Mutter, die für die Befriedigung ihres Kindes sorgt, zum Objekt seiner ursprünglichen Liebesgefühle und Liebesphantasien wird und für das Kind nicht nur befriedigend, sondern liebend und »gut« ist, zieht sich die enttäuschende, die »feindliche« Mutter den Haß des Kindes zu und wird zur Zielscheibe seiner lebhaften Zerstörungsphantasien, in denen sie nicht bloß enttäuschend, sondern geradezu mißgünstig und »böse« ist.

Schon in den ersten Monaten seines Lebens wird der Säugling von tiefer Liebe und tiefem Haß beherrscht (im 13. Kapitel habe ich beschrieben, wie diese Impulse bei Kleinkindern entdeckt wurden) und erlebt die damit einhergehenden Phantasien überaus lebhaft, zugleich aber auch schwankend, je nachdem, ob er sich augenblicklich sicher oder unsicher, bedürftig oder befriedigt fühlt. Klein schreibt:

[A]ls ich das beständige Ringen des Kleinkindes beobachtete, das sowohl ein ununterdrückbares Bedürfnis verspürte zu zerstören, als auch sich selbst zu retten, seine Objekte anzugreifen, wie sie zu bewahren, da erkannte ich, daß hier ganz ursprüngliche, miteinander kämpfende Kräfte am Werk sind. Das gab mir eine tiefere Einsicht in die *klinische* Bedeutung der Freudschen Begriffe vom Lebens- und vom Todestrieb. (Klein 1958, S. 236)

Phantasie und psychische Struktur

Unbewußte Phantasien sind zum Teil auch für den Aufbau der psychischen Struktur selbst verantwortlich. In »Trauer und Melancholie« beschrieb Freud, wie ein verlorengegangenes Objekt infolge eines »oralen Impulses« sich im Ich etabliert, ein Vorgang, den er Einverleibung nannte. Klein nahm an, daß dieser Impuls von Geburt an, in welch rudimentärer Form auch immer, seine Entsprechung in der Phantasie haben müsse. Kinder stellen solche Phantasien und deren psychischen Folgen im Spiel dar. Wie der Fall des vierjährigen Jungen zeigt, der aus Papier Schneeflocken machte, so tat, als ob er sie esse, dann plötzlich innehielt und voller Sorge fragte, ob Menschen, die Schnellflocken schlucken, schmelzen. Ist das Objekt erst einmal der Phantasie einverleibt, dann scheint es in uns als »inneres Objekt« zu residieren, der eigenen Beeinflussung ausgesetzt zu sein und umgekehrt auch selbst auf uns Einfluß auszuüben, wie die Frage des Jungen nahelegt. Vielfach wiederholt und abgewandelt, tragen diese Erfahrungen zum Aufbau einer Welt konkret erlebter innerer Objekte bei. Klein nennt diese unbewußte Phantasie »Introjektion«.

Komplementär zur Introjektion ist deren Gegenteil, die Projektion, die auf einer unbewußten Phantasie der Ausscheidung beruht. Während uns die Introjektion durch die Vorstellung, wir nehmen etwas ein, die Erfahrung machen läßt, uns ein äußeres Objekt einzuverleiben, läßt uns die Projektion durch die Vorstellung körperlicher Ausscheidung die Erfahrung machen, etwas uns Eigenes residiere außerhalb, in einem äußeren Objekt.

In Übereinstimmung mit Freuds Auffassung über die Rolle der Identifizierung bei der Bildung des Über-Ichs und der Genese des Ichs (8. Kapitel) glaubte Klein, daß die innere Welt (das ist mit den technischen Termini *Ich* und *Über-Ich* gemeint) eine Ansammlung von Identifizierungen ist, die auf Introjektion beruhen. Wie aber Freud in »Trauer und Melancholie« zeigt, kommt es beim Bau einer inneren Welt nicht nur darauf an, sich die Außenwelt einzuverleiben, sondern sie auch zu verändern; dazu wird zunächst die Außenwelt mit Hilfe von Projektion verfügbar gemacht. Die Projektion bewirkt eine Färbung der Außenwelt und beeinflußt so die Erfahrungen, die das Kind über die Introjektion macht. Liebesimpulse lassen gewöhnlich ein »gutes« Objekt entstehen, Haßimpulse ein »böses«.

Die kindliche Wahrnehmung stattet die Außenwelt mit seinen eigenen Liebes- und Haßimpulsen aus, indem es diese nach außen projiziert. Diese Fähigkeit ist dem Menschen angeboren. Um es Bions Patient entsprechend auszudrücken, (vgl. 1. Kapitel): Die Projektion ermöglicht uns, in der Außenwelt solche psychischen Eigenschaften wiederzufinden wie »Liebe, Trost und Verständnis«, die neben der körperlichen Befriedigung notwendig sind, um seelisch zu überleben.

Andererseits fördert die Introjektion, daß sich allmählich eine konkret erfahrene innere Welt entwickelt, die aus jenen Aspekten der Außenwelt besteht, die »verschlungen« worden sind und als innere empfunden werden. Die Innenwelt ist dem Bild der Außenwelt nachgebildet, wenngleich einem Bild, das durch den Projektionsvorgang nicht unerheblich verändert ist.

> [...] das Baby [nimmt] die Eltern, die es inkorporiert hat, als lebendige Menschen im Innern seines Körpers wahr [...] – als »innere« Objekte, wie ich sie genannt habe. So entwickelt sich im Unbewußten des Kindes eine innere Welt, die seinen realen Erfahrungen und den Eindrücken, die es von den Menschen und der äußeren Welt gewinnt, entspricht, die zugleich aber durch seine eigenen Phantasien und Triebstrebungen verändert wird. [...] In der Vorstellung des Babys ist die »innere« Mutter von der »äußeren« nicht zu trennen, sie bildet gewissermaßen ihr »Duplikat«, wenngleich der Internalisierungsprozeß selbst sie augenblicklich verändert; das heißt, ihr Bild wird von den Phantasien des Säuglings, von inneren Stimuli und inneren Wahrnehmungen aller Art beeinflußt. Wenn das Kind äußere Situationen, die es erlebt, internalisiert – und ich behaupte, daß diese Internalisierungsvorgänge bereits in den ersten Lebenstagen einsetzen –, unterliegen sie demselben Muster: Auch sie werden zu »Duplikaten« realer Situationen und aus denselben Gründen verändert. (Klein 1940, S. 165)

Die Folgen des Zusammenspiels von Projektion und Introjektion schlagen sich in dem nieder, was wir unsere seelischen Zustände nennen:

> Das spezielle System der auf die innere Welt konzentrierten Phantasien ist für die Entwicklung des Ichs äußerst wichtig. Der Säugling hat das Gefühl, seine internalisierten Objekte führten ein Eigenleben, sie harmonisierten untereinander oder kämpften gegen das Ich, je nachdem, was er gerade empfindet oder erlebt. Wenn er das Gefühl hat, ein gutes Objekt in sich zu haben, dann erlebt er Vertrauen und Sicherheit. Wenn er ein böses Objekt zu enthalten meint, dann hält er sich für verfolgt und ist mißtrauisch. (Klein 1952b, S. 58 f.)

Hier sollten wir einen Augenblick innehalten, um nachzudenken. Das heißt also, was wir als ein Gefühl oder eine Stimmung des Vertrauens, der Zuversicht und Sicherheit bezeichnen, ist einfach eine unbewußte Phantasie, die uns glauben macht, wir trügen ein stabiles gutes Objekt in uns. Das gilt gleichermaßen für das Kind wie für das Unbewußte des Bionschen Patienten, wie für jeden anderen Erwachsenen.

Introjektion und Projektion sind selbst aus der Phantasie stammende Stellvertreter für orale und anale Triebregungen, die von Geburt an wirken. Sie gehören daher zu den frühesten seelischen Vorgängen. Man könnte sagen, die Seele funktioniere auf elementarster Ebene wie ein Verdauungsapparat, sie nimmt verschiedene Dinge auf und scheidet sie aus, als ob sie psychische Substanzen seien. Klein war überzeugt, das ausgewogene Zusammenspiel von Projektion und Interjektion bewirke von Geburt an die traumartige Verschmelzung von innerer und äußerer Realität, die Freud immer wieder als den modus operandi des Unbewußten festgestellt hat. Jetzt konnte sie noch hinzufügen, daß derselbe Vorgang auch dafür verantwortlich ist, daß sowohl die Erfahrung belebt als auch psychisch relevant gemacht wird.

Da die innere Welt zum Teil ebenfalls in der kindlichen Wahrnehmung der Außenwelt ihren Ursprung hat, spielt es eine große Rolle, von welcher Art die Außenwelt des Kindes ist, wenn sie das Innere gestaltet.

Man könnte sagen, daß die Objektwelt des Kindes in seinen ersten zwei oder drei Lebensmonaten entweder aus feindseligen und verfolgenden oder aber aus befriedigenden Teilen und Ausschnitten der realen Welt besteht. Nicht lange, und das Kind nimmt die Mutter mehr und mehr als ganze Person wahr. Diese realistischere Wahrnehmung erstreckt sich schon bald über die Mutter hinaus auch auf die übrige Welt. (Die Tatsache, daß eine gute Beziehung zur Mutter und zur äußeren Welt dem Baby hilft, seine frühen paranoiden Ängste zu überwinden, läßt die Wichtigkeit seiner allerersten Erfahrungen noch einmal in neuem Licht erscheinen. Von Beginn an hat die Psychoanalyse die Bedeutung der frühkindlichen Erfahrungen betont; *weshalb* aber der äußere Faktor eine so wichtige Rolle spielt, können wir meines Erachtens erst wirklich verstehen, seit wir mehr über den Charakter und die Inhalte der frühen Ängste sowie über das fortwährende Zusammenwirken von realen Erfahrungen und Phantasieleben wissen.) (Klein 1935, S. 67)

Die Außenwelt des Kindes wirkt auf seine psychische Entwicklung genau in dem Maße, in dem sie letztlich zur Struktur seiner inneren Welt beiträgt. Dieser Beitrag wird jedoch dadurch gemildert, daß das Kind seine tatsächlichen Erfahrungen mit etwas Phantasiegefärbtem mischt. Wir erkennen das daran, daß wir davon sprechen, daß jeder seine ureigensten Erfahrungen macht. Erst das Zusammenspiel von Phantasie und äußerer Erfahrung (vermittels der Wirkung von Introjektion und Projektion) führt zur allmählichen Änderung und Bildung einer inneren Welt, die für jeden Menschen einzigartig ist und die psychische und emotionale Entwicklung eines Individuums ausmacht.

15. Kapitel

Projektive Identifizierung und die Entstehung der Innenwelt

Die Entstehung des Über-Ichs

Nachdem Freud seine schmerzliche Uminterpretation der neurotischen Angst und der neurotischen Symptombildung in *Hemmung, Symptom und Angst* vollzogen hatte, schloß er, daß neurotische Symptome eine Abwehrhaltung gegen die neurotische Angst seien und daß neurotische Ängste ihrerseits von Bedrohungen hervorgerufen würden, denen der Patient von seiten seines Über-Ichs ausgesetzt sei. Das stellte das Problem der Neurose auf den Kopf. Nicht die Verdrängung rief jetzt Angst hervor, weil sich Libido gestaut hatte. Die Angst selbst verursachte die Verdrängung. Die Neurose war das Produkt eines feindseligen Über-Ichs, und Aufgabe des Psychoanalytikers war es nun herauszufinden, was das Über-Ich so bedrohlich machte. Dazu mußte er dessen Entwicklung studieren; und das wurde im folgenden zum Brennpunkt der Neurosenforschung.

Auf der Grundlage der Daten, die Freud den Analysen Erwachsener entnahm, rekonstruierte er die psychischen Gegebenheiten der Kindheit und kam zu dem Schluß, daß das Über-Ich erst im Alter von vier oder fünf Jahren, infolge der Auflösung des Ödipuskomplexes entstehe. Natürlich war sich Freud im klaren, daß es bestimmte klinische Fakten gab, die dieser Auffassung widersprachen. Dazu gehörte beispielsweise die Destruktivität und Grausamkeit des Über-Ichs beim »moralischen Masochisten«, einem Patiententypus, der gegenüber den Freudschen Analyseversuchen höchst resistent war und der diese Eigenschaften schon einige Zeit vor dem Ödipuskomplex, in der analen Phase mit ein oder zwei Jahren, ausgebildet haben mußte. Doch solche Phänomene schienen nur

169

selten oder in extremen Fällen vorzukommen. Sie brauchten die Theorie, derzufolge sich das Über-Ich bei der Auflösung des Ödipuskomplexes bildet, nicht in Frage zu stellen. Für die große Mehrheit der Erwachsenen-Fälle schien diese Theorie immer noch eine angemessene Beschreibung zu sein.

So blieb die Auffassung, daß das Über-Ich im Alter von vier oder fünf Jahren entsteht, ein Grundstein des Freudschen Modells vom Bau der Persönlichkeit, bis Kleins unmittelbare psychoanalytische Untersuchungen von Kindern zeigten, daß Kinder, die um einiges jünger waren als vier oder fünf Jahre, gewöhnlich bereits ein Über-Ich besaßen. Beispielsweise Kleins Patientin Rita, der wir schon im 13. Kapitel begegnet sind, die

> die Rolle einer strengen und strafenden Mutter zu spielen pflegte, in der sie das Kind (durch eine Puppe oder durch mich dargestellt) sehr grausam behandelte. Weiterhin führten mich die Beobachtungen ihrer Ambivalenz der Mutter gegenüber und ihres starken Bedürfnisses nach Bestrafung, ihrer Schuldgefühle und ihrer nächtlichen Ängste zu der Erkenntnis, daß in diesem Kinde von zwei Jahren und neun Monaten – was auf ein noch früheres Entstehungsalter hinwies – ein strenges und unnachgiebiges Über-Ich waltete. Ich fand diese Entdeckung in den Analysen anderer Kinder bestätigt und schloß daraus, daß das Über-Ich in einem viel früheren Stadium entsteht, als Freud annahm. Mit anderen Worten, es wurde mir klar, daß das Über-Ich, wie es von ihm verstanden wurde, das Endresultat einer Entwicklung ist, die sich über mehrere Jahre erstreckt. (Klein 1955a, S. 22 f.)

Klein schloß:

> Es konnte kein Zweifel daran bestehen, daß ein Über-Ich bei meinen kleinen, zwischen zweidreiviertel und vier Jahren alten Patienten bereits seit geraumer Zeit seine volle Wirkungskraft entfaltet, obwohl man traditionellerweise davon ausging, daß

das Über-Ich nicht von dem Untergang des Ödipuskomplexes – d.h. nicht vor dem fünften Lebensjahr – aktiviert wird. Darüber hinaus zeigte mein Material, daß dieses frühe Über-Ich unermeßlich strenger und grausamer war als das Über-Ich des älteren Kindes oder des Erwachsenen und das schwache Ich des kleinen Kindes buchstäblich von ihm erdrückt wurde. (Klein 1933, S. 7f.)

Die alltägliche Beobachtung bestätigt diese analytische Entdeckung: Kinder im Alter von zwei oder drei Jahren legen in ihrem Spiel mit Puppen, Haustieren oder auch untereinander eine glühende Moral an den Tag, die auf ein äußerst strenges Über-Ich schließen läßt.

Die Entdeckung, daß das Über-Ich schon vor der Auflösung des Ödipuskomplexes nicht nur vorhanden war, sondern auch eine mächtige innerpsychische Wirkkraft entfaltet, erschütterte Freuds Ödipustheorie vom Ursprung des Über-Ichs. Damit stellte sich auch die drängende Frage: Wenn das Über-Ich bereits lange vor dem Ödipuskomplex in Kraft ist, obgleich er allererst die Quelle des Über-Ichs sein sollte, wie entsteht es dann? Und noch eine zweite Frage warfen Kleins klinische Befunde zum frühen Über-Ich auf: Warum ist dieses Über-Ich so streng? Da das Problem der Neurose nun mehr und mehr in der Frage nach der Strenge des Über-Ichs aufzugehen schien, gewannen Fragen nach dem Ursprung und Charakter des Über-Ichs klinisch und theoretisch an Bedeutung. Da das strenge Über-Ich zumindest in manchen Fällen ein Geschöpf der frühen Kindheit zu sein schien, verlagerte sich jetzt die Forschung über die Ursprünge der Neurose auf die Untersuchung dieser Lebensphase.

Es lag von Anfang an auf der Hand, daß ein großer Unterschied besteht zwischen dem Über-Ich der frühen Kindheit und dem späteren, das Freud bei der Auflösung des Ödipuskomplexes entdeckt hatte. In seiner späteren Form macht sich das Über-Ich dadurch bemerkbar, daß es Schuldgefühle hervorruft, während das frühe Über-Ich nicht Schuld, sondern Terror und extreme Angst auslöst.

171

So gesehen, ähnelt das Über-Ich eines gesunden Erwachsenen dem späteren, während das Über-Ich eines Neurotikers dem frühen kleinkindlichen Über-Ich ähnelt.

Klein machte darauf aufmerksam, daß ein derart monströses, zerstörerisches und grausames frühes Über-Ich kaum allein auf die Erfahrungen des Säuglings mit dem tatsächlichen Verhalten seiner Eltern zurückgehen konnte. Das stärkte ihre Hypothese, daß offenbar unbewußte Phantasien, in denen sich sowohl Liebes- als auch Haßimpulse ausdrücken, in die Erfahrung des Säuglings mit seinen Eltern hineinspielen und sie von Grund auf ändern. Das Über-Ich des Säuglings, so schloß sie, mußte als ein Gemisch aus Erfahrung und triebhafter unbewußter Phantasie verstanden werden.

Das läuft praktisch auf die Behauptung hinaus, das Verhältnis zwischen dem Über-Ich und den äußeren Eltern des Kindes entspreche demselben Verhältnis, das Freud 1897 zwischen der unbewußten »Erinnerung« seiner hysterischen Patienten (sie seien verfolgt worden) und den äußeren Geschehnissen ihrer Kindheit entdeckt hatte. In beiden Fällen wird die Erfahrung durch triebgeladene Phantasien beträchtlich verändert. Im Falle der Hysterie sind die entsprechenden Phantasien erotisch. Das Wesen des frühen Über-Ich deutet darauf hin, daß die Phantasien, die hier eine Rolle spielen, grausam und destruktiv sind.

Klein sah in dieser Färbung der frühen Erfahrung des Kleinkindes mit seinen Eltern einen Ausdruck für seine Neigung, destruktive Phantasien und Impulse in die Außenwelt zu projizieren. Da für das Kleinkind und insbesondere für den Säugling die Welt weitgehend aus den eigenen Eltern besteht, sind diese unvermeidlich die Objekte seiner Projektionen. Die Projektion zerstörerischer Impulse nach außen ist beim Kleinkind so gewöhnlich, weil darin ein lebenswichtiger Abwehrmechanismus liegt: Wie im vorigen Kapitel angedeutet, erlebt das Kleinkind seine Liebesimpulse als eine lebensspendende Kraft, die engstens mit der Bewahrung seiner Existenz verbunden ist. Ebenso erlebt es seinen Zerstörungsdrang als äußerst gefährliche Bedrohung des eigenen Lebens, die es um jeden Preis vermeiden muß. (Denken wir daran, daß dieser

Lebensabschnitt so sehr von konkretem und magischem Denken beherrscht wird, daß die gewöhnliche symbolische Sprache und Metaphorik des Erwachsenen das Phantasieren und Denken des Kindes gar nicht angemessen zum Ausdruck bringen kann. Wenn es um diese Phase geht, sollten Redewendungen wie »in Wut ausbrechen« oder »von Haß, Eifersucht oder Neid verzehrt sein« nicht als bildliche Sprache, vielmehr als konkrete Erfahrungen verstanden werden.) Zu diesem Zweck ist das Kind mit seiner triebhaften Veranlagung zur Projektion und Introjektion ausgestattet, in der sich seine angeborenen oralen und analen Impulse manifestieren. Es projiziert einen wesentlichen Teil seines Zerstörungsdranges nach außen, um ihn nicht mehr in sich selbst zu verspüren, sondern das Gefühl zu haben, er befände sich in einem äußeren Objekt. Auf diese Weise erleben Kinder ihren Haß und die Gefahr, die mit ihm einergeht, als etwas, das von ihren Objekten ausgeht. Das befreit sie von der unerträglichen Angst, von Kräften vernichtet zu werden, die ihrem Selbst inhärent sind, und versetzt sie in eine (irgendwie erträglichere) Situation, in der sie sich von außen von gefährlichen, mächtigen und feindlichen Objekten umgeben fühlen.

Wenn die so zugerichteten äußeren Eltern dann durch Introjektion verinnerlicht werden, bilden sie das strenge, primitive Über-Ich des Säuglings:

> Diese offenbar früheste Abwehrmaßnahme des Ichs [die Projektion des Zerstörungsdranges] legt meiner Meinung nach den Grundstein zur Entwicklung des Über-Ichs. [...]
> Diese Sicht der Dinge läßt es auch weniger rätselhaft erscheinen, weshalb das Kind derart monströse und phantastische Bilder von seinen Eltern entwickelt. Denn es erlebt die Angst, die seinen aggressiven Trieben entstammt, als Furcht vor einem äußeren Objekt, und zwar aus zwei Gründen: zum einen, weil es jenes Objekt zum äußeren Ziel dieser Triebe gemacht hat, zum anderen, weil es seine Triebe auf das Objekt projiziert hat, so daß sie sich nun aus dieser Ecke heraus gegen es selbst zu

richten scheinen. (Der Säugling hat zu Anfang reale Gründe, sich vor seiner Mutter zu fürchten, da ihm zunehmend bewußt wird, daß es in ihrer Macht liegt, ihm die Befriedigung seiner Bedürfnisse zu gewähren oder zu verweigern.) (Klein 1933, S. 10)

Im Endeffekt erlebt das Kind seinen gefährlichen Zerstörungsdrang nicht mehr als etwas, das mit ihm zusammenhängt, sondern als etwas, das in seinen äußeren und inneren Verfolgern liegt. Kleins Theorien über die frühe Entwicklung des Über-Ichs hat den Psychoanalytikern die Möglichkeit gegeben, frühere und tieferliegende Ursachen von Neurosen bei Kindern und Erwachsenen erfolgreich klinisch zu behandeln.

Ihre theoretischen Schlußfolgerungen haben unsere Vorstellungen über die frühe seelische Entwicklung ebenfalls radikal verändert. Das überaus zerstörerische Über-Ich, das man zuvor nur bei bestimmten ernsthaft erkrankten Neurotikern vermutet hatte, sollte nun, so wurde jetzt anerkannt, bis zu einem gewissen Grad bereits zu einem sehr frühen Entwicklungszeitpunkt bei jedem Menschen vorhanden sein.[1] Klein behauptet nicht, Kleinkinder seien normalerweise paranoid oder krank, obwohl die Zustände, die sie beschreibt, beim älteren Kind oder Erwachsenen klinisch so eingeordnet werden würden. Sie nimmt an, daß Kleinkinder normalerweise an einer Angst leiden, wie sie beim Erwachsenen oder älteren Kind nur in einer Psychose vorkommt. In diesem Sinne kann man sagen, daß Kleinkinder als Teil ihrer normalen Entwicklung eine Art psychotische Angst erleben, wenngleich keine eigentliche Psychose. Das hat Klein unter anderem im Sinn, wenn sie das Glück der Kindheit als Mythos entlarvt und erklärt, in Wirklichkeit fände sich in den frühesten Phasen der Kindheit ein »unermeßlicher Kummer«.

---

1 Die Frage nach dem moralischen Masochismus stellt sich nun anders: Es geht nicht mehr darum, wieso manche Menschen ein derart zerstörerisches Über-Ich aufweisen, sondern warum es anderen gelingt, ein so viel wohlwollenderes Über-Ich zu entwickeln. Mit dieser Frage werden wir uns in den nächsten beiden Kapitel beschäftigen.

Daß Klein sich auf Freuds nie sehr populäre Theorie einer angeborenen Zerstörungskraft stützt, hat zweifellos zu der Ablehnung
beigetragen, auf die Kleins allgemeine Auffassungen sogar bei Psychoanalytikern gestoßen sind. In der Tat vermitteln ihre Schriften
den Eindruck, daß sie selbst dagegen ist, das heißt, daß sie nur wi-
derwillig zu ihrer Auffassung gelangt ist. Aber diese schwerver-
dauliche Theorie verknüpft die klinischen Daten besser miteinander als jede andere verfügbare Theorie. Und da Annehmlichkeit
kein gutes Argument gegen eine Theorie ist, hat Klein sie angenommen.

Spaltung und die frühe Entwicklung der inneren Objektwelt

Das Über-Ich ist der Prototyp dessen, was Klein das *innere Objekt*
nennt. Innere Objekte bilden sich in zwei Schritten: Das Subjekt projiziert seine Liebes- oder Haßimpulse auf ein geeignetes äußeres
Objekt (das es auf diese Weise psychologisch zum Leben erweckt),
dann introjiziert es dieses Objekt. Die Projektion von hassenden
und zerstörerischen (mit den destruktiven Teilen des Selbst gleich-
gesetzten) Impulsen in das enttäuschende Objekt, läßt entstehen,
was Klein das *böse Objekt* nennt. Das böse Objekt unterscheidet sich
von einem enttäuschenden Objekt durch seine Intentionalität: Infolge der Projektion des kindlichen Hasses und Zerstörungsdrangs ist
das enttäuschende Objekt von den psychischen Eigenschaften des
hassenden Teils des Selbst erfüllt; es ist nicht einfach enttäuschend,
sondern wird zu einem zerstörerischen, hassenden, gefährlichen
und böswilligen Objekt.

Die Projektion von Liebesimpulsen in *befriedigende* äußere Objekte
erweckt auch sie zum Leben und erfüllt sie mit Eigenschaften wie
Güte, Liebe und Engagement, so daß sie von einem Mittel zur Spannungsentlastung zu psychologisch relevanten *guten Objekten* werden.

Doch da mit diesen Vorgängen ziemlich viel Spaltung und Trennung zwischen Liebes- und Zerstörungsdrang einhergeht (in der
Tat ist das eine ihrer lebenswichtigen Abwehrfunktionen), neigt

man in dieser Phase dazu, die Objekte entweder als ganz gut oder ganz böse anzusehen. Das enttäuschende Objekt (beispielsweise die Brust der Mutter, die nicht da ist, wenn der Säugling Hunger hat) wird von ihm als ganz böse empfunden und gänzlich losgelöst von dem befriedigenden Objekt (der Brust, die den Hunger stillt), das als vollkommen gut empfunden wird. Klein nennt solche Objekte *Partialobjekte*, in dem Sinne, daß der Säugling nur einen Teil des wirklichen Objekts wahrnimmt, nämlich jenen Teil, der den Liebes- oder Haßimpulsen entspricht, die ihn in diesem Augenblick beherrschen.

Spuren dieser frühen unbewußten Vorgänge finden sich auch außerhalb des psychoanalytischen Spielfeldes in den Mythen und Märchen, die unsere seelischen Zustände während der prähistorischen Phase der Spaltung und Projektion zum Ausdruck bringen. Jüngere Kinder glauben an die Existenz eines magischen, märchenhaften Schutzengels, weil sie aus eigener Erfahrung wissen, daß es ihn wirklich gibt: Denn er entspricht dem »guten« Partialobjekt ihrer inneren Welt, einer Idealmutter, die die kindlichen Bedürfnisse befriedigen kann, noch bevor sie entstehen, und die auch sonst gar nichts Dringendes zu tun hat, was sie davon abhalten könnte. Das entsprechende »böse« Partialobjekt, die Mutter, die nicht da ist, wenn sie gebraucht wird, erscheint als eine sehr böse, ganz und gar gefährliche Gestalt, als die böse Königin, die Hexe, das Ungeheuer oder ein Menschenfresser im Märchen. Zu diesem Zeitpunkt der kindlichen Entwicklung hat das böse Objekt mit dem guten nicht mehr zu tun als ein schlechtes Ungeheuer mit dem wohlwollenden Schutzengel oder dem freudlichen Vater.

In der klaren Trennung zwischen den Armeen guter und böser Geister in den Märchen drückt sich die Weltsicht aus, die das kleine Kind in seiner Säuglingszeit entwickelt. Die bösen Mächte stellen die zerstörerischen Impulse des Kindes dar, die guten seine Liebesimpulse; daß beide ganz rein sind, zeigt, wie genau der Säugling zwischen den liebenden und den hassenden Aspekten seines Selbst unterscheidet. Die beunruhigende Neigung der guten Kräfte im Märchen, sich in böse zu verwandeln, entspricht der Neigung des

Kindes, im Falle seiner Enttäuschung seine Liebe urplötzlich in Haß zu verkehren. Man beachte, daß im Märchen der Gute nie böse Züge haben kann oder umgekehrt. Die Guten sind gut und die Bösen sind böse. Wenn aus einem Guten ein Böser wird, dann nur, weil er immer schon böse war und sich nur verstellt hat. So ist die Spaltung gegen Erfahrung gefeit.

Spaltung und Projektion bilden zusammen den äußeren Kreis eines psychologischen Stoffwechselzyklus. Der innere Kreis ist die Introjektion, bei der das äußere Objekt wieder einverleibt wird. (Dieses Objekt scheint nun die Impulse oder Teile des Selbst, die zuvor in dieses Objekt projiziert worden sind, zu enthalten.) In der Phantasie wird es verschlungen, um jetzt ein inneres Objekt zu bilden. Projektion und Introjektion sind ein psychisches Geben und Nehmen zwischen der inneren Welt des Kindes und seiner Umgebung. Auf der einen Seite verleihen sie so der Außenwelt psychische Bedeutung, auf der anderen modifizieren und bauen sie die innere Welt je nach den Erfahrungen mit der Außenwelt.

Die paranoid-schizoide Position

In den ersten Lebensmonaten wecken Momente der Befriedigung hemmungslos Glücksgefühle, die auf der Phantasie beruhen, mit einem guten Objekt verschmolzen und vereint zu sein. Momente der Enttäuschung hingegen wecken das Schreckgespenst eines mißgünstigen und unentrinnbaren bösen Objekts, das eine starke und alles durchdringende Angst ums eigene Überleben und um die eigenen guten Objekte aufkommen läßt. Der Glückszustand wechselt häufig jäh mit dem Angstzustand, was damit zusammenhängt, daß die Stimmungen des Säuglings nicht beständig sind. Diese Polarisierung der kindlichen Welt in ganz gute und ganz böse Teile ergibt sich aus den überaus dynamischen Spaltungsprozessen, die in dieser Phase des Lebens vorherrschen. Das Vorhandensein eines bösen Objekts ruft eine Angst hervor, die man in der psychoanalytischen Terminologie paranoide Angst nennt.

Wohl wissend, wie häufig in ihr diese Spaltungsprozesse und die daraus resultierende Angst vorkommen, bezeichnet Klein den in dieser frühen Phase des Lebens vorherrschenden Seelenzustand als *paranoid-schizoide Position*. Sie verwendet lieber das Wort Position als Phase oder Stufe, weil sie damit eine besondere unbewußte Konstellation von Ängsten, Abwehrmechanismen und Objektbeziehungen beschreiben will, die zwar während oder kurz nach der Geburt entsteht, aber durch alle Phasen des Lebens hindurch als das Seelenleben des Kleinkindes im Erwachsenen erhalten bleibt und unbewußt unsere Haltung zur Welt sowie unsere Bewußtseinshaltung beeinflußt.

Projektive Identifizierung

Im Jahr 1946 veröffentlichte Klein ihre »Bemerkungen über einige schizoide Mechanismen«, einen richtungweisenden Aufsatz, in dem sie die Konzeption der *projektiven Identifizierung* formuliert. In der projektiven Identifizierung kristallisieren sich ihre Ideen über das Gleichgewicht und das »aufeinander Einwirken« von Projektion und Introjektion bei der Bildung und Funktionsweise der Psyche. Identifizierung ist die psychische Folge der Introjektion. Wenn man sich in der Phantasie ein Objekt einverleibt, dann fühlt man sich, als sei man ihm irgendwie ähnlich geworden. Projektion und Identifizierung sind zusammen mit der Spaltung unbewußte Phantasien, die, weil sie als konkret und real erlebt werden, eine tatsächliche Wirkung auf den Zustand und die Entwicklung der Psyche haben. Sie bilden einen Teil der psychischen Realität. Mit dem Ausdruck *projektive Identifizierung* beschreibt Klein eine Identifizierung, bei der die Erfahrung, die das Subjekt mit dem Objekt macht, wesentlich verändert wird, und zwar durch das, was das Subjekt noch vor oder während des Introjektionsvorgangs in das Objekt projiziert. Kleins Verständnis der projektiven Identifizierung zeigt, wie und warum die »psychische Realität von größerer [oder zumindest von ebenso großer] Bedeutung ist wie die materielle Realität«. Das gilt, wie Freud erkannt hat, nicht nur für die Neurose, sondern für all unsere unbewußten Denkvorgänge. Das unmittelbare Movens für die Psyche sind nicht die äußeren Ereignisse selbst, sondern unsere unbewußte Wahrnehmung dieser Ereignisse.

Wie die projektive Identifizierung als Architekt der unbewußten psychischen Realität fungiert, zeigt sich in einem Traum, den eine Universitätsprofessorin vor ihrer ersten Begegnung mit ihrem Analytiker hatte.

> Die Patientin kommt in die Praxis ihres Analytikers und findet diese in ein Inneneinrichtungsstudio verwandelt. Dieses Studio ist voller farbiger Stoffe, die offenbar der Analytiker entworfen hat. Sie hat das Gefühl, die Stoffe und deren Schöpfer, den Analytiker, bewundern zu müssen. Sein immer farbenprächtiger werdender Stil ärgert sie etwas, ebenso die Tatsache, daß er nicht an ihre Analyse gedacht hat und statt dessen von ihr erwartet, ihn mit Bewunderung zu »behandeln«.

Die Patientin assoziiert mit dem Traum nur ein Gefühl: Immer sei es an ihr, sich um andere zu kümmern. Doch mit fortschreitender Analyse wird sie sich zunehmend noch eines anderen Gefühls bewußt, das sie jedoch nicht erklären kann: Sie hat den Deutungen des Analytikers beizupflichten und sie zu bewundern. Bei der Analyse dieses Gefühls kommt heraus, daß sie eigentlich den Wunsch hat, von anderen bewundert zu werden, und sie glaubt, andere hätten denselben Wunsch.

Jetzt ist zu erkennen, daß in dem antizipatorischen Traum, in dem die Patientin den Analytiker als einen fordernden Innenausstatter wahrnimmt, ein tieferer Aspekt desselben Vorgangs liegt. Sie hat ihn so gezeichnet, weil sie zuvor, während der Traum entsteht, ihr eigenes Bedürfnis, bewundert zu werden, auf ihn projiziert. Sie projiziert ihr Bedürfnis, weil sie unbewußt spürt, daß sie es nicht haben sollte. Als sie sich in den Sitzungen auf ähnliche Weise von ihrem Bedürfnis befreit, bewundert zu werden, nämlich durch projektive Identifizierung mit dem Analytiker, hat sie unbewußt den Eindruck, mit ihm den Platz getauscht zu haben: Jetzt wird sie zum Analytiker, während der Analytiker den verleugneten Teil ihres Selbst, der Anerkennung und Bewunderung fordert, zu übernehmen hat. Was folgt daraus? Obwohl ihr bewußt ist, daß der Analytiker der Analytiker ist, hat sie in ihrem Herzen – das heißt in der psychischen Realität – das Gefühl, er sei eine Art Innenaustatter, dessen Stoff-Deutungen sie pflichtschuldigst mit Bewunderung aufzunehmen hat, ob sie das will oder nicht. Diese unbewußte Wahrnehmung des Analytikers, das heißt ihre von projektiver Identifizierung geformte psychische Realität, wirkt stärker als ihre bewußte Wahrnehmung, als es darum geht, welche emotionale Erfahrung sie mit der Analyse macht.

Die projektive Identifizierung wirkt auf zwei Ebenen. Da ist zum einen die Ebene der unbewußten Phantasie, über die wir gesprochen haben. Die zweite Ebene ist ebenfalls unbewußt, jedoch »realitätsbezogen«. Auf ihr versucht das Subjekt in verschiedener Weise die äußere Realität so zu bearbeiten, daß sie besser zu dem paßt, was die Phantasie in sie hineinprojiziert hat. Eine der frühesten Formen projektiver Identifizierung funktioniert realitätbezogen als Mittel zur Kommunikation: Ein Säugling, der sich auf seine Mutter eingestellt hat, lernt schnell, ihr seine seelische Verfassung zu vermitteln, indem er in ihr einen ähnlichen Zustand evoziert. Das hat zur Folge, daß eine empfängliche Mutter imstande ist, die Bedürfnisse ihres Kindes erstaunlich schnell und genau zu erspüren. Dieses Verfahren, unsere eigene seelische Verfassung in einem anderen zu evozieren, um uns ihm mitzuteilen, wenden wir unser Leben lang an, und viele Kommunikationsarten, besonders künstlerische, verdanken viel von ihrer Kraft und emotionalen Resonanz der projektiven Identifizierung.

Welchen Gebrauch jemand von der projektiven Identifizierung macht, hängt von seiner jeweiligen unbewußten Intention ab. Eine projektive Identifizierung unter realistischem Aspekt läßt sich nicht nur zur Kommunikation einsetzen, sondern auch zur Beherrschung eines anderen durch Zwang oder Verführung. In diesem Fall versucht die Phantasie aggressiv, einem Objekt ein Gefühl einzupflanzen; das betroffene Objekt erlebt dieses Gefühl als konkret vorhanden, merkt, wie es sich breitmacht und das Objekt beherrscht. Eine solche Phantasie gewinnt Realität durch ein Verhalten, das sich nicht nur – wie bei der Verwendung der projektiven Identifizierung zur Kommunikation – darauf beschränkt, in einem anderen Menschen den gewünschten seelischen Zustand hervorzurufen, sondern das auch noch so tut, daß das Objekt sich dem möglichst nicht entziehen kann. Einer derartigen projektiven Identifizierung liegt eine feindselige Absicht zugrunde, und in ihrer frühesten Form schafft sie, was Klein (1946) den »Prototyp einer aggressiven Objektbeziehung« nannte. Die Hypnose und andere Arten sozialer, politischer und therapeutischer Beherrschung verdanken viel von ihrer Macht dem Umstand, daß sie sich zur Nötigung oder Verführung der projektiven Identifizierung bedienen.

Wenn die projektive Identifizierung so benutzt wird, dann hat das für das Subjekt schwerwiegende Folgen. Es neigt nämlich dazu, seinerseits das Objekt als beherrschend zu erleben. Eine große Schwierigkeit bei der Analyse von Patienten, die sich häufig der projektiven Identifizierung bedienen, um ihre Objekte unter Kontrolle zu behalten, besteht darin, daß sie Worte oft nur für eine subtile Art von Zwang halten. Das macht es schwer, sie davon zu überzeugen, daß die Deutung des Analytikers nur als Anregung zum Nachdenken gedacht, nicht aber sein Trick ist, ihnen ein Gefühl aufzuoktroyieren, das sie seiner Meinung nach haben sollten.

Die Verwendung der projektiven Identifizierung sowohl zur Mitteilung als auch zur Beherrschung der eigenen Objekte wird in der folgenden Skizze aus der Analyse eines siebenjährigen Jungen deutlich, der zur Analyse gebracht wurde, weil er, neben anderen Symptomen, sich unfähig zeigte, auch nur einfache und vernünftige Anweisungen seiner Eltern anzunehmen.

Während mehrerer vorausgegangener Sitzungen bestand er darauf, der Analytiker dürfe nur mit seiner Erlaubnis etwas tun oder sagen, und wurde immer ängstlicher und rasender in seinem Bemühen, jede Kleinigkeit seines Spiels unter Kontrolle zu haben.

In dieser Phase baute er einen Spielroboter, dessen Kommando er übernahm. Die Bezeichnung »Roboter« war ein Wortspiel mit dem

Namen des Analytikers. Der Roboter war also der Analytiker. Das zeigte sich auch darin, daß der Junge dem Roboter den Kopf abnahm, wenn der Analytiker wieder einmal ohne Erlaubnis gesprochen hatte. Die Enthauptung hieß, daß der Roboter nicht einmal selbst denken durfte. Daran wurde dem Analytiker klar, daß er tatsächlich das Gefühl gehabt hatte, er dürfe nicht einmal seinen Kopf benutzen. Der Patient hatte es also geschafft, ihm diese Beschränkung aufzuerlegen, ohne daß einer von ihnen je ein Wort darüber verloren hatte.

Am nächsten Tag eröffnete der Patient das Gespräch mit der Ankündigung, das Spielzimmer sei eine Spezialschule, in der »böse Kinder, die nicht gehorchen« [eine Rolle, die er dem Analytiker zuwies], »den ganzen Tag von den Lehrern herumkommandiert werden« und gar nichts von selbst tun dürfen, nicht einmal denken oder wachsen.

Der Analytiker sagte dem Jungen, er zeige ihm, wie es sich anfühlt, wenn man Eltern in sich hat, die einen nicht allein denken oder zu dem heranwachsen lassen, der man ist. Der Patient hörte interessiert zu, und der Analytiker fügte hinzu: Wenn der Junge den Analytiker und seine Eltern in Roboter verwandle, dann habe er das Gefühl, sie seien in ihm und täten dort dasselbe. Nach dieser Deutung schien der Junge sehr erleichtert und begann zum erstenmal seit Wochen frei und ungezwungen zu spielen.

Die »Schule« ist das Denken des Jungen, die herumkommandierenden Lehrer sind die internalisierten Eltern, sein Über-Ich. Der Widerstand des Jungen gegen die Führung durch seine Eltern hängt mit seinem extrem beherrschenden Über-Ich zusammen: Er versteht sie als dessen äußere Stellvertreter. So gesehen, kämpft er, um sie davon abzuhalten, ihn in eine Maschine zu verwandeln. Der Schlüssel zu dieser Wahrnehmung seiner Eltern liegt in der Konstruktion des Roboters, der für die Phantasie des Patienten steht, er könne seine Objekte unter seine Gewalt bringen und sie beherrschen, indem er sie zu seinen Robotern macht. Als er den Analytiker tatsächlich als Roboter darstellt, teilt er ihm damit nicht nur mit, wie streng kontrolliert er sich fühlt, sondern er schafft überdies die seiner Phantasie entsprechende aggressive Realität, er beherrsche den Analytiker. Mit der sehr strengen »Spezialschule« jagt er den Objekten in seinem Unbewußten nach (und durch die realitätsbezogene projektive Identifizierung bis zu einem gewissen Grad auch in der Wirklichkeit), die kein eigenes Leben haben, ja nicht einmal selbst denken dürfen. Auf die Deutung seiner Phantasie hin schwächte sich, wie seine Eltern berichteten, seine Paranoia ab und er wurde vernünftigen Argumenten zugänglicher.

Projektive Identifizierung und die Psychoanalyse der Schizophrenie

Schließlich gibt es noch die massiv aggressive projektive Identifizierung, die für psychotische Zustände charakteristisch ist. Bis zur Entdeckung der projektiven Identifizierung war der psychoanalytische Zugang zu psychotischen Patienten von vornherein dadurch versperrt, daß es extrem schwierig schien, mit ihnen analytisch auch nur Kontakt aufzunehmen. Die meisten Analytiker, angefangen mit Freud, hielten psychotische Patienten für unfähig, die für die Analyse nötige Beziehung zum Analytiker – die Übertragung – aufzubauen. Klein fand heraus, daß ein Großteil der Schwierigkeiten des Analytikers mit der Kontaktaufnahme zum psychotischen Patienten darauf zurückzuführen war, daß dieser massiv von der projektiven Identifizierung Gebrauch macht. Der in sich verschlossene psychotische Patient wird von der unbewußten Phantasie beherrscht, er habe seine Objekte so stark mit Teilen seiner eigenen Persönlichkeit infiltriert, daß sie praktisch kein Eigenleben mehr besitzen, also auch nicht mehr als getrennte Persönlichkeiten angesehen werden müssen. In der Übertragung wird der Analytiker ebenfalls zu einem solchen Objekt. Deshalb scheint es, als beziehe sich der psychotische Patient gar nicht auf den Analytiker, weil er sich unbewußt vom Analytiker gar nicht unterscheiden kann. Die massive projektive Identifizierung, die den Eindruck erweckt, als trete der psychotische Patient gar nicht mit dem Analytiker in Beziehung, *ist* gerade seine Beziehung zum Analytiker. Die Massivität seiner Projektionen trägt auch zu dem Gefühl des psychotischen Patienten bei, seine eigene Persönlichkeit beziehungsweise den Kontakt zu sich selbst zu verlieren, worunter er leidet.

Zu der Schwierigkeit, es mit einer solchen Übertragung aufzunehmen, kommt für den Analytiker noch die mentale Lähmung hinzu, die psychotische Patienten oft bei den Menschen in ihrer Nähe auslösen. Zum Teil tun sie das, um ihre Phantasie zu verwirklichen, daß ihre Objekte kein Eigenleben haben, zum Teil drücken sich darin ihre zerstörerischen Attacken auf die Denk- und Arbeitsfähigkeit des Analytikers aus. Diese Angriffe verkörpern in der Übertragung die feindseligen und zerstörerischen Impulse, von denen der psychotische Patient beherrscht wird und die er gewöhnlich gegen seine Objekte richtet. Wie raffiniert solche Angriffe auf die Denkfähigkeit des Analytikers sein können, illustriert Bion sehr gut, wenn er (1954) über einen Patienten schreibt, der in eine Sitzung kam und sagte: »Ich glaube nicht, daß sich diese Sitzungen lange hinziehen werden, aber halten Sie mich immer davon ab abzubrechen!« Während der Analytiker noch wie gelähmt dasaß und versuchte, das zu verstehen, fragte der Patient in aller Unschuld, wie denn der Fahrstuhl wisse, was er zu tun habe, wenn er zwei Knöpfe zugleich drücke.

Diesen Angriffen auf das Denken des Analytikers entsprechen ähnliche Angriffe des destruktiven psychotischen Teils der schizophrenen Persönlichkeit auf ihre eigene Fähigkeit zu denken. Wenn der Analytiker die projektive Identifizierung erkennt und ihre Wirkung an sich selbst erfährt, gibt ihm das einen Einblick in ähnliche Vorgänge beim Patienten; oder besser gesagt, es zeigt ihm genau, wie es sich anfühlt, schizophren zu sein. Die inneren Angriffe des Patienten tragen zu den Denkstörungen bei, an denen der Schizophrene leidet. Demnach kann die Attacke des Schizophrenen auf das Denken des Analytikers auch dazu dienen, dem Analytiker etwas über den Bewußtseinszustand seines Patienten mitzuteilen.

Klein fand heraus, daß sich der massive destruktive Gebrauch projektiver Identifizierungen bei schizophrenen Patienten vermindern läßt, wenn man ihn rigoros, beständig und bis ins einzelne

184

deutet. Hat man dem Patienten erst einmal sorgfältig und genau gezeigt, wann und wie er von projektiven Identifizierungen Gebrauch
macht, wird er auch der konventionelleren Analyse gegenüber auf-
geschlossener sein. Etliche Schüler von Klein haben versucht, schizophrene Patienten nach ihren Gesichtspunkten über projektive
Identifizierung zu analysieren. Sie beschränkten sich darauf, das
Unbewußte und den unbewußten Gebrauch massiver projektiver
Identifizierung zu deuten, und vermieden dabei, wie man das auch
mit neurotischen Patienten tun würde, Suggestionen, Arzneimittel,
Beruhigungsmittel oder andere nicht-analytische Mittel anzuwenden, die nur darauf abzielen, die Symptome zu unterdrücken. Diese
Analysen stellten sehr hohe technische Anforderungen an die Ana-
lytiker und ließen sich nur unter besonders günstigen äußeren Bedingungen durchführen.

Eine Reihe von Aufsätzen, die in den späten 40ern und 50ern veröffentlicht wurden, berichten über diese Versuche. (Rosenfeld 1947,
1950, 1952a, 1952b, 1954; Segal 1950, 1956; Bion 1954, 1956, 1957,
1959.) Sie zeigen, daß eine nach diesen Gesichtspunkten durchge-
führte Analyse die Fähigkeit der Patienten verbesserte, untereinander und auch mit dem Analytiker Kontakt aufzunehmen. Diese
Verbesserungen sind nicht mit sogenannten spontanen Heilungen
zu verwechseln, wo eine symptomatische Besserung eintritt, ohne
daß sich an den zugrundeliegenden psychischen Strukturen etwas
ändert. Hier hingegen gab es strukturelle Veränderungen in der
Persönlichkeit des Patienten; sie bestanden darin, daß sich auf der
Ebene des Unbewußten die verschiedenen Teile des Patienten-Ichs
integrierten. Infolge dieser Entwicklung wurde erst die Analyse solcher Patienten auf konventionelleren Wegen möglich. Daß sie tatsächlich funktioniert, auch bei Patienten, die früher als unanalysier-
bar galten, ist an der erreichten Integration abzulesen. Das hat die
nachfolgende psychoanalytische Forschung in eine Richtung gewie-
sen: den psychischen Wurzeln der Schizophrenie nachzugehen.

16. Kapitel

Die Transformation des Über-Ichs: psychische Integration und Wachstum

Kleins Kinderanalysen deckten einiges auf: Neben dem Über-Ich des Erwachsenen, das wirkliche Schuldgefühle hervorruft und aus der Lösung des Ödipuskomplexes hervorzugehen scheint, gibt es noch ein anderes, ursprünglicheres Über-Ich, das schon im ersten Lebensjahr zu Tage tritt und statt der Schuldgefühle entsetzliche Ängste aufkommen läßt. Normalerweise entwickelt sich das ursprünglichere Über-Ich im Laufe der seelischen Entwicklung zu einem reiferen Über-Ich. In der Neurose dagegen bleibt es sogar bis ins Erwachsenenalter als psychische Kraft vorherrschend.

Viele Jahre lang konnte Klein die beiden Fragen, die ihre Entdeckungen aufwarfen, nicht beantworten: Wie kommt es im Verlauf der normalen Entwicklung zu dieser eindrucksvollen Transformation? Und was verhindert sie im Falle der Neurose? Sie fand schließlich die Antwort mehr oder weniger zufällig, als sie am Thema Depression das Freudsche Werk neu auswertete. In den 20 Jahren, die verstrichen waren, seit Freud gezeigt hatte, daß zur Melancholie die Identifizierung mit einem verlorenen Objekt gehört, hatte ihre eigene Arbeit über Spaltung, Projektion und Introjektion einiges Licht auf die Vorgänge geworfen, die der Identifizierung zugrunde liegen. Mit diesen Einsichten ausgerüstet, konnte sie tiefer und genauer, als das für Freud möglich gewesen war, überprüfen, worauf die Depression beruht.

Sie begann die neuerliche Überprüfung mit der Rekapitulation ihrer Entdeckungen über die frühen Stadien der normalen Entwicklung: Das kindliche Ich ist mit einer gespaltenen Welt aus ideal guten und ideal bösen Objekten konfrontiert, sowohl äußeren als auch inneren. Seine Erfahrungen mit guten äußeren Objekten in Verbindung mit seinen Liebesimpulsen fördern bei ihm die Bildung guter

186

innerer Objekte. Das vermittelt dem Säugling das Gefühl, voller guter Dinge zu sein, und schafft unbewußt die Grundlage für sein inneres Wohlbefinden und Gefühl der Sicherheit. Sobald gute innere Objekte da sind, beginnen sie, das Ich zu nähren und zu stärken. Das erstarkte Ich wird ermutigt, langsam auf Spaltung und Projektion zu verzichten, auf die es bisher zurückgreifen mußte, um die Gefahr, die seine zerstörerischen Impulse heraufbeschworen, abzuwehren. Damit verlieren sowohl die inneren als auch die äußeren guten und bösen Objekte ihre extreme Polarität und werden aus Sicht des Kindes einander immer ähnlicher. Schließlich wird sich das Kind bewußt, daß sein gutes Objekt, zum Beispiel die Mutter, die es befriedigt und der seine Liebe gilt, und sein böses Objekt, die enttäuschende Mutter, die Zielscheibe seiner zerstörerischen Impulse, ein und dieselbe Person ist. Das bedeutet, daß sich das Kind nun nicht mehr in einer Beziehung zu idealisierten Objekten befindet, sondern zu Objekten, die eine Mischung sind aus geliebten und gehaßten Eigenschaften.

Erinnern wir uns, daß die Bildung ideal guter und schlechter Objekte sich aus einer Spaltung im Selbst ergab, die auf Abwehr beruhte, dann können wir verstehen, daß die Verminderung der Objektspaltung auch ein Zeichen für die Verminderung der Spaltung des Selbst ist. Das heißt, das Kind fängt nun an, sich selbst integrierter und realistischer zu erleben. Es spürt erstmals, daß feindliche und mißgünstige Kräfte nicht nur von einem bösen Objekt ausgehen und gegen das Selbst gerichtet sind, sondern daß sie auch von ihm selbst ausgehen und sich gegen Objekte richten. Die verminderte Spaltung hat also zur Folge, daß das Kind beginnt, sowohl sich selbst als auch seine Objekte nicht mehr als idealisierte Aufbewahrungsorte für Gut und Böse zu empfinden, sondern als etwas Menschenähnlicheres, als eine Mischung aus Gut und Böse. Sobald das Kind sowohl sein Objekt wie sein Selbst nicht mehr als gute oder böse Fragmente erlebt, sondern als zwei getrennte ganze und komplexe Individuen, spricht man von seiner Beziehung zu einem »ganzen Objekt«. Eltern haben die Folgen dieser unbewußten Entwicklung bei ihrem Baby häufig dann wahrgenommen, wenn sie es als »eine eigene kleine Person« beschreiben, etwa im Alter von vier bis sechs Monaten also.

Diese entscheidende Veränderung im Verhältnis des Kindes zu seinen Objekten bringt einen fundamentalen Wandel in seinen dominanten Ängsten mit sich. Hatte es zuvor seine Ängste nur als einen lebensbedrohlichen Angriff seitens seiner bösen Objekte begreifen können, entwickelt es nun zusammen mit der Erkenntnis, daß die geliebten mit den gehaßten Objekte identisch sind, eine neue Angst auch um seine geliebten Objekte. Denn nun hat es das Gefühl, sie seien einer wirklichen Gefahr ausgesetzt, die von den zerstörerischen Teilen des eigenen Selbst ausgeht. Zu diesem Zeitpunkt wird dem Kind klar, daß es selbst gar nicht imstande wäre, sein gutes Objekt vor dem zerstörerischen Impulsen zu schützen, die bei unvermeidbaren Frustrationen in ihm aufkommen. Das Kind steht dann vor einem Dilemma, das, wie Klein sagt, »mit Schuldgefühl und Reue [einhergeht und] mit dem Gefühl [verbunden ist], für das Objekt verantwortlich zu sein und es vor Verfolgern und vor dem Es schützen zu müssen, und mit Traurigkeit über seinen drohenden Verlust«. (Klein 1935, S. 48)

In diesem Stadium bildet sich der Prototyp (die unbewußte Basis) für Verzweiflung und Trauer im späteren Leben heraus.

> Der Kummer, die Schuldgefühle und die Verzweiflung [eines Erwachsenen oder eines Kindes], die dem quälenden Gram des Depressiven zugrunde liegen, wurzeln letztlich in dem unbewußten Wissen des Ichs, daß neben seiner Liebe auch der Haß lebendig ist und jederzeit die Oberhand gewinnen könnte (in der Angst des Ichs, vom Es überwältigt zu werden und das Liebesobjekt zu zerstören). (Klein 1935, S. 48 f.)

Zur Entwicklung eines jeden Kindes gehört eine Phase des Kummers, der Schuldgefühle und der Verzweiflung. Diese schmerzlichen Gefühle sind psychologisch gerechtfertigt, denn der Schaden, den das Kind dem geliebten Objekt zufügt, ist psychisch real. Wie schwer diese Empfindungen auch zu ertragen sind, sie stellen dennoch einen äußerst wichtigen Teil der kindlichen Entwicklung dar. Wie Klein schreibt: »seien sie bewußt oder unbewußt, [sie] gehören meiner Ansicht nach zu den wesentlichen und grundlegenden Elementen des Gefühls, das wir Liebe nennen.« (Klein 1935, S. 48)

Das bedeutet, daß

> die Entwicklung des Kindes von der Fähigkeit abhängt und von dieser gestaltet wird, eine Möglichkeit zu finden, wie sich unvermeidbare und notwendige Versagungen und die teilweise durch sie verursachten Konflikte zwischen Liebe und Haß ertragen lassen: Mit anderen Worten, das Kind muß seinen Weg suchen zwischen dem durch die Versagung gesteigerten Haß einerseits und der Liebe beziehungsweise dem Wunsch wiedergutzumachen, der sich im Gefolge quälender Gewissensbisse einstellt, andererseits. Die Art und Weise, in der das Kind sich diesen Problemen seelisch anpaßt, bildet die Grundlage für all seine späteren zwischenmenschlichen Beziehungen wie für seine Liebes- und kulturelle Entwicklungsfähigkeit als Erwachsener. Zwar können Liebe und Verständnis der Menschen in seiner Umgebung für das Kind eine enorme Hilfe sein, ersparen können sie ihm diese tiefen Probleme nicht und sie auch nicht an seiner Stelle lösen. (Klein 1937, S. 121 f., Anm.)

Klein nennt den seelischen Zustand des Kindes in dieser Phase die *depressive Position*. Trotz dieser Bezeichnung ist die infantile depressive Position nicht das Musterbild für die Depression als Krankheit, sie meint vielmehr die Fähigkeit des Kindes zu Liebe und Anteilnahme und deren Begleiterscheinungen Trauer und Sorge.[1]

Das Leid, dem das Kind in der depressiven Position infolge der Integration von Liebe und Haß ausgesetzt ist, unterscheidet sich von den Ängsten der paranoid-schizoiden Position in zweierlei

---

1 Auf das Verhältnis zwischen der depressiven Position und der Depression als Krankheit komme ich später in diesem Kapitel noch zu sprechen.

Hinsicht erheblich: Es leidet jetzt mehr wegen eines geliebten Objektes als allein wegen seiner selbst, und das Leid besteht – weil es auf Liebe und Reue gründet – mehr aus seelischem Schmerz als aus Terror. Für die zwei Typen von Angst

> gibt es ein Differenzierungsmerkmal: ausschlaggebend nämlich ist, ob die Verfolgungsangst in erster Linie der Erhaltung des Ichs dient (in diesem Fall ist sie paranoisch) oder aber der Erhaltung der guten internalisierten Objekte, mit denen das Ich als ganzes identifiziert ist. Im letztgenannten Fall – dem des Depressiven – sind die Ängste und Kummergefühle weit komplexerer Natur. Die Angst, daß die guten Objekte und damit auch das Ich zerstört werden könnten oder sich in einem Zustand der Desintegration befinden, geht mit fortgesetzten und verzweifelten Versuchen einher, die guten internalisierten und äußeren Objekte zu retten. (Klein 1935, S. 46)

Dieses komplexe Leiden nennt Klein *depressive Angst*, um sie von der Verfolgungsangst der paranoid-schizoiden Position zu unterscheiden.

Die Entdeckung der depressiven Position und der sie begleitenden Ängste liefert die Antwort auf die Frage, wie das reife Über-Ich normalerweise das ursprünglichere ersetzt. Die für die paranoid-schizoide Position typische extreme Spaltung schafft phantastisch idealisierte Teilobjekte, sowohl gute als auch böse. Ergebnis der Introjektion solcher Objekte ist das ursprüngliche Über-Ich, das demnach ein Gemisch aus ideal guten und schlechten Teilobjekten darstellt. In der paranoid-schizoiden Position ist aber sogar das Verhältnis zum ideal guten Teilobjekt angstbesetzt, denn wenn das Kind an das idealisierte gute Objekt so hohe Erwartungen hat (zum Beispiel, daß es unerschöpflich und immer da sein soll), dann wird es das Objekt als etwas erleben, das seinerseits ähnliche Ansprüche an es selbst stellt und auf seine Weise zu einem Verfolger wird. Überdies enthält die Beziehung zum guten Objekt weder Dankbarkeit noch Anteilnahme. Wenn ich annehme, das ideal gute Teilobjekt sei unerschöpflich, habe ich nicht das Gefühl, daß das, was ich da erhalten habe, dieses Objekt irgend etwas gekostet hat, also empfinde ich keine Dankbarkeit. Ebenso gilt: Da ich es für unverletzlich halte, habe ich nicht das Gefühl, daß irgend etwas, das ich tue, ihm Schaden zufügen könnte, folglich behandle ich es nicht mit Rücksicht und Anteilnahme.

Das reife Über-Ich hingegen ist ein inneres Objekt, das sich durch die Identifikation mit einem Elternteil herausgebildet hat und mehr als ein ganzes Objekt erlebt wird. Man empfindet Dankbarkeit, Liebe und Zuneigung für ein ganzes Objekt, nicht aber für ein idealisiertes Objekt, denn das ganze Objekt erscheint begrenzt, verletzlich und menschlich, nicht gottgleich oder dämonisch. Liebe und Anteilnahme für einen Elternteil bringen Schuldgefühle, Reue und Angst mit sich, ob man denn, angesichts der eigenen Haßgefühle, die die depressive Position auszeichnen, wirklich fähig sein wird, diese Liebe zu bewahren. Nur wenn das Kind sowohl seiner Liebe zu den Eltern als auch seines Hasses gegen sie gewärtig ist und einen Weg zwischen diesen beiden Gefühlen findet, kann es wirklich eine Liebesbeziehung zu ihnen aufbauen.

Wenn das Kind in der Lage ist, sich um die internalisierten Eltern, die das Über-Ich bilden, zu kümmern, dann spürt es, daß diese sich umgekehrt auch um sein Selbst kümmern. Das Über-Ich der depressiven Position spiegelt den Wunsch des Ichs, die versagende (»böse«) Mutter nicht nur anzugreifen, sondern sie auch zu bewahren, wohl wissend, daß sie auch gut ist. Das Über-Ich wird daher als etwas empfunden, das nicht nur das Selbst angreifen will, wenn es böse ist, sondern das ihm auch helfen und es bewahren möchte. Die Transformation des Über-Ichs aus der ursprünglichen in die reife Form ist Teil des Übergangs von der paranoid-schizoiden Position in die depressive Position.

Die Verletzungen, die man in der psychischen Realität einem guten (ganzen) inneren Objekt zufügt, scheinen kein verfolgendes böses Objekt hervorzurufen, sondern ein verletztes gutes. Intrapsychisch hat das Gefühle wie Bedauern, Schuld und Reue zur Folge, die Klein als Teile der depressiven Position beschreibt. Diese Gefühle sind zwar schmerzhaft, aber nicht so unerträglich wie die Verfolgung, die vom ursprünglichen, Vergeltung übenden Über-Ich ausgeht. Zudem hält man die Verletzung eines inneren Objektes, um das man sich sorgt, für potentiell reparabel – die Sorge selbst scheint die Verletzung bereits wiedergutzumachen –, und das weckt in der depressiven Position wirkliche Hoffnung und Optimismus hinsichtlich der inneren und äußeren Welt, die in der paranoid-schizoiden Position fehlen.

Wie leicht und erfolgreich der Übergang von der paranoid-schizoiden Position zur depressiven Position vollzogen werden kann, hängt bis zu einem gewissen Grad davon ab, wie sehr das Kind früher während seiner paranoid-schizoiden Position zu Spaltung und projektiver Identifizierung seine Zuflucht genommen hat. Die exzessive Spaltung und Projektion der zerstörerischen Impulse schafft viele sehr böse innere wie auch äußere Objekte, was eine extreme Verfolgungsangst hervorruft. Das wiederum führt beim Versuch, sich von den schlechten Objekten zu befreien, zu weiterer Spaltung und Projektion und so fort, ein Teufelskreis.

Die Entwicklungslogik der integrativen Kräfte besteht darin, dieser Wirkung entgegenzuarbeiten: Jeder Erfolg bei der Integration vermindert die Ängste der paranoid-schizoiden Position und ermutigt zu weiterer Integration.

Wenn das Kind die Phase der depressiven Position erreicht hat und besser imstande ist, mit seiner psychischen Realität umzugehen, dann merkt es auch, daß die Bösartigkeit des Objekts weitgehend auf seine eigene Aggressivität und die daraus folgende Projektion zurückzuführen ist. Diese Einsicht ruft, wie wir in der Übertragungssituation sehen können, große seelische Schmerzen und Schuldgefühle hervor, wenn die depressive Position auf ihrem Höhepunkt angelangt ist. Aber sie bringt auch Gefühle wie Erleichterung und Hoffnung mit sich, die es ihrerseits einfacher machen, die beiden Aspekte von Objekt und Selbst zu vereinen und die depressive Position zu bearbeiten. Diese Hoffnung gründet auf der wachsenden unbewußten

Erkenntnis, daß das innere und äußere Objekt nicht so schlecht ist, wie es in seinen abgespaltenen Aspekten zu sein schien. Dadurch, daß die Liebe den Haß mildert, bessert sich das Objekt aus der Sicht des Kindes. Das Kind hat nicht mehr so sehr das Gefühl, das Objekt in der Vergangenheit zerstört zu haben, und auch die Gefahr, daß es in Zukunft zerstört werden könnte, erscheint ihm jetzt geringer; da das Objekt nicht verletzt ist, hält das Kind es auch jetzt und in Zukunft für weniger verletzbar. (Klein 1957b, S. 196)

Das führt aus dem Teufelskreis von Spaltung und Verfolgungsangst heraus und leitet in eine positive Entwicklungsspirale über. Kleins Rede von der »Milderung des Hasses durch die Liebe« erfaßt die emotionale Bedeutung des technischen Ausdruckes *psychische Integration*. Die schmerzliche Verknüpfung von Liebes- und Haßgefühlen für dasselbe Objekt vermindert die Heftigkeit des Hasses, den man gegen es verspürt. So kommt einem das Objekt nicht wie zuvor beschädigt, bösartig und verfolgend vor. Das wiederum weckt neue Hoffnung und neuen Optimismus für das eigene Selbst: Die eigene psychische Realität (das heißt das eigene Erleben der inneren Objektwelt) erscheint nicht mehr als so böse wie zuvor, und die Möglichkeiten, sich ihr zu stellen und sie zu verbessern, scheinen realistischer zu sein. Die wiederholte Erfahrung, daß die eigenen inneren Objekte den eigenen Haß überlebt haben, rechtfertigt psychologisch den Eindruck, innerlich unverwüstlich zu sein. Klein meint, die wiederkehrende Erfahrung, daß die guten Objekte den eigenen, gegen sie gerichteten Haß überleben, sei nicht nur leitend für das psychische Wachstum, sondern geradezu ein notwendiger Bestandteil davon. »Solange diese negativen Stadien vorübergehend sind, wird das gute Objekt immer wiedergewonnen. Das trägt wesentlich dazu bei, es zu etablieren und es legt den Grundstein für Stabilität und ein starkes Ich.« (Klein 1957b, S. 187)

Die depressive Position und das Verständnis von Realität

In der paranoid-schizoiden Position geschieht die Identifizierung zuallermeist projektiv. Da sie auf der unbewußten Phantasie beruht, ein Teil des eigenen Selbst sei in das Objekt eingedrungen, veranlaßt sie uns nicht zu einer Identifizierung mit dem Objekt, etwa in dem Sinne, so werden zu wollen *wie* das Objekt, sondern sie vermittelt uns vielmehr das Gefühl, irgendwie dieses Objekt zu *sein*. Die Verschmelzung der guten Teile des Selbst mit dem guten Objekt und der schlechten Teile des Selbst mit dem schlechten Objekt infolge der projektiven Identifizierung schafft in ihrer ursprünglichsten Form ein komplettes Durcheinander von Selbst und Objekt. Wenn Spaltung und Projektion nicht mehr so extrem sind, dann mäßigt sich auch die projektive Identifizierung. Allmählich nimmt das Selbst das Objekt immer mehr als etwas von ihm Getrenntes wahr, obwohl es vielleicht immer noch meint, manche seiner Eigenschaften zu besitzen.

Wenn Spaltung und Projektion weiter zurückgehen und damit die Unterscheidung zwischen Selbst und Objekt besser gelingt, stellt sich plötzlich auch ein Verständnis von Realität ein; das heißt, es entwickelt sich die Fähigkeit, die innere von der äußeren Realität zu unterscheiden. Damit wird eine neue Art der Identifizierung, die Klein *introjektive Identifizierung* nennt, möglich. Wie die projektive Identifizierung mit dem Spaltungsprozeß der paranoid-schizoiden Position verbunden ist, ist die introjektive Identifizierung mit der Integration der depressiven Position verbunden. Sie beruht auf einer Beziehung zu einem ganzen Objekt, das als etwas Getrenntes anerkannt ist, auch wenn man sich mit ihm identifiziert. Introjektive Identifizierung vermittelt nicht den Eindruck, eigentlich sei man selbst das geliebte Objekt, sondern man könne ihm irgendwie *ähnlich* sein. Sie ist von dem Bemühen begleitet, einem geliebten und bewunderten Ideal ähnlich zu werden, wenngleich das nie ganz gelingen kann. Die introjektive Identifizierung schafft ein ganz anderes innerpsychisches Klima als dasjenige, das sich aus der projektiven Identifizierung ergibt. Die mit der Kontrolle des Objekts einhergehende projektive Identifizierung ließ ein inneres Objekt entstehen, von dem man den Eindruck hatte, es revanchiere sich, indem es einen selbst von innen her kontrolliere. Anders die mit der introjektiven Identifizierung einhergehende Anerkennung, daß das Objekt sein eigenes Leben hat: Sie schafft die Identifikation mit einem Objekt, das auch dem Subjekt selbst ein eigenes inneres Leben zubilligt und so das Heranwachsen eines unabhängigen Ichs fördert. [2]

Die unbewußte Fähigkeit, zwischen dem Selbst und dem Objekt zu unterscheiden, ergibt sich aus der Unterscheidung zwischen Selbst und Nicht-Selbst, die Teil des integrativen Prozesses und der depressiven Position ist. Wenn wir von jemandem sagen, er stehe mit beiden Füßen auf dem Boden der Wirklichkeit, dann meinen wir eben dies: Er oder sie ist imstande, die äußere Welt von der inneren, die externe Realität von der psychischen Realität zu unterscheiden. Da die Fähigkeit, die äußere Realität richtig wahrzunehmen, und die Fähigkeit die psychische Realität richtig wahrzunehmen, sich gleichzeitig herausbilden und Ergebnisse ein und desselben Prozesses sind, impliziert ein Fehler in der Wahrnehmung der eigenen psychischen Realität auch einen Fehler in der Wahrnehmung der äußeren Wirklichkeit.

Wiedergutmachung

Je mehr das Kind die Spaltung zwischen Selbst und Objekt reduziert, desto realistischer kann es seine Objekte wahrnehmen. Das

---

2 Dieser Gedanke steckt in William Blakes Gedichtzeilen:
> He who bends to himself a joy
> Does the winged life destroy;
> But he who kisses the joy as it flies
> Lives in eternity's sunrise.
> (MS Note-Book, S. 99 »Several Questions Answered«)

> Wer sich selbst seine Freude verschafft,
> stört die beflügelte Lebenskraft;
> Wer aber im Fluge küßt die Wonne,
> lebt auf ewig im Aufgang der Sonne.
> (Übers. B. F.)

hat einen doppelten Effekt. Zum einen wird es sich bewußt, von seinen Objekten unterschieden zu sein, und zum anderen erkennt es mehr und mehr, wie wertvoll das gute Objekt für es ist. Das hat unter anderem zur Folge, daß es immer besser versteht, wie sehr es das gute Objekt benötigt und auch wie wertvoll dieses für es ist. Das weckt zunehmend sein Bedürfnis, sich um das gute Objekt zu kümmern, es zu bewahren und den Schaden, den der Säugling meint ihm bereits angetan zu haben, ungeschehen zu machen. Technisch ausgedrückt: Depressiver Schmerz führt zum Bedürfnis, etwas wieder gut zu machen. Da solche Bedürfnisse der Liebe zum guten Objekt entspringen, sind sie dazu angetan, es wiederherzustellen. Das wiederhergestellte gute innere Objekt stärkt das Ich und stellt es seinerseits wieder her. Damit unterstützt es das Ich, sich selbst und seine Objekte noch mehr zu integrieren.

Die Anerkennung der eigenen zerstörerischen Impulse – der erste bedeutende Schritt zur Wiedergutmachung – bedeutet, daß die Wiedergutmachung, anders als Spaltung und Projektion, nicht eine Abwehr gegen seelischen Schmerz ist, sondern eine Weise, ihn zu bearbeiten. Der entscheidende Unterschied zwischen Wiedergutmachung und psychischer Abwehr ist, daß letztere, obwohl manchmal psychisch überlebensnotwendig, nicht zu seelischem Wachstum führt, während die Wiedergutmachung eben dies tut. Hanna Segal drückt das (1981) so aus:

> Die Wiedergutmachung [...] entsteht aus Verlust- und Schuldgefühlen, die in der depressiven Position erfahren werden. Die Wiedergutmachung basiert auf der Liebe zum Objekt und dem Wunsch, es wiederherzustellen und wiederzugewinnen. Der reparative Drang trägt zur Entwicklung des Ichs und der Objektbeziehungen bei; er kann nicht als Abwehr betrachtet werden, da die Wiedergutmachung nicht darauf abzielt, psychische Realität zu leugnen, sondern eine Anstrengung darstellt – eine im psychischen Sinne realistische Anstrengung – depressive Angst und Schuld aufzulösen. (Segal 1981, S. 189 f.)

196

Manische Abwehrmechanismen und Depression

Schmerz und Reue, die untrennbar mit Wiedergutmachung verbunden sind, rufen weitere Abwehrhaltungen hervor, die darauf abzielen, diese Gefühle zu vermeiden. Solche *manischen Abwehrmechanismen*, wie Klein sie nennt, lassen Spaltung und Projektion wieder aufleben; mit ihnen werden die Ursachen für den depressiven Schmerz an allen Fronten bekämpft. Sie mindern die Güte und den Wert des guten (des ganzen) Objekts, das das Kind beim Eintritt in die depressive Position erlangt hat. Nun reduziert sich auch die Liebe, die das Kind für dieses Objekt empfindet, woraufhin der Schaden, den das Kind unbewußt dem Objekt zugefügt zu haben meint, leichter zu wiegen scheint. Der manische Abwehrmechanismus führt zu einer Entwertung des geliebten Objekts, worauf eine Idealisierung anderer, minderwertigerer Objekte folgt, denen das Kind sich nun zuwendet. Mit seiner Abwendung von dem geliebten Objekt erlebt das Kind eine Art Triumph, sich von dem guten Objekt befreit zu haben, schließlich hat es dieses Objekt nicht nur geliebt, sondern auch gehaßt, weil es ihm depressiven Schmerz zugefügt hat. Die Entwertung des guten Objekts wird im Unbewußten wie eine Beschädigung empfunden, doch es folgt keine Reue über diesen Schaden und damit auch keine Wiederherstellung der Sache, denn der psychische Schmerz, der mit einer solchen Haltung verbunden wäre, ist ja gerade, was hier abgewehrt wird. Der durch den manischen Abwehrmechanismus geschaffene Bewußtseinszustand besteht deshalb oft viele Jahre lang und unterminiert ständig die Liebe zu den ursprünglich guten Objekten der Kindheit.

Da eben diese im Unbewußten wach gehaltene Liebe für die Liebe zu allen anderen Objekten die Grundlage bildet und sie beeinträchtigt, hat das auch Auswirkungen auf die Liebesfähigkeit zu allem und jedem. Im Extremfall können diese Gefühle klinisch manifest zu einer Manie mit Größenwahn, Allmachtsphantasien und Narzißmus werden. Aber auch in schwächeren Fällen wird die manische Abwehr die Welt des Betreffenden entleeren und ihn oberflächlich, ziellos und verarmt zurücklassen.

Eine weitere bedeutsame klinische Folge der manischen Abwehr ist die Depression als Krankheit. Ihre Symptome sind zunächst selbst Manifestationen eines manischen Angriffs auf das gute Objekt (eine Abwendung von diesem Objekt, die sich klinisch in der Abwendung des Depressiven von der Welt und von vielen lustvollen Dingen im Leben niederschlägt). Dann folgen die Identifizierung mit dem beschädigten Objekt (was die Symptome des Sich-wertlos-und-leblos-Fühlens hervorruft) und der Eindruck, von ihm verfolgt zu werden (mit den Symptomen der Erregung, Schlaflosigkeit und Konzentrationsunfähigkeit). Die Tatsache, daß Manie und Depression dieselbe Ursache haben können, nämlich unbewußte manische Abwehrmechnismen, erklärt, wieso sie sich miteinander abwechselnd in der (bipolaren) manischen Depression wiederfinden können.

Es gibt eine besondere Form der manischen Abwehr, eine Art Zwischengebiet zwischen gewöhnlichen manischen Abwehrhaltungen und Wiedergutmachung. Klein nannte diese Spezialform *manische Wiedergutmachung*. Sie ist der Versuch, das beschädigte Objekt auf magische Weise wiederherzustellen, ohne jene Gefühle der Trauer und Reue zu erleben, die daraus resultieren, daß man spürt, ihm unbewußt Schaden zugefügt zu haben. Manische Wiedergutmachung ist gerade deshalb wirkungslos, weil sie vermeidet, sich schmerzlich bewußt zu werden, welche Auswirkungen der eigene Haß auf das geliebte Objekt hat, was eigentlich die Hauptaufgabe der Wiedergutmachung ist. Formen der Psychotherapie, die Schuld- und Angstgefühle zu unterdrücken suchen, gründen auf manischer Wiedergutmachung. Segal unterscheidet folgendermaßen zwischen wahrer und manischer Wiedergutmachung: »Manische Tendenzen in der Wiedergutmachung [...] zielen auf die Verleugnung von Schuld und Verantwortung ab, sie beruhen auf einer omnipotenten Kontrolle des Objekts. Vorherrschend ist die Abwehr gegen Angst und Schuld, wohingegen Liebe und Sorge für das Objekt – die Kennzeichen wirklicher Wiedergutmachung – relativ schwach ausgeprägt sind.« (Segal 1981, S. 189)

Wie schmerzlich und schwierig es ist, zu einer Integration zu gelangen, und wie dauerhaft belastend die neuerliche Spaltung und die manischen Abwahrmechanismen sind, die diese Integration wieder zunichte machen, zeigt die folgende Skizze aus der Analyse einer Hausfrau im Alter von Ende zwanzig, die eine Analyse begann, weil sie Angst hatte, ein Kind zu bekommen. Außerdem litt sie daran, sich über ihre Gefühle nicht im klaren zu sein, was mit der Angst einherging, sie könnte zu abweisend und feindselig oder zu »naseweis« sein.

Die Frau berichtet von einem Traum wenige Tage vor Thanksgiving:

Sie sah in einer Schachtel drei von vier Tierpärchen. Sie waren zusammengeschrumpft, und sie hatte das Gefühl, sie vernachlässigt zu haben. Ein Pärchen waren Ratten, ein anderes Hamster. Es schien ihr, als könne sie die Hamster retten, wenn sie sie mit Wasser besprühte. Als sie das tat, »quollen sie auf« wie Schwämme. Zu ihrem Schrecken erwachten auch die Ratten zum Leben. Sie behielt die Hamster und warf die Ratten weg.

Die Hamster erinnern sie an den früheren Hamster einer erwachsenen Nichte, die zur Zeit des Traumes gerade zu Besuch da ist. Ihr Hamster war gestorben, und der Patientin fällt ein, daß die Nichte sich für seinen Tod irgendwie verantwortlich fühlte, als habe sie den Hamster verhungern lassen. Die Patientin fügt ziemlich erregt hinzu, ihre Nichte sei ein undankbarer Gast und reagiere auf die Bemühungen der Patientin, sie zu unterhalten, eigentlich mit Bosheit und Schadenfreude. Dann sagt sie, Ratten seien etwas »Schreckliches, Eindringendes«. Der Analytiker deutet die Tiere als die Gefühle der Patientin: die Hamster als ihre echten positiven Gefühle (die sich von der Fassade des Wohlbefindens unterscheiden, die sie vor sich aufgebaut hat, um ihre wahren Gefühle zu verdecken) und die Ratten als ihre Feindseligkeit und invasive Neugier, das »Naseweise« an ihr. Die Tiere sind vertrocknet, weil sie sie aus Angst vor den Ratten erstickt hat. Als in der Analyse ihre Gefühle, die guten wie die schlechten, geweckt werden, muß sie die schlechten Ratten-Gefühle wegwerfen – sie in ihre Nichte projizieren. Das schärft ihren Blick für die Feindseligkeit und Bosheit der Nichte und macht sie zugleich blind für ihre eigene Feindseligkeit. Der Analytiker fügt hinzu, daß die Ratten insbesondere eine boshafte Leugnung von Dankbarkeit darzustellen scheinen, die sie meine loswerden zu müssen, damit durch die Ratten nicht ihre guten Hamstergefühle zerstört werden. Die Hamstergefühle bestehen zum Teil in Dankbarkeit für zahlreiche Dinge, die ihr das Leben geboten hat.

Am nächsten Tag beginnt sie die Sitzung mit der Mitteilung, sie plane ein Thanksgiving-Essen, fürchte sich aber davor, weil sie nicht wisse, was sie mit ihrer geisteskranken Schwägerin machen solle. Sie sagt, sie selbst komme mit ihrer Schwägerin irgendwie zurecht, aber sie wisse, daß ihre Mutter sich ärgern und wütend sein würde, mit ihr essen zu müssen. Sie fragt sich, ob es nicht eine Möglichkeit gebe, ihre Schwägerin von der Einladung auszuschließen. Es wäre nicht fair, meint sie, ihre Mutter einzuladen und sie dann mit so jemandem zu überraschen wie ihrer Schwägerin. Der Analytiker sagt ihr, sie habe ihre Ratten-Gefühle jetzt weggeworfen, sie in ihre Schwägerin verlegt, die sie jetzt darstelle, während ihre Mutter für jenen Teil ihres Selbst stehe, der wütend sei, diese Gefühle in der Analyse aufdecken zu müssen. Sie suggeriere damit, es sei unfair von ihrem Analytiker, sie zur Analyse einzuladen und sie dann mit ihren unangenehmen Gefühlen zu konfrontieren. Die Patientin antwortet heftig, sie *könne* die beiden nicht zusammen einladen, und meint, der Analytiker setze sie unter Druck, statt für die Schwierigkeit ihres Dilemmas Verständnis zu haben.

Der Analytiker weist sie darauf hin, daß sie seine Bemerkung über ihr innerpsychisches Dilemma aufgenommen habe, als rede er über ihre Familienprobleme. Sie habe diese Aspekte von sich auf die Familienmitglieder geschoben, und zwar so entschieden, daß es ihr jetzt möglich sei, sie einzig als Probleme der äußeren Welt anzusehen. Da erkennt die Patientin wirklich bewegt, wie wütend sie ist, derartige Gefühle in sich zu haben, und ihre Stimmung wandelt sich: Hatte sie sich zuvor verfolgt gefühlt, war sie jetzt nüchterner.

Die nächste Sitzung eröffnet sie mit der Erzählung eines Traumes, in dem sie ihre ganze Familie um sich versammelt hat, um zwei Leuten zu danken, die für die Familie eine Hilfe gewesen waren. Ihr Mann weckt sie aus diesem Traum und verlangt, sie solle ihre lärmende Nichte zur Ruhe bringen. Das Verhältnis zur Nichte war inzwischen etwas milder geworden; statt Groll und Haß empfand sie jetzt ein gewisses Mitgefühl für sie. Ihr Mann wirft ihr dagegen vor, sie kümmere sich zu sehr um die Nichte und verlangt von ihr, »fester« zu sein. Der Analytiker deutet die Versammlung der ganzen Familie als einen Versuch der Integration der verschiedenen Teile ihres Selbst, wobei die Absicht, jemandem zu danken, ein Gefühl der Dankbarkeit gegenüber dem Analytiker sei, der mit seiner Arbeit ihre Integration vorangetrieben hat. Dem steht jener Teil von ihr im Wege, der – diesmal in ihren Mann projiziert (ihr Mann hat sie aufgeweckt) – auf die Integration wütend ist. Der Mann verlangt von ihr, fest zu sein und ihre Rattengefühle einfach wieder zu ersticken, was sie erneut auf ihre Nichte projiziert.

Am nächsten Tag erzählt sie, sie habe eine schlaflose Nacht verbracht. In der Sitzung wirkt sie verwirrt, es fehlen ihr jegliche Assoziationen und es ist schwer, mit ihr in Kontakt zu kommen. Sie erwähnt die Undankbarkeit ihrer Nichte und ihrer Schwägerin und ist fast böse auf beide. Der Analytiker sagt, der Teil von ihr, der über die Integration des vorigen Tages wütend war, attackiere und zersplittere ihre Fähigkeit zu denken und übe Vergeltung für die Rolle, die ihr analytisches Denken, das die Integration zustande gebracht hat, einnimmt. Das hinterlasse sie in einem Zustand der Desintegration. Da beginnt sie wehmütig von einer Freundin zu erzählen, die, obwohl in vielerlei Hinsicht ziemlich gestört, dennoch imstande ist, ihre Fehler einzugestehen. Die Patientin bewundert eindeutig die mutige Offenheit und Ehrlichkeit ihrer Freundin, worin sie jene Integrität spürt, nach der sie sich selbst sehnt.

Am nächsten Tag fühlt sie sich »lebendiger«, weiß aber nicht, warum. Vielleicht liegt es daran, daß ihre Nichte nicht mehr »streikt« und bereit ist, ihr beim Geschirrspülen zu helfen. Sie fühlt sich auch stabiler, kann sich aber nicht vorstellen, wieso das so ist. Der Analytiker sagt, ihr Eindruck, lebendiger und stabiler zu sein, könne mit der Wiederbelebung ihrer Gefühle, sowohl der Hamster- als auch der Rattengefühle, zusammenhängen und mit der Integrität, die mit ihnen einhergehe. Das wiederum hänge mit der analytischen Arbeit der vergangenen Sitzungen zusammen, die ihr damals sehr wichtig vorgekommen waren. Da wird der Patientin klar, daß in ihrer Verwirrung über ihren gegenwärtigen Zustand eine Verleugnung der Hilfe lag, die sie durch die Analyse erhalten hat. Sie sagt, auf einmal sehe sie, wie originell die Arbeit des Analytikers eigentlich war – nichts Vorgefertigtes, kein Nachplappern der Ideen eines anderen. Und sie fügt hinzu: Zum erstenmal habe sie Lust, ein Thanksgiving-Essen zu geben. Die Anerkennung, welchen Wert die originelle Arbeit des Analytikers hat, mildert ihren Ratten-Anteil, der die Analyse zuvor entwertet hat, denn nun kann sie ihn mit ihrem liebenden Hamster-Teil integrieren. Jetzt ist es ihr möglich, sich mit einem schöpferischen Analytiker zu identifizieren, sie kann der Koch sein, dessen Arbeit ihr wertvoll erscheint.

In den weichen, flauschigen Hamstern drücken sich nicht nur die positiven Gefühle dieser Patientin aus, die Hamster stehen auch für ihr gutes Partialobjekt, die weichen Brüste ihrer Mutter. Die Ratten repräsentieren ihre zerstörerischen Gefühle, vor allem Neid und Sadismus. Sie verhindern und untergraben ihr Gefühl der Dankbarkeit. Als sie sie auf ihre Objekte projiziert, tun sie ihr Teil dazu und bilden die bösen, verfolgenden Partialobjekte. Die Gleichsetzung der guten und bösen Partialobjekte mit guten und schlechten Teilen des Selbst geschieht, weil in der paranoid-schizoiden Position das Partialobjekt nicht von Teilen des Selbst zu trennen ist. In diese Situation ist die Patientin aufgrund der Spaltung und Projektion ihrer manischen Abwehr vorübergehend zurückgeworfen worden.

Sie versucht, mit den Ratten-Gefühlen und den entsprechenden Ratten-Objekten fertigzuwerden, indem sie alle ihre Gefühle erstickt, also die Tiere verhungern läßt. Im Traum kann sie die Hamster nicht zum Leben erwecken, ohne ungewollt auch die Ratten wieder aufleben zu lassen. Sie kann also nicht positive Gefühle zu ihrem geliebten Objekt haben, ohne daß diese Gefühle auch den Haß und Neid gegen dieses Objekt wecken, gerade weil es geliebt und bewunderungswürdig ist. Das Spalten und Ersticken trägt erheblich zu einem ihrer schwersten Symptome bei, nämlich daß sie den Kontakt zu ihren Gefühlen verloren hat und nicht weiß, was sie wirklich fühlt. Hinzu kommt, daß sie angesichts ihrer Neigung, gefürchtete Aspekte von sich in ihre Objekte zu projizieren, unbewußt Angst hat, wenn sie ein Kind bekäme, könnte es ein Ratten-Kind sein. Diese Angst spielt eine große Rolle bei ihrer Angst davor, selbst Kinder zu bekommen.

Da die Patientin oft gute und schlechte Teile von sich selbst in ihre äußeren Objekte, vor allem in die Mitglieder ihrer Familie projiziert, stellen diese in ihrem Unbewußten verschiedene Teile von ihr selbst dar. (Diese Neigung macht sie übrigens auch übermäßig abhängig von ihnen.) Der Traum, in dem sie ihre ganze Familie um sich versammelt, ist ein Versuch, diese verschiedenen Teile zu integrieren. Ihr Zustand der Desintegration am folgenden Tag ist eine Reaktion gegen die im Traum ausgedrückte Integration und wirkt wie eine Abwehr gegen den depressiven Schmerz, der darin enthalten ist.

In der letzten Sitzung versucht sie zunächst, ihr Wohlbefinden auf Faktoren außerhalb der Analyse zurückzuführen. Das ist ein weiterer Versuch, den Schmerz abzulenken, der damit verbunden ist, sich auf den Analytiker verlassen zu müssen, wenn sie will, daß es ihr gut geht, weil er in der Übertragung das gute (ganze) Objekt darstellt. Die neuerlangte Lebendigkeit verdankt sie der erfolgreichen Integration (Anerkenung) ihres Neides und Ärgers gegenüber dem guten Objekt, die jetzt durch ihre Liebe zu ihm gemildert sind.

Das erweckt das Objekt in ihr zum Leben und verschafft ihr das Gefühl innerer Lebendigkeit. Das Gefühl der Stabilität, der bewußte Ausdruck für eine unbewußte Empfindung, nicht mehr in zerstreute Teile gespalten zu sein, ist ein Ergebnis desselben Prozesses.

Wiedergutmachung, Kreativität und die normale seelische Entwicklung

Kleins Entdeckung, daß sich das Über-Ich des normalen Erwachsenen aus einem primitiveren Über-Ich entwickelt, das bei jedem Kind vorhanden ist und stark dem jeweiligen Über-Ich neurotischer (und psychotischer) Patienten ähnelt, warf die beiden Fragen auf, die ich zu Beginn dieses Kapitels formulierte: Wie geht die Transformation vor sich (wenn sie denn vor sich geht) oder was verhindert sie unter Umständen? Die Antworten ergaben sich aus der paranoid-schizoiden und der depressiven Position. Die Transformation des Über-Ichs ist Teil eines wichtigen Übergangs von der paranoid-schizoiden zur depressiven Position. Dieser Übergang beginnt innerhalb der ersten sechs Lebensmonate, wenn zum erstenmal eine psychische Integration stattfindet, doch ist sie nie ein fait accompli, sondern setzt sich ein Leben lang als psychische Entwicklung fort.

Für die normale psychische Entwicklung kommt es zunächst darauf an, daß die Verfolgungsängste angemessen gelöst werden, wodurch dann die Integration zustande kommt. Später geht es um die Lösung der depressiven Angst- und Schuldgefühle, die sich aus ihr ergeben. Das Ich trägt und löst die Schuld, die Reue und die Ängste der depressiven Position, indem es im Unbewußten das gute Objekt wiederherstellt, das es mit seinem Zerstörungsdrang meint beschädigt zu haben.

Mit die wirkungsvollste Wiedergutmachung des Ichs geschieht durch seine kreativen Impulse in Gestalt seiner *schöpferischen Arbeit*. Der Ausdruck schöpferische Arbeit ist hier im weitesten Sinne zu verstehen (Jaques 1970). Er umfaßt nicht nur Kunstwerke, sondern auch wissenschaftliche Errungenschaften, das Aufziehen von Kindern, sinnvolle Arbeit jeglicher Art, kulturelle Leistungen wie die

Aneignung einer Sprache, jegliches Lernen und kreatives Spielen. Unbewußt meint man, das schöpferische Tun ströme aus der eigenen guten inneren Elterninstanz. Ist man fähig, es zu tun, beweist das, daß die guten Eltern in der Innenwelt lebendig und gesichert sind und daß also, zumindest zeitweilig, die liebenden Impulse die eigenen zerstörerischen Impulse besiegt haben. Sich darüber unbewußt im klaren zu sein, trägt stark zur Beruhigung und zum Gefühl des inneren Wohlbefindens bei, das man in der schöpferischen Arbeit findet. Schöpferische Arbeit kann unbewußt auch das Gefühl vermitteln, früheren Schaden, der durch den eigenen Haß auf das gute Objekt verursacht worden ist, *ungeschehen* zu machen. Segal hat (1952, 1974) beschrieben, wie sich im einzelnen in den jeweiligen Formen schöpferischer Arbeit die besonderen Wiedergutmachungsbedürfnisse und -phantasien niederschlagen, wie diese gerade darauf zugeschnitten sind, den Schaden zu beheben, den man dem inneren Objekt zugefügt zu haben meint. Gelegenheit zu schöpferischer Arbeit zu haben, ist daher kein Luxus, sondern eine psychische Notwendigkeit, fehlt sie, so sind wir der Gefahr ernster seelischer Erkrankung ausgesetzt. Jaques hat (1970) aufgezeigt, welche lebenswichtigen Auswirkungen das auf die Sozial- und Arbeitspolitik hat.

17. Kapitel

Die frühen Stadien des Ödipuskomplexes

Das Freudsche Modell des Ödipuskomplexes, das er erstmals im Jahr 1900 vorstellte, war eine Rekonstruktion aufgrund von Daten, die er bei seinen Analysen Erwachsener gesammelt hatte. Dieses Modell hat, zumindest in groben Zügen, die Zeit so gut überdauert, daß die leidenschaftliche Kontroverse bei seiner ersten Formulierung – und die damit eng verknüpfte Frage nach der Sexualität des Kindes – heute fast als unbegreiflich erscheint. Freuds Rekonstruktion der frühen seelischen Ereignisse der Kindheit, aus denen sich der Ödipuskomplex allererst entwickelt, wurde jedoch dadurch erschwert, daß er diese Ereignisse aus großem zeitlichem Abstand zu seinen Analysen Erwachsener betrachten mußte.

Die Technik der Kinderanalyse ermöglichte es Melanie Klein, viele Einzelheiten nachzureichen, die in Freuds Modell der ödipalen Entwicklung fehlten, und so die Vorgeschichte des Freudschen Ödipuskomplexes zu rekonstruieren. Mit dieser Sammlung neuer Informationen über die frühen und späteren Stadien des Ödipuskomplexes konnte sie Freuds ursprüngliche Formulierung erweitern, ergänzen und schließlich neu fassen.

Nach Freud gerät der Knabe in den Sog einer starken Welle genitaler Libido, deren Höhepunkt etwa im Alter von vier oder fünf Jahren liegt. In dieser Phase entwickelt er ein Verlangen nach sexuellem Verkehr mit seiner Mutter, für die er immer schon auf verschiedene Weise und aus unterschiedlichen Gründen Zuneigung empfand. Bald aber ist er überzeugt, daß die Verfolgung seines Wunsches zu seiner Kastrierung durch die Hand des Vater führen werde. Das veranlaßt ihn, von seinen sexuellen Wünschen nach der Mutter abzulassen. Um diese Entsagung möglich zu machen, identifiziert er sich mit dem Vater und bewirkt damit gleichzeitig die Lösung des Ödipuskomplexes und den Aufbau eines Über-Ichs.

Der Ödipuskomplex des Mädchens (Freud 1933) setzt etwa zur selben Zeit ein wie der des Knaben, und zwar wenn das Mädchen zum erstenmal feststellt, daß es keinen Penis besitzt. Das veranlaßt es dazu, die Jungen und Männer um ihren Penis zu beneiden und ihrer Mutter die Schuld dafür zu geben, daß sie es hat leer ausgehen lassen. Im Groll über diese narzißtische Wunde wendet sich das Mädchen von der Mutter ab, die ihm bis dahin alles bedeutet hat. Um seinen Neid um den Penis des Vaters zu bezwingen, wendet es sich ihm zu und versucht, ihn für sich zu gewinnen. Rasch wird dem Mädchen klar, daß das unmöglich ist; es findet sich, ganz befriedigt, ersatzweise damit ab, ein Kind von ihm anzunehmen. Diese Entscheidung bestimmt letztlich die sexuelle Orientierung des Mädchens.

Ein solches Bild führt zu einer Reihe von Schlußfolgerungen. Erstens: Der Junge läßt von seinen ödipalen Wünschen an seine Mutter ab, um seine Kastration zu vermeiden, das Mädchen hingegen tritt in eine ödipale Beziehung zu seinem Vater ein, weil es seiner Ansicht nach bereits kastriert ist. Zweitens: Der Junge löst seinen ödipalen Konflikt, indem er sich mit dem Vater identifiziert, was nach Freuds Überzeugung zur Bildung des Über-Ichs führt, das Mädchen aber wendet sich an den Vater in erster Linie als äußeres Objekt. Es *internalisiert* seine Eltern nie und *löst* daher auch seinen Ödipuskomplex nie. Deshalb erlangt es auch nie ein solch stabiles Über-Ich oder wirkliche Unabhängigkeit von den Eltern wie der Junge, der seinen Vater internalisiert. Nach dieser Theorie müßte man erwarten, daß Frauen im Vergleich zu Männern einen weniger ausgeprägten Sinn für Gerechtigkeit besitzen, schwächere soziale Bindungen eingehen und von anderen Menschen (anstelle ihrer niemals internalisierten Eltern) abhängiger sind, auch daß sie weniger mutig zu ihren Überzeugungen stehen. Freud war sich bewußt, wie wenig sein Modell der realen weiblichen sexuellen Entwicklung entsprach, nannte er es doch den schwächsten Teil seiner Psychologie. Aber vielleicht konnte er es nicht besser machen, weil er ohne genauere Kenntnis der Phänomene, die vor dem Alter von vier oder fünf Jahren auftreten, nicht in der Lage war, eine vernünftige Alternative zu begründen.

Kleins unmittelbare Erforschung der psychischen Entwicklung des kleinen Kindes zeigt, daß der Ödipuskomplex, wie Freud ihn beschreibt, eine Entwicklungsfolge früherer Phänomene ist, deren Wurzeln bis ins erste Lebensjahr zurückreichen: konkrete unbewußte Phantasievorstellungen, Projektion und Introjektion, Spaltung und Verfolgungsangst sowie depressive Ängste. Wenn man zusätzlich berücksichtigt, wie diese Faktoren zusammenspielen und aufeinander aufbauen, dann entsteht ein Bild der ödipalen Entwicklung, das für beide Geschlechter erstaunlich ähnlich und viel lebensnäher und genauer ist als Freuds frühere Annäherungen.

Sie schreibt:

> Meiner Ansicht nach setzt der Ödipuskomplex im ersten Lebensjahr ein und nimmt bei beiden Geschlechtern einen zunächst ähnlichen Entwicklungsverlauf. Die Beziehung zur Mutterbrust ist einer der wesentlichen Faktoren, welche die gesamte emotionale und sexuelle Entwicklung prägen. Deshalb beginnt die folgende Beschreibung der Anfänge des Ödipuskomplexes beider Geschlechter mit der Beziehung zur Brust. (Klein 1945, S. 415)

Da Klein an diesem Punkt einsetzt, muß sie erklären, was einen Säugling, der an der Mutterbrust hängt, veranlassen könnte, seinen Interessenhorizont zu erweitern und ein zweites Objekt hinzuzunehmen, nämlich den Vater. Klein macht zwei Kräfte aus, die darauf hinarbeiten. Zum einen die Befriedigung, die der Säugling an der Brust erlebt. Sie vermittelt ihm das Gefühl einer »guten« Brust, so daß er erwartet, mit anderen Objekten eine ähnliche Erfahrung zu machen. Aufgrund dieser Erwartung wendet der Säugling nun sein Verlangen neuen Objekten, zu allererst dem Vater, zu.

Die zweite Kraft, die beim Säugling das Interesse am Vater antreibt, steht paradoxerweise der ersten entgegen:

> Einen besonderen Anstoß aber erhält das neue Verlangen durch die Frustration, die er in seiner Beziehung zur Brust er-

lebt. Es ist wichtig, sich daran zu erinnern, daß Frustration sowohl auf inneren Faktoren als auch auf realen Erfahrungen beruht. Die Frustration an der Brust ist selbst unter günstigsten Bedingungen zu einem gewissen Grad unvermeidbar, denn das eigentliche Verlangen des Säuglings zielt auf *grenzenlose* Befriedigung. (Klein 1945, S. 415)

Der Säugling entwickelt eine Zuneigung zu seinem Vater – der erste Schritt weg von der Brust in eine größere Welt –, weil er an der Brust eine optimale Kombination von Befriedigung und Enttäuschung erlebt. Zu geringe Befriedigung macht es dem Säugling schwer, eine positive Beziehung zum Primärobjekt zu entwickeln, und enthält ihm damit seinen Maßstab für weitere positive Zuneigungen vor. Zu große Befriedigung (oder auch der Versuch, sie ihm zu verschaffen) enthält ihm eine wichtige Antriebskraft vor, neue Objekte zu suchen. Die Liebe zur Brust in Verbindung mit der Enttäuschung über sie stimuliert bei beiden Geschlechtern den Wunsch nach einer Alternative.

So gesehen wendet sich das Kind, Mädchen oder Junge, in der Hoffnung an den Vater, er werde besser sein als die Brust. Der erste, rudimentäre kindliche Begriff vom Vater gründet zum Teil auf den Erfahrungen des Kindes mit der Brust und zum Teil auf der halluzinatorischen Befriedigung seines Wunsches nach einem Objekt, das alle seine oralen Bedürfnisse antizipiert und erfüllt. Der Vater gilt daher, nach dem Modell der Brust, als ein alternatives Objekt oraler Befriedigung. Die Beziehung zum Vater ist noch eine Partialobjekt-Beziehung, und das Kind sieht in ihm einen Nippel, an dem man saugen kann. Dieser Prototyp bildet für das Kind das Urbild des Penis.

Die psychische Entdeckung des väterlichen Penis kann die Probleme, die durch die Enttäuschung an der Brust ausgelöst worden sind, nicht völlig vermeiden. Wenn auch er sich als unfähig erweist, eine unbegrenzte Befriedigung zu bieten, geht die zwiespältige Haltung gegenüber der Brust, die mit einem guten und einem bösen Partialobjekt Brust assoziiert ist, auf die neue Beziehung zum väterlichen

Penis über. Jedes der beiden Objekte (Brust und Penis) ist noch gespalten und kann daher mal extrem gut, mal extrem böse sein. Das Kind hat jetzt zwei idealisierte Objekte und zwei höchst verfolgende.

Das Kind hat aber etwas Wertvolles erreicht, indem es den Vater mit einschließt: Jetzt steht ihm ein umfangreicheres Repertoire an Objekten zur Verfügung, aus dem es sich ein ideal gutes und ein ideal böses Objekt aussuchen kann; und es kann »zwischen den [guten und bösen] Aspekten« zweier Primärobjekte hin- und herpendeln. Zwei Objekte – zwei Elternteile – bieten eine Wirklichkeit, die sich viel leichter zur Spaltung eignet, als das mit nur einem Objekt der Fall wäre. Das Kind kann jetzt seine Liebe einem Elternteil zuwenden und seinen Haß dem anderen. Mit der Erweiterung seines Objektbestandes hat das Kind seine Chancen zu erfolgreicher Spaltung erhöht, von der ja seine relative Stabilität in der paranoid-schizoiden Position abhängt.

In seinem Frühstadium ist der Ödipuskomplex für beide Geschlechter gleich, denn in diesem Stadium erfüllt er ein Bedürfnis, das beide Geschlechter gleichermaßen haben: das Bedürfnis zur Spaltung. Jeder positiven ödipalen Beziehung zu einem ideal guten Objekt (Brust oder Penis) entspricht eine negative Beziehung zu einem erschreckend bösen Objekt (Brust oder Penis), das die andere Seite der Spaltung besetzt. Das Bedürfnis, das Vorhandensein eines ideal guten Objekts sicherzustellen und zugleich ein sehr böses zu vermeiden, veranlaßt das Kind, seine Liebe gleichermaßen vielversprechend und mühelos mal dem einen, mal dem anderen Elternteil entgegenzubringen. Das läßt zugleich und mit derselben Kraft einen heterosexuellen und einen homosexuellen Ödipuskomplex entstehen. Beide erfüllen gleich gut die Erfordernisse der Spaltung und sind miteinander austauschbar.

Überdies spürt das Kind schon in diesem frühen Partialobjekt-Stadium, daß die Eltern eine Beziehung zueinander haben. Wenn bei ihm liebende Gefühle vorherrschen, dann sieht es in ihnen zwei gute Elternteile, die sich zusammengetan haben, um füreinander und für das Kind Gutes zu tun und ihm zu helfen, mit Enttäuschungen und gefährlichen, zerstörerischen Impulsen fertigzuwerden. Wenn dagegen die Enttäuschung dominiert, dann meint das Kind, die Eltern behielten alle Milch und die anderen guten Dinge nur für sich und enthielten sie dem Kind bösartigerweise vor. Wenn zerstörerische Impulse vorherrschen, dann kann das Kind das Gefühl haben, seine Eltern seien zwei sehr böse Objekte geworden, die einander attackieren, vergiften und vernichten. Diese verschiedenen Elternimagines wechseln miteinander in der Wahrnehmung des Kindes, und jeder Elternteil wird zu verschiedenen Zeiten mal als extrem gut oder extrem böse, mal als isoliert oder in allerlei Kombinationen zum anderen erlebt. Welche Imago jeweils vorherrscht, hängt davon ab, welche Stimmung das Kind im Augenblick ergriffen hat.

Von Anbeginn seines Lebens hat der Säugling eine mächtige orale Neigung, in seiner Phantasie beide Eltern zu »verschlingen«. Das bringt in der Innenwelt des Kindes ein »Duplikat« von ihnen (oder besser gesagt, von der Wahrnehmung, die es von ihnen hat) zustande, damit beginnt die Über-Ich-Bildung. Das Über-Ich entsteht demnach nicht erst bei der Lösung des Ödipuskomplexes, sondern da, wo er einsetzt.

> Die Imagines der Mutterbrust sowie des väterlichen Penis werden in seinem Ich errichtet und bilden den Kern des Über-Ichs. Der Introjektion der guten und bösen Brust der Mutter entspricht die Introjektion des guten und bösen Penis des Vaters. Sie werden zu den ersten Repräsentanzen beschützender und hilfreicher bzw. vergeltungsuchender und verfolgender innerer Gestalten und stellen die ersten Identifizierungen dar, die das Ich entwickelt. (Klein 1945, S. 417)

Bis dahin hat Klein die ödipalen Phänomene auf das Bedürfnis des Kindes, seine Welt zu spalten, bezogen. Nun zeigt sich, daß eine gegenläufige Dynamik, die mit den Integrationskräften zusammenhängt, ebenfalls seit Beginn des Ödipuskomplexes am Werk ist. Vor dem Hintergrund dieser Kraft zur Integration tauchen erstmals genitale Impulse und Phantasien auf.

Wenngleich sie nach wie vor von oraler, urethraler und analer Libido in den Hintergrund gedrängt werden, beginnen genitale Wünsche sich schon bald mit den oralen Triebstrebungen des Kindes zu vermischen. Frühe genitale Wünsche richten sich ebenso wie die oralen auf die Mutter und auf den Vater. [… Den] männlichen Säugling veranlassen genitale Sensationen und Strebungen, nach einer Öffnung zu suchen, die seinen Penis aufnehmen kann, d. h. sie werden auf die Mutter gerichtet. In analoger Weise wecken die genitalen Sensationen des kleinen Mädchens den Wunsch, den Penis des Vaters in seine Vagina aufzunehmen. (Klein 1945, S. 417 f.)

Eine Folge der fortschreitenden Integration des kindlichen Selbst und seiner Welt ist, wie wir gesehen haben, daß das Kind – eine Konsequenz seines Hasses und seiner Aggression gegen seine geliebten Objekte – beginnt, deren Verlust zu fürchten. Das bringt Schuldgefühle, Trauer und Reue mit sich, die die Angst der depressiven Position ausmachen. In seinem Bestreben, diese Angst zu lösen, entwickelt das Kind Phantasien und das Bedürfnis, etwas wiedergutzumachen.

Seine Geschlechtlichkeit erhält, besonders durch die depressive Angst und den daraus resultierenden Drang zur Wiedergutmachung, einen Schub, weil das eigentlich Genitale von Natur aus etwas mit Wiedergutmachung, Kreativität und Zuwendung zum Objekt zu tun hat. Anders als andere erogene Zonen zielt das Genitale nicht primär auf Spannungsentlastung ab. Es ist mit dem Bedürfnis verbunden, ein Kind zu erschaffen (wir erinnern uns an Hans' Lust zu zeigen, wie er im Rettich-Garten graben und »Wiwi machen« konnte) und seine Partnerin und seine Kinder zu lieben und zu umsorgen (auch wenn es nur in der Phantasie geschieht). Es ist ein Wunsch, *für* die eigenen Objekte zu sorgen, nicht nur selbst *von* ihnen umsorgt zu werden.

Von Wiedergutmachungsphantasien und -wünschen beherrscht, möchte der Junge seinen Penis, der für ihn der »gute« Vater ist, den er internalisiert hat, einsetzen, um den Schaden, den sein Haß dem

Inneren seiner Mutter zugefügt hat, wieder zu reparieren. Ähnlich wünscht sich das Mädchen Babys, um mit ihnen die anderen Babys – die guten Dinge in der Brust und im Leib der Mutter – zu ersetzen, weil es meint, sie mit seinem Haß beschädigt zu haben.

Im klassischen ödipalen Wunsch, mit dem eigenen Vater bzw. der eigenen Mutter Geschlechtsverkehr zu haben, fließen eine Reihe von frühen Phantasien und Prozessen zusammen; dazu gehören: die Spaltung der Brust in gute und böse Partialobjekte, die Abwendung von der Brust hin zum Penis des Vaters als einem oralen Objekt (zu dem das Verhältnis dann ähnlich gespalten ist), eine Identifizierung mit Hilfe von introjizierten Phantasievorstellungen bezüglich der guten und bösen Partial-Objekt-Eltern, das Bewußtsein, dem »guten« Elternteil durch seine Aggression in Gedanken Schaden zugefügt zu haben, der Wunsch, diesen Schaden wiedergutzumachen und der Einsatz der Genitalien bei dem Versuch, die Dinge in Ordnung zu bringen. Der ödipale Wunsch nach Sexualverkehr erscheint trügerisch einfach. In Wirklichkeit besteht er aus einem komplexen Gefüge, dessen Komposition (und Bedeutung) vielfältig und variabel ist.

Die ödipale Entwicklung des Jungen

Bis zum Beginn genitaler Impulse ist die ödipale Entwicklung von Jungen und Mädchen im großen und ganzen bisexuell. Erst dann entstehen, aufgrund der Verschiedenheit in der Anatomie und in den Empfindungen, die von den männlichen und weiblichen Genitalien ausgehen, verschiedene Phantasien bei Jungen und bei Mädchen. Die ödipale Entwicklung geht nun zwei getrennte Wege, die wir einzeln betrachten wollen.

Wie wir gesehen haben, richtet der Junge im Frühstadium seines Ödipuskomplexes einen Teil seiner Liebe und seiner sexuellen Wünsche von der Mutterbrust auf den Penis seines Vaters. In seiner Phantasie ist der Penis Erbe der Brust und wird als etwas empfunden, das seine sexuellen Wünsche ebenso befriedigen kann, wie die Brust ihn befriedigt und seinen Hunger gestillt hat; der Penis kann ihn mit Kindern füllen, wie die Brust ihn mit Milch gefüllt hat. Die Haltung des Jungen gegenüber dem Penis seines Vaters ist anfangs rezeptiv – in der Terminologie von Melanie Klein: Er befindet sich in einer »weiblichen« Position. Diese positive, passiv-homosexuelle Beziehung zum Penis des Vaters ist die erste ödipale Position des Jungen. Die lustvolle Phantasie des kleinen Hans, ein Klempner-Vater dringe mit einem Bohrer in seinen Bauch ein, ist eine Andeutung dieser Beziehung, ebenso sein Beharren darauf, er werde der nächste in der Familie sein, der ein Baby bekommt, indem er »Lumpf« mache.

Die weibliche Position, mit ihrem bestätigenden Bild vom Penis als einem »guten und kreativen Organ«, ist für den Jungen eine Voraussetzung, um eine gesunde heterosexuelle ödipale Beziehung zu seiner Mutter zu entwickeln, denn »nur dann, wenn der Junge darauf vertraut, daß das männliche Genitale – das des Vaters wie auch sein eigenes – wirklich ›gut‹ ist, kann er es wagen, seine genitalen, auf die Mutter gerichteten Wünsche wahrzunehmen«, ohne ein lähmendes Schuldgefühl, er könnte ihr Schaden zufügen. (Klein 1945, S. 419 f.)

Eine vorwiegend positive Beziehung zum Penis des Vaters läßt im Jungen eine positiv getönte Identifizierung mit ihm entstehen, die ihm ermöglicht, einen Schritt weiter, zu einer heterosexuellen ödipalen Beziehung zu seiner Mutter überzugehen. Die Fähigkeit des Jungen, seine genitalen Wünsche an die Mutter zu erleben, legt unbewußt das Fundament, um später in seinem Leben mit anderen Frauen sexuell potent zu sein.

Sein positives Verhältnis zum Penis des Vaters hilft ihm auch, seine Angst abzubauen, der Vater werde ihn kastrieren, so daß er seinen heterosexuellen ödipalen Haß gegen den Vater wie seine Rivalität mit ihm besser ertragen kann. Das schafft unbewußt die Basis für seine spätere aggressive Potenz gegenüber Männern.

Andererseits legt das Gegenstück zum frühen Liebesimpuls des Jungen, sein früher Sadismus, den Grundstein für die Kehrseite seiner gesunden sexuellen und aggressiven Potenzen: seine Kastrationsangst. Der Junge überträgt nicht nur seine Liebe zur Mutterbrust, sondern auch seine oral-sadistischen Impulse auf den Penis des Vaters. Hinzu kommen sein ödipaler Haß gegen den Vater und seine Rivalität mit ihm. Das alles zusammen findet seinen Ausdruck im Verlangen des Jungen, den Penis des Vaters abzubeißen. Umgekehrt weckt das seine Angst, zur Vergeltung könnten seine eigenen Genitalien vom Vater abgebissen werden. (Hans' Angst, von einem Pferd gebissen zu werden, ist eine nur schwach verhüllte Version dieser lebhaften Phantasie.) Solche Phantasien entstehen aus den eigenen Wünschen des Jungen und sind bis zu einem gewissen Grad unabhängig vom tatsächlichen Verhalten des Vaters. Wenn ein kastrierender Vater nicht vorhanden ist, wird der Junge unbewußt einen erfinden.

Ein vorwiegend feindseliges Verhältnis zum Penis des Vaters führt den Jungen überdies zu einer Identifizierung mit einem bösen und zerstörerischen Penis, so daß ihm auch sein eigener Penis als ein Instrument der Verletzung und Zerstörung vorkommt. Er eignet sich also nicht als Wiedergutmachungsorgan, um die depressiven Ängste gegenüber der Mutter zu lösen. Im Gegenteil, der Junge wird meinen, der Verkehr mit ihr sei für sie gefährlich: Sein Penis ist zu einer *Quelle* depressiver Angst geworden.

Sowohl die Angst, einen Vater zu haben, der beschädigt und böse ist und Vergeltung übt, als auch die Angst, sein eigener Penis könnte der Mutter Schaden zufügen, tragen dazu bei, die spätere aggressive Potenz des Jungen bezüglich anderer Männer und die sexuelle Potenz bezüglich anderer Frauen zu untergraben.

Selbst wenn der Junge ein überwiegend positives Verhältnis zu seinem Vater aufgebaut hat, kann er dennoch von feindseligen und sadistischen Phantasien gegen seine Mutter beherrscht werden. Das gibt ihm das Gefühl, seine Feindseligkeit sei die Ursache dafür, daß ihr Inneres verletzt und vergiftet worden ist. Infolgedessen wird der Junge sich vielleicht vor dem Körper seiner Mutter als einem grausigen und gefährlichen Ort fürchten, der beim Verkehr mit ihr seinen Penis bedroht. Auch das ist ein Faktor, der zu den Schwierigkeiten des Jungen beim Aufbau einer ödipalen Position heterosexueller Potenz beitragen kann.

Welche sexuelle Potenz der Junge schließlich entwickelt, hängt also davon ab, ob es ihm gelungen ist, eine überwiegend positive Beziehung zu *beiden* Elternteilen gleichermaßen herzustellen. Eine solche kann nicht aus einer Spaltung seiner Haltung zu ihnen resultieren, denn eine Spaltung würde notwendigerweise entweder einen gefährlichen (kastrierenden) Vater oder eine gefährliche (vergiftende) Mutter schaffen und damit die Fähigkeit des Jungen hemmen, zu einer vollständigen heterosexuellen ödipalen Position zu gelangen. Die erforderliche, gleichermaßen positive Beziehung zu beiden Elternteilen kann sich nur aus einer erfolgreichen Integration seiner guten und bösen Objekte, Mutter und Vater, ergeben. Das impliziert die Integration seiner Liebe zu ihnen wie seines Hasses gegen sie und die Milderung des Hasses durch die Liebe, um ausreichend gute ganze Objekte herzustellen. Das ist natürlich nichts anderes als das Durcharbeiten der depressiven Position im Hinblick auf die Eltern.

Die ödipale Entwicklung des Mädchens

Die weibliche ödipale Entwicklung weicht insoweit von der männlichen ab, als sie von den frühesten genitalen Empfindungen des Mädchens beeinflußt ist. Das Mädchen stellt sich die Mutterbrust (die ja ein Teil seiner frühen positiven oralen Beziehung zur Mutter ist) und später ihren ganzen Körper als etwas vor, das voller Reichtümer ist. Die positive orale Beziehung zum Penis des Vaters gibt dem Mädchen das Gefühl, dieser sei ebenfalls ein gutes Ernährungsorgan; und beides zusammen ergibt die Phantasie – eine frühe Theorie, wie Kinder gemacht werden –, daß der Penis des Vaters die Mutter füttert und sie mit Reichtümern und Babies füllt. In der Identifizierung mit der Mutter spürt das Mädchen, »daß sein Körper potentielle Kinder enthält, die es als seinen kostbarsten Besitz empfindet. Der Penis des Vaters, der ihm Kinder geben kann und mit Kindern gleichgesetzt ist, wird zum Objekt seines großen Verlangens und all seiner Bewunderung. (Klein 1945, S. 422)

Die frühe ödipale Entwicklung des Mädchens entspricht sehr stark der frühen »weiblichen« Position des Jungen. Das Mädchen verläßt allerdings diese Position nicht, sondern behält sie als einen Teil seiner letztlichen Sexualentwicklung bei. Da das gute Verhältnis des Mädchens zum Penis, den es zunächst für ein Ernährungsorgan hielt, eine Übertragung von der vorherigen guten Beziehung zur nährenden Brust ist, hängt die Stabilität des ersteren zum grossen Teil von der Stabilität der letzteren ab. Wie im Fall des Jungen beruht auch das positive heterosexuelle Verhältnis des Mädchens auf der positiven Beziehung zum gleichgeschlechtlichen Elternteil. Die positive ödipale Entwicklung des Mädchens ist daher ein Spiegelbild derjenigen des Jungen.

Gerade so, wie die Feindseligkeit des Jungen gegen den Penis seines Vaters, in ihm die Phantasie heraufbeschwört, seinen Vater zu kastrieren, was dann seine Angst vor einem Vergeltung übenden, kastrierenden Vater schürt, gerade so drückt sich auch die ödipale Rivalität des Mädchens hauptsächlich in dem Drang aus, der Mutter den Penis des Vaters und die Kinder zu rauben. Das ruft bei ihm eine paranoide Angst hervor: »die Angst vor einer bösen, rachsüchtigen Mutter, die seinen [des Mädchens] Körper angreifen und seine inneren guten Objekte [seine eigenen Babys] verletzen oder rauben will, spielt für seine Ängste dauerhaft eine herausragende Rolle. Dies konstituiert meiner Ansicht nach die führende Angstsituation des Mädchens.« (Klein 1945, S. 423)

In diesem Punkt war Klein anderer Meinung als Freud, der glaubte, die größte Angst der Frauen sei die Angst vor dem Liebesverlust eines äußeren Objekts. Das entspricht seiner Idee, daß Mädchen ihre Eltern nicht als Über-Ich inkorporieren und, weil sie keine stabilen inneren Objekte besitzen, gezwungen sind, sich weitgehend auf äußere zu stützen. Zum Beleg dieser Auffassung führt er die Beobachtung an, daß Frauen sich bei ihrer Selbsteinschätzung offenbar stärker als Männer auf das Urteil anderer verlassen. Klein erklärt diese Beobachtung anders: Während Jungen leicht sicherstellen können, daß sie nicht kastriert worden sind, indem sie sehen, daß sie einen Penis haben, hat das Mädchen keine Möglichkeit festzustellen, daß das Innere seines Körpers unversehrt ist, bis es tatsächlich ein gesundes Kind in sich trägt. Das Mädchens ist von der Liebe »guter« äußerer Objekte abhängiger als der Junge, denn erst sie gibt ihm (durch die ständige Interaktion zwischen inneren und äußeren Objekten) die nötige zusätzliche Versicherung, daß seine »guten« inneren Objekte intakt sind.

Die Kleinianische Revision des Ödipuskomplexes

Obwohl die Entdeckungen der frühen Analyse in vielerlei Hinsicht Freuds Konzeption des Ödipuskomplexes bestätigt haben, gibt es auch einige Elemente im Freudianischen Bild, denen das Kleinianische widerspricht. Ihre Beobachtungen an Kindern haben gezeigt, daß psychosexuelle Stadien nicht ordentlich geregelt aufeinander folgen, wie Freud in seinen *Drei Abhandlungen zur Sexualtheorie* annahm, sondern daß sie sich von den ersten Monaten an überlagern. Genitale Empfindungen gibt es bereits im Säuglingsalter, sie interagieren eng mit einer Vielfalt gleichzeitig vorhandener oraler, analer und urethraler Impulse und Phantasien, liebender wie feindseliger. Zudem behauptet Klein (wie bis zu einem gewissen Grad auch Freud), daß sich die frühen Phasen des Ödipuskomplexes von den späteren dadurch unterscheiden, daß sie nicht nur heterosexuelle, sondern auch homosexuelle Komponenten enthalten, die alle voneinander abhängen. Diese frühe homosexuelle Orientierung ist keine Abwehrhaltung, sondern übernimmt eine notwendige Aufgabe beim Vorstoß des Kindes zur Heterosexualität.

Was die spezifisch männliche Ödipalentwicklung angeht, hat Klein gezeigt, daß die männliche Ödipalangst neben der Kastrationsangst noch einige *innere* Gefahren mit sich bringt, wie die Gefahr, von innen her vom bösen internalisierten Penis des Vaters oder auch von den eigenen gefährlichen Impulsen attackiert zu werden. Beide lassen befürchten, sie könnten einem innerlich schaden und die Mutter während des Geschlechtsverkehrs äußerlich verletzen. Die Ängste sind vor allem zu Anfang besonders stark, was Freud nicht so wahrnehmen konnte, weil sie gewöhnlich in den ersten Lebensjahren entweder gelöst oder unter die Kastrationsangst subsumiert werden. Daher gilt:

> Je mehr sich die Entwicklung dem Genitalprimat nähert, desto stärker tritt die [klassische] Kastrationsangst in den Vordergrund. Während ich in dieser Hinsicht also voll und ganz mit Freuds Auffassung übereinstimme, daß die *Kastrationsangst die leitende Angstsituation des Jungen darstellt*, kann ich mich seiner Behauptung, daß sie der *einzige Faktor* sei, der für die Verdrängung des Ödipuskomplexes verantwortlich ist, nicht anschließen. Frühe, unterschiedlichen Quellen entstammende Ängste sind an der zentralen Rolle, die der Katrationsangst auf dem Höhepunkt der Ödipussituation zukommen wird, während des gesamten Entwicklungsverlaufs beteiligt. (Klein 1945, S. 428 f.)

Klein betont auch, daß neben den Verfolgungsängsten, die Freud (vor allem in Form der Kastrationsangst) so hervorhebt, die depressive Angst eine entscheidende Rolle bei der Bildung des Ödipuskomplexes des Jungen spielt:

> In seinen guten Aspekten ist der Vater eine unverzichtbare Quelle der Stärke, ein Freund und ein Ideal, bei dem der Junge Schutz und Anleitung sucht, so daß er bestrebt ist, ihn vor Schaden zu bewahren. [... Aus diesem Grund] wecken die Impulse des Jungen, seinen Vater zu kastrieren und zu ermorden, auch Kummer und Sorge gegenüber dem Vater als Liebesobjekt. [...] Immer wieder konnte ich in Analysen von Jungen und Männern feststellen, daß Schuldgefühle gegenüber dem geliebten Vater einen integralen Bestandteil des Ödipuskomplexes bildeten und seinen Ausgang in entscheidendem Maße beeinflußten. [...]
>
> Darüber hinaus hat sich Freud in einigen seiner Schriften (was seine Fallgeschichten betrifft, insbesondere in der »Analyse der Phobie eines fünfjährigen Knaben«, 1909b) auch mit

der Bedeutung auseinandergesetzt, die der Liebe zum Vater im positiv-ödipalen Konflikt des Jungen zukommt. Aber er hat der entscheidenden Rolle, die diese Liebesgefühle sowohl für die Entwicklung des Ödipuskonfliktes als auch für seine Auflösung spielen, nicht genügend Gewicht beigemessen. Nach meiner Erfahrung büßt die ödipale Situation nicht allein deshalb an Intensität ein, weil der Junge sich vor der Zerstörung seines Genitales durch einen nach Vergeltung trachtenden Vater fürchtet [also aus Verfolgungsangst]; ein weiterer Grund sind seine Liebes- und Schuldgefühle, die ihn veranlassen, seinen Vater als innere wie auch als äußere Gestalt vor Schaden zu bewahren. (Klein 1945, S. 429)

Was die weibliche ödipale Entwicklung angeht, stimmt Klein mit Freud überein: Wenn das Mädchen feststellt, daß es keinen Penis hat, kommt bei ihm ein Penisneid auf, der in seiner weiteren Entwicklung eine erhebliche Rolle spielt. Doch, so fügt sie hinzu, sei der Penisneid nicht einfach eine narzißtische Wunde. Er wird durch die Enttäuschung des Wunsches nach einer sexuellen Beziehung zum Vater verstärkt. Klein entdeckte bei ihren Analysen von Mädchen und Frauen, daß dem weiblichen Wunsch des kleinen Mädchens, den Penis des Vaters zu verinnerlichen und von ihm ein Kind zu empfangen, immer der Wunsch vorausgeht, selbst einen Penis zu besitzen.

Hinzu kommt Kleins Meinungsverschiedenheit mit Freud, was die Rolle von Groll oder Ärger bei der Abwendung des Mädchens von seiner Mutter und seiner Hinwendung zum Vater angeht. Nach Klein bewahrt das Mädchen während seiner gesamten ödipalen Entwicklung eine starke Bindung zur Mutter, die mit der Zuneigung zum Vater verwoben ist. Das Mädchen zerstört seine Zuneigung zur Mutter nicht zugunsten des Vaters, wie Freud annahm. Es bewahrt sie vielmehr, so daß sie einen weitreichenden und dauerhaften Einfluß auf jede Facette seines Verhältnisses zum Vater ausübt.

Es ist sehr bezeichnend, daß Klein vorschlägt, die Vorstellung von der Relation zwischen Ödipuskomplex, Über-Ich und Schuld von Grund auf zu revidieren:

> Das Über-Ich beginnt sich bei beiden Geschlechtern in der oralen Phase zu entwickeln. Das Kind, das von seinem Phantasieleben und widerstreitenden Gefühlen beherrscht wird, introjiziert auf jeder Stufe der Libidoorganisation seine Objekte – in erster Linie die Eltern – und errichtet aus diesen Elementen das Über-Ich. […]
>
> Den ersten Schuldgefühlen liegt bei beiden Geschlechtern das oral-sadistische Verlangen zugrunde, die Mutter – und vor allem ihre Brüste – zu verschlingen (Abraham). Folglich beginnen sich Schuldgefühle im Säuglingsalter zu entwickeln. Das Schuldgefühl taucht nicht mit dem Abklingen des Ödipuskomplexes auf, sondern ist einer jener Faktoren, die seinen Verlauf von Anfang an prägen und den Ausgang seiner Entwicklung beeinflussen. (Klein 1945, S. 428)

Das impliziert, wiederum im Gegensatz zu Freuds Auffassung, daß die Entwicklung des Über-Ichs bei beiden Geschlechtern mehr oder weniger gleich abläuft und daß das weibliche Über-Ich ebenso stabil ist wie das männliche.

Nach Ansicht Kleins geht der Wunsch nach einer sexuellen Beziehung zu einem Elternteil niemals vollständig verloren, sondern bleibt im Unbewußten aktiv und kommt schließlich in späteren sexuellen Beziehungen zum Ausdruck. Dieser Ausdruck eines lange verschobenen, tief empfundenen Wunsches erklärt zum Teil die Tiefe und den Reichtum erwachsener sexueller Beziehungen. Die Lösung des Ödipuskomplexes geschieht nicht dadurch, daß das Kind seine sexuellen Absichten bezüglich der Eltern fallenläßt, sondern daß es trotz seiner eigenen sexuellen Wünsche unbewußt seinen Eltern das ausschließliche Vorrecht auf eine gute Sexualbeziehung miteinander zugesteht. Das hat zur Folge, daß das Kind ein Elternpaar als sein Über-Ich in sich aufnimmt, das auch das eigene sexuelle Vorrecht des Kindes respektiert – eine wichtige Voraussetzung einer gesunden erwachsenen Sexualität.

Die Lösung des Ödipuskomplexes hängt davon ab, ob die Liebe des Kindes imstande ist, den Haß gegen den ödipalen Rivalen zu überwinden (oder zu mildern). Das ist gleichbedeutend mit der Fähigkeit, den geliebten Elternteil mit dem gehaßten Elternteil (dem Rivalen) zusammenkommen zu lassen. In dieser Aufgabe spiegelt sich die frühere wider, nämlich zulassen zu können, daß die guten und bösen Aspekte eines Objekts aufeinandertreffen und ein ganzes Objekt bilden; und tatsächlich hängt der Erfolg der zweiten Aufgabe vom Präzedenzfall der früheren ab, nämlich der depressiven Integration eines einzelnen Objekts.

Aufs Ganze gesehen, läßt sich das Verhältnis des Kleinschen Modells der ödipalen Entwicklung zum Freudschen so beschreiben: Trotz ihrer Differenzen mit Freud zeigt die Arbeit Melanie Kleins nicht nur, *daß* Freud recht hatte, als er den Ödipuskomplex als »infantile Neurose« bezeichnete, bildet er doch, wenn er ungelöst bleibt, den Kern psychischer Störungen im Erwachsenenalter. Kleins Arbeit zeigt auch, *warum* er mit seiner Bestimmung recht hatte: Der Ödipuskomplex ist ein Scheidepunkt für alle Ängste, Impulse und Abwehrmechanismen der paranoid-schizoiden und der depressiven Position. Je nachdem wie er gelöst wird, werden auch die ihm zugrundeliegenden Ängste gelöst, ein Prozeß, den Klein bereits als Vehikel der psychischen Entwicklung ausgemacht hatte.

18. Kapitel

Neid und Dankbarkeit, Spaltung und Integration

In ihrem letzten größeren Beitrag zur Erforschung der frühen psychischen Entwicklung untersucht Klein (1957b), wie Neid und Dankbarkeit unbewußt wirken. Obwohl wir diese beiden Haltungen vor allem aus unserem bewußten Erwachsenenleben kennen, hat die Analyse gezeigt, daß sie im Säuglingsalter und im Unbewußten tiefgreifende und unerwartete Auswirkungen haben. Dankbarkeit scheint ein wichtiger Teil der liebevollen Reaktion auf angenehme Erfahrungen zu sein, wodurch das gute Objekt psychisch zum Leben erweckt wird, während der unbewußte Neid die aus der Liebe geborene Dankbarkeit vereitelt, indem er das Zustandekommen des guten Objekts verhindert. Das Wechselspiel dieser beiden steht notwendig mit Spaltung und Integration in Verbindung und daher mit den Grundfesten der seelischen Entwicklung.

Klein belegt ihre Behauptung, daß der Neid in einem Gegensatz zu Liebe und Dankbarkeit steht, mit einer Reihe von ehrwürdigen, wenn auch nicht psychoanalytischen Autoritäten. Sie beginnt mit Chaucer, der in »The Parson's Tale« schreibt, es sei »sicher, daß Neid die größte Sünde ist, die es gibt, denn alle anderen Sünden richten sich gegen eine Tugend, der Neid aber ist gegen alle Tugenden und alles Gute gerichtet«. Chaucer, der vor allem die Eigenschaft des Neides ins Auge faßt, gerade das zu unterminieren und zu verderben, was man als gut empfindet, beschreibt einen neidischen Menschen als jemanden, der unglücklich ist, wenn er andere Menschen in Glück und Wohlstand sieht, und der sich an ihrem Unglück weidet. Ähnlich lesen wir bei Spenser in *The Faerie Queene*, der Neid »haßt alle guten Werke und tugendhaften Taten«. Der Heilige Augustinus glaubt, der Neid sei das Gegenstück zur Schöpferkraft des Lebens, und auch der Heilige Paulus betont den Gegensatz zwischen den schöpferischen Kräften und dem Neid, wenn er in seinem ersten Brief an die Korinther schreibt: »die Liebe eifert nicht [...] sie rechnet das Böse nicht zu.« Neid wird als etwas empfunden, das – psychoanalytisch ausgedrückt – das gute Objekt schädigt oder zerstört und zugleich auch diejenigen Teile des Ichs, die mit (der Liebe zu) dem guten Objekt verbunden sind. [1]

Klein unterscheidet Neid sorgsam von der Eifersucht, mit der er zuweilen verwechselt wird. Der Haß des Eifersüchtigen entsteht, weil er ein geliebtes Objekts an einen Dritten verloren hat. In diesem Fall wird das verlorene Objekt selbst geliebt und für gut gehalten; gehaßt wird der Verlust des Objekts, nicht seine Güte. Der Haß des Neiders hingegen richtet sich speziell gegen die Güte dessen, was er als gut empfindet. Wenngleich sie zu unterscheiden sind, kommen beide doch häufig zusammen vor: Die Eifersucht wird durch den Neid (vom Typus Woanders-ist-es-immer-schöner) noch verschärft, so erscheint der Genuß, den andere durch ihr geliebtes Objekt erhalten, größer als der Genuß, den man selbst hat. Die Analyse extremer Eifersuchtsfälle zeigt oft, daß unbewußter Neid die Eifersucht erheblich verstärkt.

Neid kann auch Gier anstacheln. Beispielsweise geht die Unersättlichkeit der Gier zum Teil auf Neid zurück. Jemand begehrt etwas, macht es aber aus Neid schlecht; damit befriedigt es nicht mehr seine Gier. Der gierige Wunsch, mehr zu haben, als einem zusteht, kann auch mit einem Gefühl von Ungerechtigkeit zu tun haben, daß man nicht *alles* haben kann, was einem gut scheint. Auch das ist eine Form von Neid.

Klein zeigt, wie in der Übertragung »der neidische Patient dem Analytiker den Erfolg seiner Arbeit nicht gönnt«, weil der Erfolg des Analytikers, obwohl er doch dem Patienten selbst zugute

---

1 Klein untersucht natürlich den *unbewußten* Neid und die *unbewußte* Dankbarkeit. Es gibt einen – gewöhnlich ganz bewußten – Neid, der kaum mehr ist als nur ein Ausdruck der Bewunderung. Wir nehmen ihn bei uns gewöhnlich mit einem betretenen Lächeln zur Kenntnis, das seinerseits zeigt, daß dieser Neid weitgehend durch Liebe gemildert ist. Der zerstörerische Neid, den Klein und ihre Vorläufer aus der Literatur im Auge haben, ist zutiefst unbewußt (und zutiefst gefürchtet), und er ist von der Liebe, die ihn unschädlich machen könnte, ganz abgespalten.

kommt, ein Objekt seines Neides ist. Diese Haltung des Einem-an-deren-nichts-Gönnen kann bewirken, daß der Patient gerade das haßt, was er an der Arbeit des Analytikers als gut empfindet – Liebe, Trost und Verständnis – und daß er es dann bei sich verdirbt.

Der folgende Traum eines Analysepatienten illustriert, wie unbewußter Neid wirken kann:

> Der Patient beobachtet, wie ein Mann von der Bühne Lebensmittelpakete ins Publikum wirft. Die Pakete enthalten so etwas wie Schinken oder Käse, und das Publikum nimmt sie begeistert auf. Der Patient beschließt, das auch zu tun, und erhält ein paar von den Paketen. Doch als er sie ins Publikum wirft, entdeckt er, daß sie Bleigewichte und Fischhaken enthalten. Die Gewichte verletzen die Menschen, denen sie auf den Kopf fallen, und die Fischhaken zerschneiden ihre Hände, wenn sie versuchen, nach seinen Paketen zu greifen.

Der Patient assoziierte den Mann auf der Bühne mit dem Analytiker und auch mit einem Schauspieler, der die Rolle verwelkter Homosexueller spielt. Dann assoziierte er ihn mit einem Transsexuellen und mit einem anderen Schauspieler, den der Patient für bewundernswert, aber verrückt hielt.

Die Wahrnehmung des Patienten vom Analytiker-Künstler, der sein Publikum mit guten Deutungen füttert, ist positiv (er möchte dasselbe tun wie der Analytiker), aber es ist auch von Neid gefärbt (der bewunderte Analytiker wird mit einem welken Homosexuellen assoziiert, mit einem Transsexuellen und einem Mann, der nett, aber verrückt ist). Sein Neid treibt den Patienten dazu, auf den Analytiker unerwünschte Eigenschaften zu projizieren, das verändert die unbewußte Wahrnehmung des Patienten, so daß er ihn unbewußt als jemanden sieht, der bewunderungswürdig und verrückt zugleich ist. Als er versucht, ihn nachzuahmen, wirft er, entgegen seiner Absicht, wie ein Verrückter schlechte und gefährliche Dinge in die Menge. Zu den Symptomen des Patienten gehört, daß er in der Öffentlichkeit häufig das Gegenteil von dem sagt, was er sagen wollte.

Sobald der Patient »spürt, daß er den Analytiker und die Hilfe, die er von ihm bekommt, durch seine neidische Kritik verdorben und entwertet hat, kann er ihn nicht mehr als gutes Objekt introjizieren und auch seine Deutungen nicht mehr wirklich überzeugt annehmen und sich zu eigen machen« (Klein 1957b). Dadurch verliert die Analyse für den Patienten ihren Sinn. Diese Entdeckung ist klinisch außerordentlich wichtig: In vielen Fällen, in denen die Analyse auch nach etlichen Jahren beim Patienten nur oberflächliche Wirkungen zeigte, fand sich ein unbewußter Neid an der Wurzel des Problems.

Dankbarkeit setzt voraus, daß man sich bis zu einem gewissen Grad des Wertes dessen bewußt ist, was man bekommen hat. Dankbarkeit ist ein wichtiger Teil der kindlichen Fähigkeit, seine guten Objekte zu lieben. Das ist nicht dasselbe wie sie zur eigenen Befriedigung zu brauchen oder zu gebrauchen. Bei Letzterem fehlt die Sorge und Anteilnahme für das Objekt; es ist eine Haltung, die manchmal ironisch »Liebe, die durch den Magen geht« genannt wird. Wirkliche Dankbarkeit und Liebe zum guten Objekt befähigen das Ich, ein gutes Objekt um seiner selbst willen aufzunehmen und durch es, dank seines Kontaktes zur Außenwelt, zu wachsen.

Damit eine Deutung auch tatsächlich wirken kann, muß man von ihr überzeugt sein. Das wiederum setzt nicht nur voraus, daß der Patient auf die Deutung nicht unbewußt neidisch sein darf, sondern auch, daß er dankbar ist für die Gabe, die er erhält. Dankbarkeit ist ein Zeichen dafür, daß die Würdigung des Erhaltenen stärker ist als der Neid auf die Gabe, oder daß die Liebe zu einem guten Objekt die Haßgefühle auf sein Gutsein übersteigt.

Dankbarkeit ist auch imstande, die Auswirkungen früheren Neids zu mildern. Sie macht es möglich, das gute Objekt, das vom Neid zerfressen zu sein schien, zurückzugewinnen und die eigene Fähigkeit, es zu lieben, wiederaufleben zu lassen. Dankbarkeit nährt die Sorge für das gute Objekt, Sorge vor allem für dessen Schicksal, wenn es in unseren Händen liegt; und das setzt voraus, daß wir fähig sind, die eigenen Objekte als ganze Personen zu sehen. Mit anderen Worten, die Dankbarkeit verstärkt die Integration

zwischen unseren Objekten und unserem Ich. Klein hält die Fähigkeit zu unbewußter Dankbarkeit wie auch die Neigung, das gute
Objekt zu beneiden, für teilweise angeboren. Von den ursprünglichen Liebes- und Zerstörungsimpulsen des Kindes scheinen diese
beiden sich am unmittelbarsten und sichtbarsten zu artikulieren.

Natürlich bestimmen auch äußere Ereignisse mit, wie heftig der
unbewußte Neid und die unbewußte Dankbarkeit ausfallen. Enttäuschung verstärkt offenbar den Neid, und Befriedigung fördert
gewöhnlich die Dankbarkeit. Wir wissen aber auch, daß Neid als
Reaktion auf Dankbarkeit wachsen kann (etwa bei der negativen
therapeutischen Reaktion) und daß Dankbarkeit eine beträchtliche
Menge an Frustration auszuhalten vermag. Auch hier haben wir
wieder das bekannte Bild: Die psychische Realität ist eine Legierung aus äußeren und inneren Faktoren.

Unbewußter Neid und Spaltung

Ob die Ängste der paranoid-schizoiden Position erfolgreich durch-
gearbeitet werden, hängt davon ab, ob das Kind in der frühesten,
von Spaltungsprozessen beherrschten Phase seines Lebens, ein inneres Objekt besessen hat, das »gut genug« war. Um ein solches
Objekt ausbilden zu können, muß das Kind in seinen Erfahrungen
ausreichend zwischen guten und bösen Objekten trennen, sie also
so spalten, daß das gute Objekt vom bösen unterscheidbar ist. Obwohl aus diesem Grund die Spaltung nötig ist, um ein gutes Objekt
zu gewinnen, verfehlt sie ihre Funktion, wenn sie zu tief ist. Eine
allzu tiefe Spaltung schafft nicht ein gutes oder böses, sondern ein
höchst idealisiertes und extrem verfolgendes Objekt. Klein fand,
daß

> eine derart tiefe und scharfe Teilung erkennen läßt, daß zerstö-
> rerische Impulse, Neid und Verfolgungsängste sehr stark sind
> und daß die Idealisierung hauptsächlich zur Abwehr dieser
> Gefühle eingesetzt wird. [...] Kinder mit einer starken Liebes-
> fähigkeit haben weniger das Bedürfnis zu idealisieren als sol-

227

che, in denen Zerstörungsdrang und Verfolgungsangst übermächtig sind. Exzessive Idealisierung deutet darauf hin, daß
hier das Gefühl, verfolgt zu werden, die Haupttriebkraft ist.
Wie ich vor vielen Jahren bei meiner Arbeit mit kleinen Kindern feststellen konnte, ist die Idealisierung eine Begleiter-
scheinung der Verfolgungsangst – eine Abwehr gegen diese
Angst. [...]

Das idealisierte Objekt ist im Ich viel weniger verankert als
das gute Objekt, da es überwiegend aus Verfolgungsangst geboren ist und nicht so sehr aus der Fähigkeit zu lieben. (Klein
1957b, S. 192 f.)

Die Idealisierung hat unter anderem die Funktion, das gute Objekt
unverletzbar erscheinen zu lassen gegen die Angriffe seitens der
neidischen Teile der Persönlichkeit. Diese Teile hassen das Objekt,
gerade weil es die Fähigkeit besitzt zu befriedigen, zugleich werden
sie als übermächtig empfunden. Exzessive Spaltung dient also zur
Abwehr des exzessiven unbewußten Neides.

Die Spaltung wird ihre Aufgabe, ein gutes Objekt zu bilden, auch
dann nicht erfüllen, wenn sie zu gering ist. In vielen Fällen wird die
Unfähigkeit, ausreichend zu trennen, darauf zurückzuführen sein,
daß bei der »Primärspaltung« zwischen guten und bösen Aspekten
des ersten Objekts im Leben des Säuglings, nämlich der Mutterbrust (und zwischen den Liebes- und Haßgefühlen des Kindes ihr
gegenüber), etwas schiefgelaufen ist.[2] Das ruft eine Ur-Verwirrung
hervor, die im Unbewußten bestehen bleibt und alle späteren Beziehungen beeinträchtigt.

Auch die zu geringe Spaltung dient der Abwehr gegen unbewußten Neid. Die Unklarheit darüber, was gut und was böse ist, bietet
dem guten Objekt einen gewissen Schutz vor dem Neid, der sich
sonst gegen das Objekt richten würde, das eindeutig als gut aner-

---

2 Wenn Klein von »Brust« spricht, meint sie sowohl deren körperliche als auch psychische
Funktion. Die Brust ist ein nährendes Objekt und zugleich eine seelische Entität. Vgl. Nähe-
res dazu in Kapitel 12: Kleins Ansatz über die Psychoanalyse des Kindes.

kannt wäre. Eine unbestimmte, unklare oder graue Welt, in der die guten Objekte als nicht *allzu* gut empfunden werden, bietet dem Neid keine eindeuigen Angriffspunkte. So verhindern Unklarheit und Schwanken die Neidattacken, denen ein eindeutig als gut anerkanntes Objekt ausgesetzt wäre, und sie verhindern auch Schuld- und Angstgefühle, die darauf folgen würden. Klinisch drückt sich die Unklarheit darüber, was gut ist, unter anderem so aus, daß jemand nicht von dem überzeugt ist, was er glaubt. Oder, wie Freud einmal von einen berühmten Zwangsneurotiker sagte: Wenn ein Mensch an seiner eigenen Liebe zweifelt, dann wird er, oder besser, *muß* er an allem Geringeren zweifeln.

Klein entdeckte noch eine dritte anormale Art der Spaltung, die man perverse Spaltung nennen könnte. Hier ist die Spaltung weder zu tief noch zu gering, sondern falsch gepolt, so daß das, wovon man unbewußt weiß, daß es gut ist, als böse gilt und umgekehrt. In der Analyse scheint eine solche Spaltung auch mit einem primitiven Neid auf das gute Objekt zusammenzuhängen. Das stellt im Verlauf der Analyse oft ein größeres Hindernis dar, das überwunden werden muß, weil es in der Übertragung erneut virulent wird. Nehmen wir einmal an,

> der Analytiker hat gerade eine Deutung gegeben, die dem Patienten geholfen und bei ihm einen Stimmungsumschwung von Verzweiflung zu Hoffnung und Vertrauen zustande gebracht hat. Bei manchen Patienten oder auch zu einer anderen Zeit bei demselben Patienten kann diese hilfreiche Deutung bald darauf zum Gegenstand einer intensiven zerstörerischen Kritik werden. Dann wird sie nicht mehr als etwas Gutes empfunden, das er empfangen und als Bereicherung erfahren hat. Seine Kritik kann sich an Unwichtigem festmachen: Die Deutung hätte früher kommen sollen; oder sie war zu lang; sie habe die Assoziationen des Patienten gestört; oder sie war zu kurz, was so viel heißt wie, er hat sie nicht richtig verstanden. [...] Überflüssig zu sagen, daß uns unsere Patienten aus vielerlei Gründen kritisieren und manchmal mit Recht. Aber wenn

ein Patient die Arbeit des Analytikers, die er als hilfreich erlebt hat, kritisieren muß, [...] dann ist Neid mit im Spiel. (Klein 1957b, S. 183f.)

Bei der perversen Spaltung wird die Entwertung von hilfreichen oder kreativen Objekten von einer Idealisierung zerstörerischer Objekte begleitet. Rosenfeld (1964) hat gezeigt, welche Rolle diese Art der Spaltung bei unbewußten Phantasiekonstellationen im Zusammenhang mit Drogenabhängigkeit spielt. Und Meltzer (1972) brachte sie mit der Psychopathologie der sexuellen Perversion in Verbindung.

Schließlich gibt es noch eine vollkommen zerstörische Art der Spaltung, die manchmal »Fragmentierung« genannt wird. Sie richtet sich gegen die Integrität der eigenen Objekte und des eigenen Ichs. Sie scheint ein unmittelbarer Ausdruck von primitiven neidischen und sadistischen Impulsen zu sein. Daß sie häufig in der Säuglingszeit und im Unbewußten von Erwachsenen vorkommt, hängt mit zwei Faktoren zusammen, die sich wechselseitig verstärken: zum einen, welchem Ausmaß an Frustration jemand ausgesetzt ist, zum anderen, mit welchem Ausmaß an zerstörerischen oder sadistischen Impulsen auf die Frustration reagiert wird. Im Extremfall vermitteln diese Impulse dem Kind das Gefühl, es habe durch seine sadistische Spaltung die Brust zunichte gemacht: »[...] das Kind fühlt dann, daß es die Brustwarze und die Brust in Stükken aufgenommen hat. Deswegen wird die versagende Brust [...] als Resultat der Angriffe in den oral-sadistischen Phantasien, als in Teile aufgelöst empfunden [...].« (Klein 1946, S. 106)

In Augenblicken der Befriedigung überwiegen bei der Aufnahme der Brust die Liebesimpulse, dann wird sie als vollständig empfunden. Wenn aber infolge von Frustration, das heißt Versagung der Brust, starke sadistische Regungen aufkommen und in der Phantasie Angriffe auf die Brust gemacht werden, dann kann sogar dieser Prozeß gestört und »das Gefühl des Säuglings, eine gute und ganze Brust in sich zu besitzen [...] durch Versagung und Angst erschüttert werden. Als Folge davon könnte die Trennung in gute und böse Brust schwer aufrechterhalten werden, denn der Säugling könnte fühlen, daß sich die gute Brust ebenfalls in Stücken befinde.« (Klein 1946, S. 106).

Da die Integrität des Ichs gleichbedeutend ist mit der Integrität seiner inneren Objekte, in erster Linie mit dem guten Primärobjekt, der Brust,

> beeinflussen die Phantasien und Gefühle über den Zustand des inneren Objekts die Struktur des Ichs auf das engste. Je mehr der Sadismus in dem Vorgang der Einverleibung des Objekts und je mehr das Objekt in Stücken empfunden wird, um so mehr ist das Ich in Gefahr, in seiner Beziehung zu den verinnerlichten Objektfragmenten gespalten zu werden. (Klein 1946, S. 106)

An einem gewissen Punkt gewinnt dieser Prozeß eine Eigendynamik, dann führt Versagung auch zur Fragmentierung von innerpsychischen Produkten, die auf befriedigenden Erfahrungen beruhen, was wiederum die Frustration erhöht. Das schafft einen Teufelskreis, der zu einer für schizophrene Zustände typischen Desintegration des Ichs führen kann, wie Rosenfeld (1952, 1963) und Bion (1956) gezeigt haben.

In den schizophrenen Zuständen findet der Neid klinisch seinen vehementesten Ausdruck. Er stellt sowohl einen Angriff auf das beneidete gute Objekt dar als auch ein Mittel, es unbeneidbar zu machen. Derselbe Angriff desintegriert aber auch denjenigen Teil des Ichs, der imstande wäre, eine Beziehung zum Objekt herzustellen. Das ist der Grund, weshalb die Analyse der Schizophrenie nicht in erster Linie in der Untersuchung der Beziehung des Ichs zu inneren und äußeren Objekten besteht, wie das in der Analyse eines neurotischen Patienten der Fall wäre, sondern in der Rekonstruktion der Teile des Ichs und des Objekts, damit überhaupt eine Beziehung zwischen beiden möglich wird.

Unbewußte Dankbarkeit und Integration

Selbst in der gestörtesten Persönlichkeit kommt neben den verschiedenen anormalen Formen der Spaltung, wie sie oben beschrieben worden sind, auch die normale Spaltung vor. Welchen Weg die Entwicklung im Säuglingsalter nimmt, hängt vom Gleichgewicht zwischen normaler und anormaler Spaltung und davon ab, welcher Typus anormaler Spaltungsprozesse vorliegt. Bei der normalen Spaltung ist das gute Objekt klar und präzise vom bösen abgegrenzt, ohne übermäßig idealisiert zu werden: Klein betrachtet das als »Voraussetzung für die relative Stabilität des jungen Säuglings« in der paranoid-schizoiden Position. Das Produkt einer solchen Spaltung ist ein gutes Objekt, das zu beinhalten scheint, was man als Erwachsener als Güte, Kraft und Schönheit bezeichnen würde.

> Diese Primär-Teilung ist nur dann erfolgreich, wenn eine entsprechende Liebesfähigkeit und ein relativ starkes Ich vorhanden sind. Meine Hypothese ist daher, daß die Fähigkeit zu lieben sowohl die Integrationsneigung als auch eine erfolgreiche Primärspaltung zwischen dem geliebten und dem gehaßten Objekt fördert. Das klingt paradox. Doch da, wie ich sagte, die Integration auf einem fest verwurzelten guten Objekt beruht, das den Kern des Ichs bildet, ist ein gewisses Maß an Spaltung [zunächst einmal] für seine Integration notwendig; denn sie schützt das gute Objekt und gibt dem Ich später die Möglichkeit, dessen beide Aspekte zu vereinen. (Klein 1957b, S. 191 f.)

Kleins Ausführungen über die unbewußten Gefühle Dankbarkeit und Neid füllen das theoretische Skelett der Lebens- und Todestriebe mit klinischer Substanz. Dankbarkeit ist ein Gradmesser, sich emotional bewußt zu werden, wieviel Vitalität, Kreativität, Liebe, Trost und Verständnis in unseren guten Objekten liegt; das hebt sie über seelisch Unbelebtes hinaus. Dankbarkeit umfaßt auch die Liebe und Bewunderung für diese lebenserhaltenden Eigenschaften, sie nötigt uns zur Identifizierung mit ihnen, was wiederum unsere innere Welt belebt.

Diese geliebten Objekte sind aber, weil sie unbewußt als Quelle des Seelenlebens empfunden werden, auch eine Zielscheibe für intensiven unbewußten Neid. Die neidische Entwertung mindert die

Liebe zum guten Objekt, behindert seine Internalisierung und macht die Innenwelt auf diese Weise weniger lebendig. Wenn die Fähigkeit zur Dankbarkeit, die sowohl auf angeborene Faktoren als auch auf die eigenen Erfahrungen zurückgeht, stärker ist als die Fähigkeit zum Neid, die ebenso entsteht, dann entwickelt sich ein ausreichend gutes inneres Objekt, dessen Vitalität und Kreativität den Kern bildet, aus dem das kindliche Ich seine Kraft bezieht. So gestärkt, ist der Säugling für die schwere seelische Aufgabe gerüstet, die guten und bösen Aspekte seiner selbst (seinen Neid mit eingeschlossen) miteinander zu versöhnen und die Integration zustande zu bringen, von der letztlich sein seelisches Wachstum abhängt.

19. Kapitel

Psychoanalytisches Wissen

Nun können wir zu der Frage zurückkehren, die sich im ersten Kapitel stellte, wie man denn zu einer wissenschaftlichen Beschreibung der Seele gelangt, ohne der emotionalen Wirklichkeit Gewalt anzutun. Die Psychoanalyse beantwortet diese Frage, indem sie zeigt, wie man zur Beschreibung der Seele des Einzelnen, also zu dem, was man »therapeutisches Wissen« nennen könnte, gelangt, und wie dieses zu einem allgemeineren Bild von der Seele führt, das man »theoretisches Wissen« nennen könnte.

Therapeutisches Wissen

Wieso kann der Analytiker Spuren im Unbewußten seines Patienten aufdecken, wenn dieser doch (per definitionem) sich seines Unbewußten nicht bewußt ist? Freud bestimmt als Charakteristikum des Unbewußten, daß es die Neigung hat, triebgeleitete Phantasien mit der äußeren Realität zu vermischen, um daraus eine Legierung, die psychische Realität, herzustellen. Nach dieser Auffassung wirken äußere Ereignisse und biologische Impulse nur dadurch auf die Psyche, daß sie an dieser Legierung, letztlich dem gemeinsamen psychischen Pfad beider, teilhaben. Klein zeigte, daß diese doppelte Quelle psychischer Realität darauf zurückgeht, daß im mentalen Leben von Säuglingen und in den tieferen Schichten des Unbewußten des Erwachsenen die projektive Identifizierung vorherrscht. Bei der projektiven Identifizierung wird in der Phantasie ein Aspekt des Selbst in ein äußeres Objekt injiziert, wodurch sich dieses Objekt auf verschiedene Weise subtil oder auch massiv verändert. Das Objekt, das nun eine Legierung aus Selbst und äußerer Welt ist, wird daraufhin introjiziert und bildet nun einen Teil der Innenwelt – die psychische Realität.

Projektive Identifizierung ist die Art und Weise, wie das Unbewußte die äußere Welt wahrnimmt. Sie stattet die äußere Welt mit positiven und negativen Emotionen aus und belebt sie auf diese Weise für das Subjekt. Diese Ausstattung ermöglicht es uns, in der äußeren Welt einen emotionalen Sinn zu finden und sie so subjektiv statt bloß mechanistisch zu erleben. Auf diese Weise läßt uns die projektive Identifizierung auch bei anderen emotionale Eigenschaften *erkennen*, wozu auch Liebe, Trost und Verständnis gehören, die Bion in der eingangs dieses Buches zitierten Passage die emotionale Nahrung des Kindes nannte. Schließlich darf die äußere Welt, nachdem sie von der projektiven Identifizierung mit emotionaler Bedeutung belegt bzw. belebt und psychisch verdaut worden ist, einen Teil der belebten Innenwelt bilden.

Was an emotionalen Phänomenen in die analytische Praxis getragen wird und die Sitzungen lebendig macht, stammt weitgehend aus solchen Projektionen. Ohne sie wäre die Analyse nicht nur therapeutisch wirkungslos, sondern auch wissenschaftlich steril, denn gerade die Emotion, der Stoff, aus dem das Seelenleben gemacht ist, darf vom wissenschaftlichen Ansatz *nicht* ausgeschlossen werden.

Obwohl die kindliche Projektion, das Übertragen von Impulsen und inneren Objekten auf äußere Objekte, eine Phantasie ist, ist sie doch nicht nur eine Phantasie. Kinder evozieren in ihren Objekten wirklich und weitgehend unbewußt seelische Zustände, die dem entsprechen, was sie in ihrer Phantasie in sie hineinprojiziert haben. Das Kind im Patienten – das heißt das Unbewußte des Patienten – tut das gleiche. Der Analytiker nimmt in der Analyse dadurch Übertragungsbedeutung an, daß er sich provisorisch von seinem Patienten zum Empfänger eines möglichst breiten Spektrums von Projektionen machen läßt, wie ein Kinderspielzeug, das alles mögliche werden kann, je nachdem, was sich das Kind unter ihm vorstellt. Wenn der Analytiker die Übertragung deutet, die der Patient ihm zugewiesen hat, benutzt er die emotionale Erfahrung, die der Patient in ihm zuvor evoziert hat als empirische Basis, um dann den unbewußten emotionalen Zustand des Patienten zu beschreiben.

Wenn der Analytiker im einzelnen die emotionale Valenz der Übertragung deutet, kann der Patient den Teil seiner psychischen Realität, den sie vertritt, einschätzen und sie so mit anderen Teilen in Verbindung bringen. Das Zusammenschmieden dieser Verbindungen schafft psychische Integrität.

Nicht nur das, schon die Deutung selbst erweckt die Analyse zum Leben, weil sie dem Patienten zeigt, daß sein Analytiker über etwas nachdenken kann, das ihm selbst unzugänglich, weil unbewußt ist. Das Erleben einer Deutung geht über die Aufklärungswirkung, die ihr Inhalt mit sich bringt, hinaus. Wenn der Patient seine Erfahrung mit der Deutung introjiziert, dann nimmt er einen Analytiker in sich auf, der etwas vom Unbewußten des Patienten versteht. Das gibt ihm konkret das Gefühl, ein Unbewußtes zu besitzen, das er selbst kennenlernen kann. Eine Deutung erweitert nicht nur das Wissen des Patienten über sich, sie macht ihn auch optimistisch hinsichtlich der Möglichkeiten, mehr zu erfahren und letztlich sich psychisch zu integrieren.

Dieses Übertragungsmodell läßt uns begreifen, wieso die Übertragung eine derart entscheidende Rolle für die mit der Analyse einhergehende psychische Entwicklung spielt. Der analytische Umgang mit der Übertragung hat drei Stadien: Zuerst projiziert der Patient ein Stück seiner psychischen Realität – einen unbewußten seelischen Zustand – in den Analytiker. Das geschieht wirklich: Der Patient projiziert in seiner Phantasie eine Gestalt seines Unbewußten in den Analytiker; doch geht er aber auch über seine Phantasie hinaus, wenn er den Analytiker unbewußt veranlaßt, sich so zu fühlen wie die projizierte Gestalt aus dem Unbewußten des Patienten. Aus der emotionalen Wirkung der Projektion kann der Analytiker allmählich ablesen, wer oder was er in der Übertragung ist, was der Patient mit ihm macht und warum er es macht.

Dieses Entziffern oder Assimilieren des in ihn Projizierten führt zum zweiten Stadium des analytischen Umgangs mit der Übertragung. Sofern der Analytiker dank seiner eigenen Analyse imstande ist, den seelischen Zustand zu ertragen, den der Patient in ihm evoziert hat, kann er ihn bedenken und selbst in Worte fassen.

Das dritte Stadium des Umgangs mit der Übertragung besteht in der eigentlichen Deutung, die mit ihrem Inhalt dem Patienten das »Futter zum Nachdenken« liefert und ihm zudem erlaubt, ein Objekt zu introjizieren, das in der Lage ist, über sein Unbewußtes nachzudenken. Das hilft ihm, über sein eigenes Unbewußtes nachzudenken und so die Integration von Bewußtem und Unbewußtem zu leisten.

Klein sah in der Übertragung eine Fortsetzung des ausgewogenen Zusammenspiels von Projektion und Introjektion, das von Anbeginn des Lebens stattfindet und für die Bildung innerer Objekte und das Heranwachsen des Ichs von Geburt an verantwortlich ist. Die Analyse trägt zum Wachstum des Ichs bei, weil der analytische Umgang mit der Übertragung auf denselben Prinzipien beruht, nach denen auch das natürliche Wachstum geschieht.

Theoretisches Wissen

Wenn der Analytiker in einer psychoanalytischen Sitzung dem Patienten eine Deutung seiner Übertragung gibt – wenn er also seine eigenen emotionalen Erfahrungen zum Objekt der Übertragung macht und, was diese über den Patienten implizieren, in Worte übersetzt –, dann ist das für sich genommen ein kleines psychoanalytisches Modell oder eine psychoanalytische Theorie. Sie mag nur ein Muster beschreiben, das allein für ein bestimmtes Individuum zutrifft, oder vielleicht eines, das sich auch in vielen anderen Individuen wiederfindet. Im letzteren Fall wäre sie eine generellere Theorie. Aber selbst wenn sie ziemlich generell ist, so wie die Theorie des Ödipuskomplexes etwa, ist sie nichts weiter als eine mehr oder weniger dichte Beschreibung *einer* unbewußten psychischen Realität, wie sie sich über die emotionale Wirkung der Übertragung vermittelt. Da psychoanalytische Theorie immer die Übersetzung emotionaler Realitäten ist, beruht ihr Anspruch auf wissenschaftliche Valenz ganz darauf, daß sie die emotionalen Phänomene im analytischen Sprechzimmer exakt beschreibt. In der Psychoanalyse sind die theoretische Erforschung des Unbewußten und seine therapeutische Untersuchung ein und dasselbe.

Die Arbeit von Melanie Klein zeigt recht deutlich, daß die bei Freud nie gelöste Spannung zwischen Psychoanalyse und Neurophysiologie für die Psychoanalyse gar nicht von Bedeutung ist. Klein ging einfach davon aus, daß es für wissenschaftliche Zwecke ausreicht anzunehmen, daß das Unbewußte über die Welt, die Freud psychische Realität nennt, wirkt, ja tatsächlich ganz aus ihr besteht und gar keinen Bezug zu materiellen Substraten oder physiologischen Prozessen hat.

Auf den ersten Blick könnte man diese Vorstellung für eine radikale und ungerechtfertigte Erweiterung von Freuds Entdeckung halten, in der Neurose sei die psychische Realität wichtiger als die materielle Realität. Denkt man jedoch darüber nach, dann steckt darin etwas Altbekanntes, nämlich daß Neurophysiologie und Psychoanalyse zwei verschiedene Disziplinen sind, die verschiedene Methoden anwenden und unterschiedliche Daten erheben. Die Physiologen erforschen die physikalische und chemische Funktionsweise des Gehirns und verwenden dazu die Instrumente der Naturwissenschaften, um chemische und physikalische Quantitäten ausfindig zu machen. Die Psychoanalytiker erforschen die seelischen Zustände, wobei sie, um psychische Qualitäten ausfindig zu machen, ihre eigenen seelischen Zustände als Instrumente benutzen, die (unbewußt) durch den Patienten beeinflußt werden. Einen Zusammenschluß dieser beiden Gebiete zu versuchen ist unnötig, auch wäre er unlogisch und verwirrend.

Obgleich Freud sich sein Leben lang mit dieser Frage beschäftigt hat, hängt der wissenschaftliche Wert der Psychoanalyse (verstanden als die Untersuchung der psychischen Realität) in keiner Weise davon ab, ob ihre Ergebnisse sich leicht mit den nicht-psychoanalytischen Wissenschaften messen lassen. Weder die Daten aus den Laboratorien der Physiologen noch Beobachtungen von Verhaltensweisen, die außerhalb des psychoanalytischen Rahmens gemacht werden, treffen, womit sich die Psychoanalyse im Kern beschäftigt. Das wissenschaftliche Verdienst der Psychoanalyse liegt in ihrem Vermögen, die emotionalen Realitäten, die in einer psychoanalytischen Sitzung erfahrbar gemacht werden können, miteinander zu verbinden, ohne sie ihrer Eigenart zu berauben. Diese emotionalen Realitäten, die allgegenwärtig sind, auch wenn man sie nicht wahrnimmt, sind eben das »viele Neue«, auf das Freud in seinem Vorwort zu »Dora« seine Medizinerkollegen hinweist. Neu waren diese Dinge für die Medizin, weil ihr naturwissenschaftlicher Ansatz sie für den Arzt ausgeblendet hatte.

Die psychoanalytische Erforschung der Seele erinnert an die Suche nach der wahren Erkenntnis, wie sie Platon in seinem Höhlengleichnis beschreibt. Dort endet die Suche mit der Hoffnung, daß es eine Kunst gibt, die ein »Umlenken der ganzen Seele« möglich macht: »[…] mag sie wohl die Kunst sein, die Kunst der Umlenkung, auf welche Weise wohl am leichtesten und wirksamsten dieses Vermögen kann umgewendet werden, nicht die Kunst, ihm das Sehen erst einzubilden, sondern als ob es dies schon habe und nur nicht recht gestellt sei und nicht sehe, wohin es solle, ihm dieses zu erleichtern.« (Platon, *Der Staat*, 7. Buch, 4. Kap.)

Klein hat der psychoanalytischen Theorie ein Modell für die frühe seelische Entwicklung geschenkt, das so allgemeingültig ist, daß sich mit ihm drei zentrale Konzepte der Psychoanalyse vereinbaren lassen: der Ödipuskomplex, das Über-Ich und die Übertragung. Nach Ansicht von Klein ist der äußere Ödipuskomplex nicht nur eine Beziehung zwischen dem Kind und seinen äußeren Eltern, sondern, wichtiger noch, ein Spielfeld, auf dem das Kind die Möglichkeit hat, in der äußeren Welt seine Beziehung zu den inneren Eltern, den Eltern der psychischen Realität, durchzuspielen. Dort existieren sie zugleich als ideal gute und böse Partialobjekte sowie als beschädigte und unbeschädigte ganze Objekte. Die Beziehung des Kindes zu ihnen ist mit Liebe, Bewunderung, Ehrfurcht, Haß, Terror, Schuld, Reue und Eingebung erfüllt.

Die Lösung des inneren Ödipuskomplexes ist für das Kind gleichbedeutend mit der Lösung seiner paranoid-schizoiden und depressiven Ängste, von denen seine Beziehung zu den inneren Objekten gekennzeichnet ist. Sie steht für die erfolgreiche Integration dieser komplexen inneren Welt, letztlich für die Integration der kindlichen Liebe und des kindlichen Hasses. Die Lösung der äußeren ödipalen Situation, der Aufbau guter Beziehungen zu beiden äußeren Elternteilen – wodurch die Kinder selbst dazu beitragen, eine integre Familie zu schaffen –, ist ein Spiegelbild dieser inneren Integration. Die volle Bedeutung der äußeren Lösung läßt sich nur an den unbewußten Phantasien des Kindes ablesen, daran nämlich, welche Art von Eltern, was für ein Über-Ich, das Kind in seinem Inneren entwickelt.

Das Über-Ich des Kindes beginnt sich im Säuglingsalter durch Vorgänge herauszubilden, die im einzelnen in der Übertragung lebendig zu Tage treten. Vielleicht wäre es richtiger zu sagen, daß sich das Über-Ich, dank Projektion und Introjektion, auf denen die Übertragung beruht, im Verlauf der Übertragung weiterformt. Die Analyse der Übertragung gibt dem Patienten Gelegenheit, Teile seiner psychischen Realität, gewissermaßen während er sie beim Analytiker deponiert hat, aufzuarbeiten und sie dann in veränderter Form zu reintrojizieren. Auf diese Weise verändert die Analyse den bestehenden seelischen Zustand.

Die Vereinbarung der Übertragung mit dem Über-Ich und dem Ödipuskomplex, die durch Kleins Theorien möglich wird, läßt sich folgendermaßen zusammenfassen: Die Auflösung des Ödipuskomplexes ist für die kindliche Entwicklung so wichtig, weil das Kind damit sein Verhältnis zu seinen inneren Objekten verändert, die die Inhalte seines eigenen Denkens prägen. Das wichtigste innere Objekt, mit dem das Kind lernen muß zu leben, ist das Über-Ich, eine unbewußte Mischung aus seinen äußeren Eltern und den auf sie gerichteten Trieben, die die projektive Identifizierung mit sich gebracht hat. In der Analyse werden diese Vorgänge der projektiven Identifizierung in Gestalt der Übertragung erneut aktiv, diesmal jedoch in einem Rahmen, in dem sowohl Analytiker als auch Patient in der Lage sind zu beobachten, wie und warum sie gerade dieses Über-Ich hervorbringen.

»Beim kleinen Kind«, schreibt Klein, »sind alle äußeren Erfahrungen mit seinen Phantasien verwoben, und auf der anderen Seite enthält jede Phantasie Elemente tatsächlicher Erfahrung; erst dadurch, daß die Analyse der Übertragungssituation auf den Grund geht, sind wir imstande, die Vergangenheit sowohl in ihren realistischen als auch in ihren phantastischen Aspekten aufzudecken.« (Klein 1952a, S. 54) Die Erforschung der Übertragung zerlegt die psychische Realität in ihre Bestandteile. Das gibt dem Patienten Gelegenheit, sich klar zu werden, welchen Anteil einerseits die (gegenwärtigen und vergangenen) äußeren Ereignisse an seinem seelischen Zustand haben, und andererseits, was er selbst zu ihm beigetragen hat. Vorher ließ die Verschmelzung beider weder für das eine noch für das andere ein richtiges Verständnis zu.

20. Kapitel

Freud und Klein. Eine Zusammenfassung

Vor seiner Entdeckung der Psychoanalyse war Freud ein Neurophysiologe, der die Seele für eine Erweiterung des neuromuskulären Apparates hielt. Ähnlich wie Muskelzuckungen die äußeren Anzeichen neuromuskulärer elektrischer Entladungen sind, sind aus dieser Sicht Vorstellungen und Emotionen einfach Epiphänomene elektrischer Ladungen im mentalen Apparat.

Freuds Kollege Breuer entdeckte, daß hysterische Symptome mit einem emotionalen Ausbruch schlagartig verschwanden, wenn man hysterische Patienten dazu brachte, jedes ihrer Symptome bis auf die Zeit zurückzuverfolgen, in der es zum erstenmal aufgetreten war. Freud sah in der Assoziationskette, die zum ersten Auftreten eines Symptoms zurückführte, den Weg, den die angenommene elektrische Ladung in umgekehrter Richtung auf dem Netz von Neuronen genommen hatte. Die emotionale Katharsis, die (vorübergehend) die Symptome lindert, ist demnach für ihn ein Anzeichen, daß letztlich die Entladung der elektrischen Energie stattgefunden hat.

Logisch zurückdenkend schloß Freud, daß die Hysterie selbst darauf beruhen muß, daß eine spontane Entladung ausgeblieben ist. Nach den Gesetzen der Thermodynamik (erdacht, um die Funktion von Dampfmaschinen zu erklären und zu verbessern) gilt, daß alle physikalischen Systeme natürlicherweise dazu neigen, Energie zu verlieren und sich zu erschöpfen. Freud sah keinen Grund, das physikalische System, für das er die Psyche hielt, von dieser Regel auszunehmen. In der Hysterie war offenbar mit dieser natürlichen Entladung etwas schiefgelaufen. Er vermutete, daß der normale Fluß der elektrischen Energie blockiert war, weil ein Teil des Apparates Schaden genommen hatte und die Impulse nicht mehr weiterleiten konnte, so wie ein durchgebranntes Teil in einem empfindlichen elektrischen Gerät. Seine Rekonstruktion der vergessenen Vergangenheit des Patienten, bei der er mit einem Auge immer auch nach einer möglichen neurophysiologischen Ursache für die Hysterie Ausschau hielt, legte nahe, daß der Schaden auf einen sexuellen Übergriff zurückzuführen sei, der den sexuellen Nervenkreislauf des Patienten überladen hat. Das ist die Trauma- oder Verfolgungstheorie der Hysterie.

Doch gerade als diese Theorie kurz vor der Vollendung zu stehen schien, wurde sie von Freuds großer Entdeckung über den Haufen geworfen, daß unbewußte Phantasien, wenn sie auf Triebregungen zurückgehen, eine Wirkung auf die Seele ausüben können, die vom Trauma nicht zu unterscheiden ist: Es gibt, wie Freud sagt, »im Unbewußten ein Realitätszeichen nicht«. Vom Standpunkt der naturwissenschaftlichen Methodologie bedeutete das, wo Freud die Vorgeschichte einer sexuellen Belästigung angenommen hatte, konnte ebensogut nur die unbewußte Phantasie einer Belästigung vorliegen, was er (so wenig wie der Patient im Unbewußten) vom tatsächlichen historischen Geschehnis unmöglich unterscheiden konnte. Freuds wissenschaftliche Integrität erforderte, den phänomenologischen Beobachtungen über die Psyche Vorrang einzuräumen gegenüber den theoretischen Annahmen über ihr Wesen, und so ließ Freud seinen physiologischen Ansatz als zu naiv fallen.

Ohne die Matrix einer physiologischen Hypothese, in die er seine Beobachtung hätte einordnen können, konzentrierte Freud sich auf die Phänomenologie seines Sprechzimmers. Dabei vermied er es absichtlich, vorschnell Schlüsse über etwaige Bedeutungen zu ziehen. Er begann die emotionalen Zustände seiner Patienten nicht mehr als Epiphänomene von physiologischen Gegebenheiten zu behandeln, sondern nahm sie um ihrer selbst willen ernst. Er wandte die Technik an, jedem seiner Patienten eine unvoreingenommene, auf ihn persönlich zugeschnittene Aufmerksamkeit entgegenzubringen und eine offene Beobachtungsweise, wie sie der Neurologe Charcot anwandte, als er versuchte, in den mysteriösen Bewegungen seiner Patienten neue Strukturen auszumachen. Doch statt nach körperlichen Anzeichen zu schauen, widmete sich Freud den Mitteilungen seiner Patienten, um deren »psychische Eigenschaften«, also ihre seelischen Zustände, einschätzen zu können. Von dieser Warte aus war er in der Lage, »vieles Neue« zu sehen, nicht einfach nur Bruchstücke eines physiologischen Puzzles, dessen Bild er im Voraus kannte, sondern eine neue Welt, die sich ihm durch eine neue Sichtweise eröffnete.

Das wichtigste von all dem Neuen war die unbewußte Phantasie, jenes Hindernis, das Freuds Verführungstheorie zuvor im Wege gestanden hatte. Aus seinen Beobachtungen ist abzulesen, daß unbewußte Wunschphantasien für die Entstehung neurotischer Symptome eine mindestens ebenso große Rolle spielen wie äußere Ereignisse. Seine alte Theorie hatte den mentalen Apparat als etwas Passives dargestellt, das fast ausschließlich von den Einflüssen äußerer Ereignisse bestimmt wird. Als er entdeckte, welche Rolle die unbewußte Phantasie spielt, brauchte er ein neues Modell, das ihre Wirkungen mit berücksichtigt. Sein Konzept der »psychischen Realität« bot sich dafür an. Die psychische Realität ist eine Legierung, in der sich äußere Ereignissen mit unbewußten Wünschen mischen. Sie folgt nicht der Logik von Ursache und Wirkung, die Freud aus den Naturwissenschaften kannte, sondern von Sinn, Bedeutung und unbewußter Intention.

Unter bestimmten Bedingungen können also unbewußte Wunschphantasien als Initiatoren neurotischer Symptome fungieren, und tatsächlich gilt, daß »für die Neurose die psychische Realität wichtiger ist als die materielle Realität.« Die motivierende Kraft hinter diesen Phantasien sind die sexuellen Triebregungen, die praktisch von Anbeginn des Lebens da sind. Es kommt zur Neurose, wenn sexuelle Bedürfnisse verschiedenster Art aufgrund von Einflüssen der Wirklichkeit (Ödipuskomplex) verdrängt werden. Diese verdrängten Wünsche und Phantasien finden dann nichtsdestotrotz in diversen neurotischen Symptomen ihren Ausdruck. Je größer die Verdrängung, desto lauter der Chor der neurotischen Symptome. Nach der neuen Auffassung war die Neurose nun keine Serie anormaler elektrischer Entladungen mehr, sondern eine Reihe emotionaler Ereignisse, die einen Sinn haben. Daß man die neurotischen Symptome zuvor für bedeutungslos hielt, hing damit zusammen, daß sie gleichzeitig Ausdruck zweier miteinander nicht vereinbarer Kräfte zu sein schienen: der Verdrängung und eines verdrängten Wunsches.

Bei seiner Erforschung der unbewußten Phantasie begann Freud Träume zu untersuchen, wobei er seine eigenen Träume als Beispielfälle nahm. Er entwickelte eine Methode, sie zu betrachten, die darin bestand, den Traum zu überdenken und dabei die »Kritik ruhen zu lassen«, bis sich eine Struktur erkennen ließ. Es war dieselbe unvoreingenommene Einstellung, die er früher von Charcot übernommen hatte, um die seelischen Zuständen seiner Patienten zu beobachten. Die so gewonnenen Strukturen führten ihn zu dem Schluß, daß Träume ein sinnvoller Ausdruck verbotener Wünsche sind, die verdeckt auftreten, um der Gewissenszensur zu entgehen. Die Wünsche lassen sich auf Triebregungen zurückführen.

Als Freud sich darüber klar wurde, daß Träume einen Sinn haben, der als zensierter Wunsch zu verstehen ist, gelangte er zum direkten Vergleich von Neurose und Traum. Noch einmal wies er der Neurose einen Platz unter den Naturerscheinungen zu, diesmal aber auf dem Gebiet des Traumes, nicht der Elektrophysiologie. Den verbotenen Wünschen, der Zensur und den verdeckten Äußerungen triebhafter Wünsche im Traum, entsprachen die unbewußten Phantasien und Triebe, die Verdrängung und die Symptome der Neurose.

Da die Neurose nicht auf eine elektrische Fehlfunktion zurückzuführen war, sondern auf einen Konflikt emotionaler Kräfte in einer verletzlichen Person, bestand die Aufgabe des Arztes nicht darin, durch das Auslösen einer Katharsis eine bestimmte Menge unentladener elektrischer Energie freizusetzen, sondern darin – gegen den emotionalen Widerstand der Verdrängung –, die verborgene Bedeutung der Symptome ans Tageslicht zu fördern, so wie er die verborgene Bedeutung der Träume ans Licht gebracht hatte. Wenn diese Wünsche erst einmal offengelegt waren, konnte der Patient sich ein Urteil über sie bilden, statt sie, ohne sie zu kennen, zu verdrängen und dann an den Folgen zu leiden. Der revolutionärste

Aspekt dieser Theorie ist die Einsicht, daß Verdrängung etwas mit Emotion zu tun hat – für Freud der »Grundpfeiler des Verständnisses der Neurosen«.[1]

Freud ermahnte alle seine Patienten, in der analytischen Sitzung so frei wie möglich von sich zu berichten. Sie sollten jede Kontrolle, Zensur oder alle vorschnellen Schlüsse über die Bedeutung dessen, was ihnen einfiel, unterlassen. Was ihnen einfiel, war nicht nur wegen seines Inhalts wichtig, sondern auch wegen dem, was es nicht enthielt. Wirklich freie Assoziation ist unmöglich, weil immer verschiedene emotionale Widerstände im Wege stehen. Aber diese Widerstände lassen Rückschlüsse auf die verdrängten Wünsche zu; eines der wertvollsten Kennzeichen der freien Assoziation ist ihr unvermeidbares Scheitern, das als eine Art Lackmustest für den Widerstand dient.

Der neue psychoanalytische Ansatz zeigte bald, daß Träume und Neurosen nicht die einzigen Ausdrucksweisen der psychischen Realität sind. Die Vermischung unbewußter Wünsche mit der aktuellen äußeren Wirklichkeit drückt sich noch in einem dritten Phänomen aus, von dessen Existenz man nicht einmal eine Ahnung hatte, als Freud mit seinen Untersuchungen begann: der Übertragung. Bei der Übertragung injizieren wir eine Wunschphantasie, die wir über eine äußere Person haben, in diese Person, um zu bewirken, daß sich die Wahrnehmung des Patienten von dieser Person verändert. Übertragungen gibt es überall in menschlichen Beziehungen, wenngleich sie nicht immer aufgedeckt werden. Freud behandelte sie auf einzigartige Weise, indem er sie deutete. Ein Psychoanalytiker, sagte er, sollte weder die positiv gefärbte Übertragung vorziehen noch die negativ gefärbte vermeiden, wie ein Psychotherapeut das unter Umständen tut, um psychologisch ein Druckmittel zu haben.

---

1 Die Vorstellung, psychische Störungen seien elektrischen Fehlfunktionen im Gehirn zuzuschreiben, ist in der Psychiatrie lebendig geblieben, obwohl sie aus dem psychoanalytischen Denken verschwunden ist. Gegenwärtig findet sie sich in einer Theorie, die emotionale Störungen und Ängste für die Folge von chemischen Ungleichgewichten im Gehirn hält. Da man weiß, daß die fraglichen Chemikalien im Nervengewebe elektrische Impulse auslösen, ist die neue chemische Theorie nur eine Variante der alten Elektrotheorie.

Statt dessen soll der Psychoanalytiker die unbewußte Bedeutung beider Übertragungen gleichermaßen deuten. Übertragungen sind ein überzeugender Hinweis auf das Wesen des Unbewußten, und die Deutung der Übertragung ist ein überaus wirksames Werkzeug zur Aufdeckung des Unbewußten.

Freuds Anerkennung der Übertragung und seine Entscheidung, sie konsequent zu deuten, weist dem letzten Element in der psychoanalytischen Methode seinen Platz zu. Jetzt konnte Freud die Psychoanalyse nicht als Theorie über die Seele, sondern als eine *Methode* definieren, mit deren Hilfe gewisse Informationen über das Bewußtsein durch die Deutung von Übertragung und Widerstand aufgedeckt werden können. Von nun an war klar, daß die Psychoanalyse nicht auf Theorien gründet, sondern auf Methodologie. Es ist völlig gleichgültig, ob man eine bestimmte Theorie annimmt oder nicht, wichtig ist nur, ob ihre Annahme oder Ablehnung aufgrund von Daten geschieht, die durch den Einsatz der psychoanalytischen Methode erhoben worden sind.

Der Weg, den Freud in der kurzen Zeitspanne von etwa fünf Jahren seit seiner entscheidenden Entdeckung der Rolle der unbewußten Phantasie in der Neurose zurückgelegt hatte, war zwar gewaltig, hatte aber für seinen Wandel vom Neurophysiologen zum Psychoanalytiker nicht ganz ausgereicht. Seine Kühnheit in der Beobachtung, Sichtung und Theoretisierung all des Neuen, das ihm die psychoanalytische Sicht eröffnet hatte, wurde durch seinen beständigen Wunsch, die Psychoanalyse möchte sich letztlich doch noch irgendwie auf Physiologie reduzieren lassen, gedämpft.

Der schlagendste Beweis für diese Überzeugung ist seine Theorie, Sexualimpulse seien nicht einfach Wünsche und Phantasien, sondern mentale Manifestationen einer noch unentdeckten physikalischen Substanz namens Libido. Sein Festhalten an dieser Theorie, sogar als er schon das neue Territorium der Phantasie und psychischen Realität ergründete, ließ ihn eine Art bilingualen Ansatz für die Neurose annehmen. Er formulierte seine wichtigsten klinischen Beobachtungen in Worten, die sich zwar auf psychische Ereignisse bezogen, aber ebensogut auf physiologische Abläufe passen könnten. Es war, als treffe er unentwegt Vorsorge für den Tag, an dem die gesamte Psychoanalyse geschlossen in die Physiologie überführt werde. Der Psychoanalytiker Freud sah in den neurotischen Symptomen einen verdeckten Ausdruck sinnvoller unbewußter Phantasien, die die Verdrängung gemildert und abgestumpft hatte. Der Physiologe Freud sah dieselben Phänomene als eine Libido, die – daran gehindert, über ihre anatomisch normalen Kanäle abzufließen – über irgendeinen anderen Weg, der ihr zufällig den geringsten Widerstand entgegensetzt, nach außen dringt. Aus psychologischer Sicht haben neurotische Symptome einen Sinn. Aus physiologischer Sicht ist ihre Form mehr oder weniger zufällig, wie ein Fluß, der sich seinen Weg eben dort bahnt, wo das Gestein gerade weicher ist als das in seiner unmittelbaren Umgebung.

Freuds Analyse (1909b) des an Ängsten und Phobien leidenden fünfjährigen »kleinen Hans« zeigt, welche Kraft die Psychoanalyse als klinisches Untersuchungsmittel besitzt. Diese Fallstudie kündigte aber auch negativ an, welch große Entwicklung noch bevorstand: So scharfsinnig und wohlwollend Freuds Analyse von Hans auch ist, er wußte es nicht zu schätzen, daß Hans sich ganz lebhaft, überzeugend und unbewußt mit den beiden wichtigsten Gestalten seines Lebens zu identifizieren vermochte. Er konnte auch nicht sehen, wie hinderlich die Libidotheorie war, um den Sinn – das heißt die Psychologie – von Hans' Ängsten zu verstehen.

Sein Versuch, Patienten mit Depressionen zu analysieren, gab Freud die Gelegenheit, das erste dieser beiden Probleme zu erkennen und ihm abzuhelfen. Als er das Verhältnis zwischen verschiedenen Seiten beim Melancholiker analysierte, erhielt er erste wirkliche Anhaltspunkte, wie stark die Identifizierung sein muß, um eine komplexe Innenwelt auszubilden, eine Art Phantasiegesellschaft, die mit Menschen bevölkert ist, zu denen man einst eine lebendige Beziehung unterhalten, sie seither aber aufgegeben hat. Diese Identifizierungen bilden sich nicht durch unparteiisches Auflisten von Wahrnehmungen, sondern in einem Prozeß, der diese Wahrnehmungen je nach den augenblicklichen Phantasien, Impulsen und

Emotionen färbt, die man im Bezug auf das Objekt der Identifizierung erlebt. Unbewußte Identifizierung ist also nach den neurotischen Symptomen, den Träumen und der Übertragung das vierte Geschöpf, das aus der Mischung der mächtigen unbewußten Phantasien und Impulse mit der äußeren Wirklichkeit entstanden ist. Die Entdeckung der unbewußten Identifizierung führte Freud direkt zur Erkenntnis des Über-Ichs als dem auffallendsten Bewohner der Innenwelt. Es entsteht aus der unbewußten Identifizierung mit den eigenen Eltern.

Nun konnte Freud das zweite große Problem angehen, das bei seiner Analyse von Hans zu Tage getreten war. Bei seiner neuerlichen sorgfältigen Überprüfung der Symptome des Jungen sah er, daß selbst bei einem Fall von Phobie – die er für die »einfachste der Ängste« hielt – die Libidotheorie Widersprüche und unvorhergesehene Komplikationen heraufbeschwört. Um diese zu lösen, war Freud gezwungen, seine Theorie der Angst auf den Kopf zu stellen. Bis dahin hatte er geglaubt, Verdrängung verursache neurotische Angst, weil sie die Abfuhr der Libido blockiere. Das bringe die Libido zum »Gären«. Fermentierte Libido aber werde nicht als sexuelle Erregung, sondern als Angst erlebt. Die klinischen Daten indizierten jedoch genau das Gegenteil. Verdrängung löst nicht Angst aus, sondern Angst verursacht Verdrängung. Es galt nun, den Grund für die neurotische Angst selbst neu zu bestimmen. Freud fand ihn in der Beziehung zwischen dem Ich des Patienten und einem feindseligen Über-Ich. Letzteres macht Angst, indem es das Ich von innen her bedroht. Die Symptome der Neurose sind kein anomaler Ausfluß von Libido, sondern bloß Abwehrmechanismen, die aufgebaut werden, um nicht der Angst ausgesetzt zu sein.

Dieser Schluß war ein großer Sieg des Psychoanalytikers Freud über den Neurophysiologen Freud, und es war der Höhepunkt seiner Entwicklung als Psychoanalytiker. Jetzt bedurfte es nur noch einer letzten theoretischen Revision, um die Feindseligkeit des neurotischen Über-Ichs zu erklären. Freuds klinische Untersuchungen an Patienten mit »moralischem Masochismus« zeigen klar, daß sie als Kinder bei der Herausbildung ihres Über-Ichs ihre Eltern von feindseligen und zerstörerischen Impulsen gefärbt wahrgenommen haben. Das bedeutet, daß neben dem bereits festgestellten Sexualtrieb noch ein gleich starker, aber entgegengesetzter Zerstörungstrieb vorhanden ist, der die Kraft zu haben scheint, in der Zeit der Bildung des Über-Ichs die starke Liebesbindung des Kindes an seine Eltern zu besiegen. Freuds Untersuchung anderer neurotischer Patienten beweist, daß mehr oder weniger das Gleiche auch für deren Über-Ich-Bildung gilt. Die duale Triebtheorie, wie sie dann genannt wird, war Freuds letzter bedeutender theoretischer Beitrag.

An diesem Punkt verbindet sich Kleins Arbeit mit der Freuds. Ihr ging es in erster Linie um das Problem der Angst, dem Freud erst in seinen späten Jahren Aufmerksamkeit schenkte. Sie interessierte vor allem, welche Rolle die Angst bei der Hemmung der emotionalen und intellektuellen Entwicklung spielt. Mit ihren Theorien von den inneren Objekten führte sie Freuds Entdeckung weiter, die besagt, daß die Neurose in einer bestimmten Beziehung zu den eigenen inneren Objekten gründet (von denen das Über-Ich am wichtigsten ist). Mit ihrer Betonung der Bedeutung der psychischen Realität spiegelte sie wider, daß das in der psychischen Realität stattfindet.

Aus ihrem großen Interesse, die Ängste zu begreifen, die der Entwicklung des Kindes im Wege stehen können, paßte Klein die psychoanalytische Methode den Erfordernissen des Kindes an. Sie war der Meinung, daß, sobald diese Anpassung vollzogen und auf die Kommunikationsweise der Kinder zugeschnitten war, es keiner Modifikation ihrer Prinzipien mehr bedurfte und die Kinderpsychoanalyse durchführbar und nützlich sei. Damit stieß sie bei einer Reihe von Psychoanalytikern auf heftigen Widerstand, ganz besonders bei Anna Freud, die die Psychoanalyse von Kindern kaum für durchführbar, ja sogar deren Versuch für unsicher hielt. Klein antwortete darauf – wie sich erweist, zu Recht –, daß diese Einwände nicht auf Erfahrungen mit Kindern beruhten, sondern auf vorgefaßten Meinungen und falschen Annahmen sowohl über das Wesen des Kindes als auch über die Psychoanalyse.

Mit einer Methode ausgestattet, die es ihr ermöglichte, mit dem Unbewußten des Kindes direkten psychoanalytischen Kontakt aufzunehmen, machte Klein eine Reihe grundlegender Entdeckungen, und dies in einer Geschwindigkeit, die an Freuds Phase unmittelbar nach seiner ersten Berührung mit dem Unbewußten des Erwachsenen erinnert. Klein entdeckte, daß Kinder und Säuglinge die Vorstellung haben, sie schüfen eine Welt in sich selbst, indem sie Teile der äußeren Welt »verschlingen«. Diese innere Welt ist nicht ein neutrales Abbild der äußeren Welt, sondern von den kindlichen Projektionen der Liebes- und der Haßimpulse gefärbt. Aus seiner Sicht erfüllt das Kindes so die äußere Welt mit Leben und verleiht ihr einen Sinn. Freuds Bild von der Verschmelzung von Trieben oder Wünschen mit der äußeren Realität, um eine psychische Realität entstehen zu lassen, impliziert, *daß* es so oder ähnlich geschehen muß. Kleins Konzeption über die Bildung der inneren Welt bietet eine detaillierte und explizite Beschreibung, *wie* es geschieht. Das Unbewußte wird geradezu durch dieses Phänomen aufgebaut, das praktisch von Geburt an am Werk ist und in den tieferen Schichten des Unbewußten ein Leben lang anhält. Klein nennt diese ausgewogene Interaktion von Projektion und Introjektion, die über die unbewußte Phantasie geschieht, projektive Identifizierung.

Dadurch, daß das Kind Liebe und Haß in die äußere Welt projiziert, scheint es wie in zwei entgegengesetzte Teile gespalten zu sein, einen ideal guten und einen ideal bösen. Diese Urspaltung folgt aus dem dringenden Bedürfnis des Kindes, für beides Objekte zu finden, für seine Liebesimpulse wie für seine zerstörerischen Triebe, und die beiden so weit voneinander fernzuhalten wie möglich, um die guten Objekte vor den bösen zu bewahren (die guten, weil sie Befriedigung verschaffen und geliebt werden, die bösen, weil sie enttäuschen und gehaßt werden). Introjiziert man eine auf diese Weise gebildete äußere Welt, so entsteht parallel eine Welt von guten und bösen inneren Objekten.

Klein glaubte, daß es neben der Neigung des Kindes, sich mental auf diese Weise zu spalten, ebenfalls seit Beginn des Lebens eine gegenläufige Kraft gibt, die mit den Sexual- oder Lebenstrieben zusammenhängt und darauf aus ist, die disparaten Teile des Bewußtseins miteinander zu verbinden. Sichtbarer Niederschlag dieser psychischen Integration ist das seelische Wachstum: Die Seele wächst dadurch, daß sie die liebenden und zerstörerischen Teile des Selbst miteinander verbindet, die sich mit der Spaltung voneinander entfernt haben. Klein beschreibt ein schmerzliches und nie ganz erfolgreiches Ringen, in dem Teile der kindlichen Persönlichkeit, die fähig sind zu lieben und das Leben freudig anzunehmen, versuchen, die anderen Teile der Persönlichkeit – die diesen Zielen gegenüber feindlich gesinnt sind – zu erkennen und mit ihnen zurecht zu kommen. Dieser Kampf erwacht von neuem in aller Schärfe im Erwachsenenleben, in Zeiten der Trauer. Viel von dem Schmerz der Trauer ist gerade auf das Wiederaufleben dieses schmerzlichen Konflikts im Unbewußten aus der Säuglingszeit zurückzuführen. Kleins Beschreibung des seelischen Wachstums erinnert an die griechische Tragödie. Auch sie respektiert die Unvermeidbarkeit des Leidens und die Beschränkungen, die dem Menschen auferlegt sind, und sie anerkennt, welcher Großmut darin liegt, wenn wir mit uns selbst auch nur – und das ist menschlich – um Teilerfolge kämpfen.[2] Soweit uns die Integration gelingt, können wir einen Kontakt zur äußeren und inneren Wirklichkeit aufbauen, können wir zwischen diesen beiden unterscheiden und das nur scheinbr stabile Gleichgewicht, das wir durch die Spaltung erreicht haben, durch ein stabileres ersetzen, das von Liebe und Wiedergutmachung gespeist wird.

Kleins Entdeckung, daß in den ersten Monaten des Lebens die Beziehung zu den eigenen Objekten vorwiegend in projektiver Identifizierung besteht, hat sie dazu gebracht, Freuds Version von der ödipalen Entwicklung bei beiden Geschlechtern zu revidieren. Zwar bestätigt ihr Modell einige der Hauptpunkte seiner Theorie über die ödipale Entwicklung und die Bildung des Über-Ichs, doch legt es größeres Gewicht auf die (projektive) Identifizierung von

---

2 Vgl. »Some Reflections on the Oresteia« (Klein 1963).

Mädchen und Jungen mit ihren Müttern und nimmt für die frühe Entwicklung beider Geschlechter eine weibliche Phase an.

Schließlich untersucht Klein noch das Problem des Lebens- und Todestriebes. Sie gibt beiden Trieben eine genauere psychologische Bestimmung, indem sie sie an die klinischen Gegebenheiten Dankbarkeit und Neid rückbindet.

Literaturverzeichnis

Zitate im Text werden möglichst nach den deutschen Werkausgaben zitiert. (Anm. der Übers.)

Abraham, Karl (1912), »Ansätze zur psychoanalytischen Erforschung und Behandlung des manisch-depressiven Irreseins und verwandter Zustände, in: *Psychoanalytische Studien*, Bd. 2, (Frankfurt: S. Fischer, ²1971), S. 146–162.

Bion, Wilfred R. (1954), »Notes on the Theory of Schizophrenia«, in: *Second Thoughts* (New York: Jason Aronson, 1967), S. 23–25.

– (1956), »Development of Schizophrenic Thought«, in: *Second Thoughts* (New York: Jason Aronson, 1967), S. 36–42.

– (1957), »Differentiation in the Psychotic from the Non-Psychotic Personalities«, in: *Second Thoughts* (New York: Jason Aronson, 1967), S. 43–64; dt. »Zur Unterscheidung von psychotischen und nicht-psychotischen Persönlichkeiten«, in: Bott Spillius, Elizabeth (Hg.), *Melanie Klein heute* (München: Verlag Internationale Psychoanalyse, 1990) Bd. 1.

– (1959), »Attacks on linking, in: *Second Thoughts* (New York: Jason Aronson, 1967), S. 93–109; dt. »Angriffe auf Verbindungen«, in: Bott Spillius, Elizabeth (Hg.), *Melanie Klein heute* (München: Verlag Internationale Psychoanalyse, 1990), Bd. 1.

– (1962), *Learning from Experience*, in: *Seven Servants: Four Works by Wilfred R. Bion* (New York: Jason Aronson, 1977); dt. *Lernen durch Erfahrung* (Frankfurt: Suhrkamp, 1992).

– (1963), *Elements of Psychoanalysis*, in: *Seven Servants: Four Works by Wilfred R. Bion* (New York: Jason Aronson, 1977); dt. *Elemente der Psychoanalyse* (Frankfurt: Suhrkamp, 1992).

– (1965), *Transformations*, in: *Seven Servants: Four Works by Wilfred R. Bion* (New York: Jason Aronson, 1977); dt. *Transformationen* (Frankfurt: Suhrkamp, 1997).

– (1970), *Attention and Interpretation*, in: *Seven Servants: Four Works by Wilfred R. Bion* (New York: Jason Aronson, 1977) und (London: Karnac, 1984).

Breuer, J. und Freud, Sigmund (1895d), *Studien über Hysterie*, in: Freud, Sigmund, *Gesammelte Werke* (Frankfurt: S. Fischer, 1977), Bd. 1, S. 75–312.

Eckstein-Schlossmann, Erna (1926), »Frage des Hospitalismus in Säuglingsanstalten«, in: *Zeitschrift für Kinderheilkunde*, 42. Jg., 1926, S. 31–38.

Freud, Anna (1927), Einführung in die Technik der Kinderanalyse (Leipzig, Wien, Zürich: Internationaler Psychoanalytischer Verlag)

Freud, Sigmund (1893f), »Charcot«, in: *Gesammelte Werke* (*G. W.*) (Frankfurt: S. Fischer, 1977), Bd. 1, S. 21–35.

- (1894), »Die Abwehr-Neuropsychosen«, in: *G. W.*, Bd. 1, S. 59–74.
- (1900a), *Die Traumdeutung*, in: *G. W.*, Bd. 2/3.
- (1901b), *Zur Psychopathologie des Alltagslebens*, in: *G. W.*, Bd. 4.
- (1905d), *Drei Abhandlungen zur Sexualtheorie*, in: *G. W.*, Bd. 5, S. 27–145.
- (1905e), »Bruchstück einer Hysterie-Analyse«, in: *G. W.*, Bd. 5, S. 161–286.
- (1909b), »Analyse der Phobie eines fünfjährigen Knaben« [»Der kleine Hans«], in: *G. W.*, Bd. 7, S. 241–377.
- (1912b), »Zur Dynamik der Übertragung«, in: *G. W.*, Bd. 8, S. 364–374.
- (1916d) »Einige Charaktertypen aus der psychoanalytischen Arbeit«, in: *G. W.*, Bd. 10, S. 364–391.
- (1916–17g), »Trauer und Melancholie«, in: *G. W.*, Bd. 10, S. 428–446.
- (1920g), *Jenseits des Lustprinzips*, in: *G. W.*, Bd. 13, S. 1–69.
- (1921c), *Massenpsychologie und Ich-Analyse*, in: *G. W.*, Bd. 13, S. 71–161.
- (1923b), *Das Ich und das Es*, in: *G. W.*, Bd. 13, S. 237–289.
- (1924c), »Das ökonomische Problem des Masochismus«, in: *G. W.*, Bd. 13, S. 371–383.
- (1925d), »Selbstdarstellung«, in: *G. W.*, Bd. 14, S. 31–96.
- (1926d), *Hemmung, Symptom und Angst*, in: *G. W.*, Bd. 14, S. 111–205.
- (1930a), *Das Unbehagen in der Kultur*, in: *G. W.*, Bd. 14, S. 419–506.
- (1933a), *Neue Folge der Vorlesungen zur Einführung in die Psychoanalyse*, in: *G. W.*, Bd. 15.
- (1937c), »Die endliche und die unendliche Analyse«, in: *G. W.*, Bd. 16, S. 59–99.
- (1950a), *Aus den Anfängen der Psychoanalyse*. Briefe an Wilhelm Fließ. Abhandlungen und Notizen aus den Jahren 1887–1902, hg. von Marie Bonaparte, Anna Freud und Ernst Kris (London: Imago).
- (1950c), »Entwurf einer Psychologie«, in: (1950a), *Aus den Anfängen der Psychoanalyse*. Anhang I, S. 371–466.
- (1960a), *Briefe 1873–1939*, hg. von Ernst Freud und Lucie Freud (Frankfurt: S. Fischer).
- (1985c), *Briefe an Wilhelm Fliess 1887–1904*, hg. von J. M. Masson (Frankfurt: S. Fischer, 1986).

Freud, Sigmund und Ernest Jones (1993), *The Complete Correspondence 1908–1939*, hg. von R. Andrew Paskauskas (Cambridge, Mass./ London: The Belknap Press); Beiheft: *Briefwechsel Sigmund Freud und Ernest Jones 1908–1939*. Originalwortlaut der in deutsch verfaßten Briefe Freuds, bearb. von Ingeborg Meyer-Palmedo (Frankfurt: S. Fischer, 1993).

Hug-Hellmuth, Hermine von (1921), »Zur Technik der Kinderanalyse«, in: *Internationale Zeitschrift für Psychoanalyse*, Jg. 7, S. 179–197.

Isaacs, Susan (1952), »The Nature and Function of Phantasy«, in: Joan Riviere (Hg.), *Developments in Psycho-Analysis* by M. Klein et al. (London: The Hogarth Press), S. 67–121.

Jaques, Elliott (1970), *Work, Creativity, and Social Justice* (New York: International University Press).

Jones, Ernest (1948), »Introduction to *Contributions to Psychoanalysis 1912–1945 by Melanie Klein*«, in: Melanie Klein, *Envy and Gratitude and Other Works 1946–1963* (New York: Macmillan, 1984), Appendix, S. 337–340.

– (1952), »Preface« in: *Developments in Psycho-Analysis* by Melanie Klein et al., hg. von Joan Riviere (London: The Hogarth Press, 1952), S. V – VI; auch in: *Envy and Gratitude and Other Works 1946–1963* (New York: Macmillan, 1984), Appendix, S. 340 f.

– (1953–1957), *Das Leben und Werk von Sigmund Freud* (Frankfurt: S. Fischer, 1960), Bd. 1.

Klein, Melanie (1921), »The Development of a Child«, in: *Love, Guilt and Reparation and Other Works, 1921–1945* (New York: Macmillan, 1984), S. 1–53; dt. »Eine Kinderentwicklung«, in: *Gesammelte Schriften (GSK)*, Bd. I, 1, S. 11 -88.

– (1926), »The Psychological Principles of Early Analysis«, in: *Love, Guilt and Reparation and Other Works, 1921–1945* (New York: Macmillan, 1984), S. 128–138; dt. »Die psychologischen Grundlagen der Frühanalyse«, in: *GSK*, Bd. I, 1, S. 195–209.

– (1927a), »Symposium on Child-Analysis«, in: *Love, Guilt and Reparation and Other Works, 1921–1945* (New York: Macmillan, 1984), S. 139–169; dt. »Symposium zur Kinderanalyse«, in: *GSK*, Bd. I, 1, S. 211–256.

– (1927b), »Criminal Tendencies in Normal Children«, in: *Love, Guilt and Reparation and Other Works, 1921–1945* (New York: Macmillan, 1984), S. 170–185; dt. »Kriminelle Strebungen bei normalen Kindern«, in: *GSK*, Bd. I, 1, S. 257–282.

– (1929a), »Die Rollenbildung im Kinderspiel«, in: *GSK*, Bd. I, 1, S. 313–328; engl. »Personification in the Play of Children«, in: *Love, Guilt and Reparation and Other Works, 1921–1945* (New York: Macmillan, 1984), S. 199–209.

– (1932), *Die Psychoanalyse des Kindes*, in: *GSK*, Bd. II; engl. *The Psychoanalysis of Children* (New York: Macmillan, 1984).

– (1933), »The Early Development of Conscience in the Child«, in: *Love, Guilt and Reparation and Other Works, 1921–1945* (New York: Macmillan, 1984), S. 248–257; dt. »Die frühe Enwicklung des kindlichen Gewissens«, in: *GSK*, Bd. I. 2, S. 1–20.

– (1935), »A Contribution to the Psychogenesis of Manic-Depressive States«, in: *Love, Guilt and Reparation and Other Works, 1921–1945* (New York: Macmillan, 1984), S. 262–289; dt. »Zur Psychogenese der manisch- depressiven Zustände«, in: *GSK*, Bd. I. 2, S. 29–75.

– (1936), »Weaning«, in: *Love, Guilt and Reparation and Other Works, 1921–1945* (New York: Macmillan, 1984), S. 290–305; dt. »Entwöhnung«, in: *GSK*, Bd. I. 2, S. 77–100.

– (1937), »Love, Guilt and Reparation«, in: *Love, Guilt and Reparation and Other Works, 1921–1945* (New York: Macmillan, 1984), S. 306–343; dt. »Liebe, Schuldgefühl und Wiedergutmachung«, in: *GSK*, Bd. I. 2, S. 105–157.

– (1940), »Mourning and its Relation to Manic-Depressive States«, in: *Love, Guilt and Reparation and Other Works, 1921–1945* (New York: Macmillan, 1984), S. 344–

369; dt. »Die Trauer und ihre Beziehung zu manisch-depressiven Zuständen«, in: *GSK*, Bd. I. 2, S. 159 -199.

- (1945), »The Oedipus Complex in the Light of Early Anxieties«, in: *Love, Guilt and Reparation and Other Works, 1921–1945* (New York: Macmillan, 1984), S. 370–419; dt. »Der Ödipuskomplex im Lichte früher Ängste«, in: *GSK*, Bd. I. 2, S. 361–431.
- (1946), »Notes on Some Schizoid Mechanism«, in: *Envy and Gratitude and Other Works, 1946–1963* (New York: Macmillan, 1984), S. 1–24; dt. »Bemerkungen über einige schizoide Mechanismen«, in: *Das Seelenleben des Kleinkindes und andere Beiträge zur Psychoanalyse* (Stuttgart: Klett-Cotta, 1962, ⁵1994), S. 101–126.
- (1952a), »The Origins of Transference«, in: *Envy and Gratitude and Other Works, 1946–1963* (New York: Macmillan, 1984), S. 48–56.
- (1952b), »The Mutual Influences in the Development of the Ego and Id«, in: *Envy and Gratitude and Other Works, 1946–1963* (New York: Macmillan, 1984), S. 57–60.
- (1955a), »The Psychoanalytic Play Technique: Its History and Significance«, in: *Envy and Gratitude and Other Works, 1946–1963* (New York: Macmillan, 1984), S. 122–140; dt. »Die psychoanalytische Spieltechnik: ihre Geschichte und Bedeutung«, in: *Psyche* 12 (1959) und in: *Das Seelenleben des Kleinkindes und andere Beiträge zur Psychoanalyse* (Stuttgart: Klett-Cotta, 1962, ⁵1994), S. 11–29.
- (1957b), »Envy and Gratitude«, in: *Envy and Gratitude and Other Works, 1946–1963* (New York: Macmillan, 1984), S. 176–235; dt. »Neid und Dankbarkeit. Eine Untersuchung unbewußter Quellen« (nur Kurzfassung in: *Das Seelenleben des Kleinkindes und andere Beiträge zur Psychoanalyse*, (Stuttgart: Klett-Cotta, ⁵1994), S. 177–191. Zitiert wird nach der englischen Ausgabe.
- (1958), »On the Development of Mental Functioning«, in: *Envy and Gratitude and Other Works, 1946–1963* (New York: Macmillan, 1984), S. 236–246.
- (1959), »Our Adult World and its Roots in Infancy«, in: *Envy and Gratitude and Other Works, 1946–1963* (New York: Macmillan, 1984), S. 247–263.
- (1963a), »Some Reflections on the Oresteia«, in: *Envy and Gratitude and Other Works, 1946–1963* (New York: Macmillan, 1984), S. 275–299.

Lindner, S. (1879), »Das Saugen an den Fingern, Lippen, etc. bei den Kindern (Ludeln). Eine Studie«, in: *Jahrbuch für Kinderheilkunde und physische Erziehung*, 14. Jg., Heft 1, S. 68–91.

Mayr, Ernst (1982), *The Growth of Biological Thought* (Cambridge/ Mass.: Belknap).

Meltzer, Donald (1967), *The Psycho-Analytical Process* (London: Heinemann); dt. *Der psychoanalytische Prozeß* (Stuttgart: Verlag Internationale Psychoanalyse, 1995).

- (1972), *Sexual States of Mind* (Perthshire, Scotland: Clunie Press).
- (1975), *Explorations in Autism* (Perthshire, Scotland: Clunie Press).

Money-Kyrle, R. E. (1960), *Man's Picture of His World* (New York: International Universities Press).

Racker, H. (1968), *Transference and Counter-Transference* (London: The Hogarth Press).

Riviere, Joan (1952), »General Introduction«, in: *Developments in Psycho-Analysis* by Melanie Klein, Paula Heimann, Susan Isaacs and Joan Riviere, hg. von Joan Riviere (London: The Hogarth Press, 1952), S. 1–36.

Rosenfeld, Herbert (1947), »Analysis of a Schizophrenic State with Depersonalization«, in: *Psychotic States* (New York: International University Press, 1966), S. 13–33; dt. »Analyse einer schizophrenen Psychose mit Depersonalisierungserscheinungen«, in: *Zur Psychoanalyse psychotischer Zustände* (Frankfurt: Suhrkamp, 1981), S. 11–35.

– (1950), »Note on the Psychopathology of Confusional States in Chronic Schizophrenia«, in: *Psychotic States*, S. 52–62; dt. »Zur Psychopathologie von Verwirrtheitszuständen bei chronisch Schizophrenen«, in: *Zur Psychoanalyse psychotischer Zustände*, S. 58–71.

– (1952a), »Notes on the Psychoanalysis of the Super-Ego Conflict in an Acute Schizophrenic Patient«, in: *Psychotic States*, S. 63–103; dt. »Bemerkungen zur Psychoanalyse des Über-Ich-Konflikts bei einem akut schizophrenen Patienten«, in: *Zur Psychoanalyse psychotischer Zustände*, S. 72–119.

– (1952b), »Transference-Phenomena and Transference-Analysis in an Acute Catatonic Schizophrenic Patient«, in: *Psychotic States*, S. 104–116; dt. »Übertragungsphänomene und Übertragungsanalyse bei einem Fall von akuter katatoner Schizophrenie«, in: *Zur Psychoanalyse psychotischer Zustände*, S. 120–134.

– (1954), »Considerations Regarding the Psychoanalytic Approach to Acute and Chronic Schizophrenia«, in: *Psychotic States*, S. 117–127; dt. »Zur psychoanalytischen Behandlung akuter und chronischer Schizophrenie«, in: *Zur Psychoanalyse psychotischer Zustände*, S. 135–148.

– (1963), »Notes on the Psychopathology and Psychoanalytic Treatment of Schizophrenia«, in: *Psychotic States*, S. 155–168; dt. »Zur Psychopathologie und psychoanalytischen Behandlung der Schizophrenie«, in: *Zur Psychoanalyse psychotischer Zustände*, S. 180–195.

– (1964), »The Psychopathology of Drug Addiction and Alcoholism: A Critical Review of the Psychoanalytic Literature«, in: *Psychotic States*, S. 217–242; dt. »Die Psychopathologie der Drogensucht und des Alkoholismus – eine kritische Sichtung der psychoanalytischen Literatur«, in: *Zur Psychoanalyse psychotischer Zustände*, S. 254–285.

Segal, Hanna (1950), »Some Aspects of the Analysis of a Schizophrenic«, in: *The Work of Hanna Segal: A Kleinian Approach to Clinical Practice* (New York: Jason Aronson, 1981), S. 101–120; dt. »Einige Aspekte der Analyse eines Schizophrenen«, in: *Wahnvorstellung und künstlerische Kreativität. Ausgewählte Aufsätze* (Stuttgart: Klett-Cotta, 1992), S. 133–156.

– (1952), »A Psychoanalitical Approach to Aesthetics«, in: *The Work of Hanna Segal: A Kleinian Approach to Clinical Practice*, S. 185–206; dt. »Eine psychoanalytische Betrachtung der Ästhetik«, in: *Wahnvorstellung und künstlerische Kreativität. Ausgewählte Aufsätze*, S. 233–259.

–   (1956), »Depression in the Schizophrenic«, in: *The Work of Hanna Segal: A Kleinian Approach to Clinical Practice*, S. 121–130; dt. »Die Depression des Schizophrenen«, in: *Wahnvorstellung und künstlerische Kreativität. Ausgewählte Aufsätze*, S. 157–167.

–   (1974), »Delusion and Artistic Creativity«, in: *The Work of Hanna Segal: A Kleinian Approach to Clinical Practice*, S. 207–216; dt. »Wahnsinn und künstlerische Kreativität«, in: *Wahnvorstellung und künstlerische Kreativität. Ausgewählte Aufsätze*, S. 261–272.

–   (1981) *The Work of Hanna Segal: A Kleinian Approach to Clinical Practice* (New York: Jason Aronson); dt. *Wahnvorstellung und künstlerische Kreativität. Ausgewählte Aufsätze* (Stuttgart: Klett-Cotta, 1992).

Steiner, Riccardo (1985), »Some Thoughts about Tradition and Change Arising from an Examination of the British Psycho-Analytical Society's Controversial Discussions (1943–1944)«, in: *International Review of Psycho-Analysis*, 12. Jg, S. 27–71.

Strachey, James (1962), »The Emergence of Freud's Fundamental Hypothesis«, in: *The Standard Edition of the Complete Psychological Works of Sigmund Freud*, 24 Bde., hg. und übers. von James Strachey in Zusammenarbeit mit Anna Freud u. a. (London: Hogarth Press, 1953–1974), Bd. 3, S. 62–68.

Thorner, Hans A. (1981), »Notes on the Desire for Knowledge, in: *The International Journal of Psycho-Analysis*, 62. Jg., S. 73–83.

Register

Melanie Klein:
Das Seelenleben des Kleinkindes und andere Beiträge zur Psychoanalyse

Herausgegeben von Hans A. Thorner
Teilweise aus dem Englischen von Paula Heimann,
Marlisbeth v. Niederhöffer und Hans A. Thorner
6. Auflage 1998. 254 Seiten, Leinen,
ISBN 3-608-95107-5

»In diesem Buch werden einige der älteren Arbeiten von
Melanie Klein und ein großer Teil von Arbeiten, die bisher nur in
englischer Sprache vorlagen, gesammelt in einem Band
vorgelegt. Die Arbeiten von Melanie Klein, einer Schülerin des
Berliner Psychoanalytikers Karl Abraham, haben die Theorie und
Praxis der Psychoanalyse nachhaltig beeinflußt. Melanie Klein
hat durch ihre Forschungen in der Kinderanalyse und durch die
von ihr entwickelte Spieltechnik auf psychoanalytischer
Grundlage neue Ergebnisse und neue Behandlungsmöglichkeiten
aufgezeigt.«
Praxis der Kinderpsychologie

Adam Limentani:
Zwischen Anna Freud und Melanie Klein
Für eine Integration zweier kontroverser Ansätze

Vorwort von Otto F. Kernberg
Aus dem Englischen von Helga Steinmetz-Schünemann
und Sabine Behrens
1993. 310 Seiten, Leinen, ISBN 3-608-95769-3

Ein Buch, das die Kontroverse zwischen den Schülern Anna
Freuds und den Schülern Melanie Kleins in einer Vielfalt von
Themen spiegelt und das doch deutlich macht, daß eine
fruchtbare Integration gelingen kann, ja notwendig ist.

Klett-Cotta

Elizabeth Bott Spillius (Hrsg.):
Melanie Klein Heute
Entwicklungen in Theorie und Praxis
Aus dem Englischen von Elisabeth Vorspohl
Band 1: Beiträge zur Theorie
2. Aufl. 1996. 445 Seiten, Leinen, ISBN 3-608-95907-6
Band 2: Anwendungen
2. Aufl. 1996. 410 Seiten, Leinen, ISBN 3-608-95908-4

Band 1 ist eine Sammlung der bekanntesten Arbeiten der Schüler
von Melanie Klein aus den Jahren 1952 bis 1987 und gibt so
eine Zusammenfassung Kleinscher Theorien, wie sie in den
letzten 40 Jahren entwickelt wurden.
Band 2 von *Melanie Klein Heute* fügt den Beiträgen des
Anfangsbandes eine Aufsatzsammlung zur Anwendung der
theoretischen Konzepte in der Praxis hinzu.

Robert D. Hinshelwood:
Wörterbuch der kleinianischen Psychoanalyse
Aus dem Englischen von Elisabeth Vorspohl
1993. 775 Seiten, Leinen, ISBN 3-608-95944-0

Im ersten Teil definiert und erläutert der Autor die wichtigsten
Bausteine kleinianischer Theorie.
Der zweite Teil bietet Informationen zu 140 kleinianischen und
allgemein-psychoanalytischen Grundbegriffen sowie
Kurzbiographien der bedeutendsten kleinianischen
Psychoanalytiker. Eine ausführliche Bibliographie kleinianischer
Literatur von 1920 bis 1992 beschließt den Band.

Klett-Cotta